111 GRÜNDE, DEN 1. FC KAISERSLAUTERN ZU LIEBEN

Sebastian Zobel & Fabian Müller

111 GRÜNDE, DEN 1. FC KAISERS-LAUTERN ZU LIEBEN

Eine Liebeserklärung an den großartigsten Fußballverein der Welt

Aktualisierte und erweiterte Neuausgabe mit elf Bonusgründen

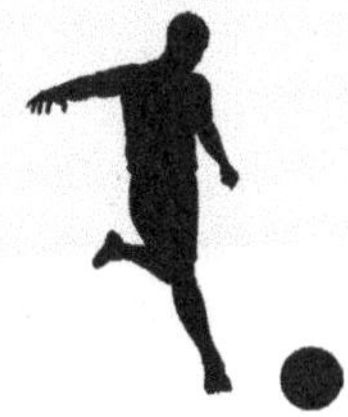

WIR SIND DER ZWÖLFTE MANN,
FUSSBALL IST UNSERE LIEBE!

INHALT

EINE GROSSE FAMILIE: VON DER WAHL DER QUAL

Vorwort zur erweiterten Neuausgabe

»Oh Jesses!« Mit diesem pfälzischen Ausruf lässt sich ganz gut beschreiben, was seit der ersten Auflage dieses Buches mit dem 1. FC Kaiserslautern passiert ist. Als wir die ersten Zeilen damals schrieben, hatten wir die berechtigte Hoffnung, dass der FCK es wieder zurück in die 1. Bundesliga schafft – irgendwie. Immerhin waren die Roten Teufel da erst kurz zuvor in der Aufstiegsrelegation gescheitert. Zwar hatten sie am Ende klar gegen Hoffenheim verloren, aber mal wieder bundesweit Sympathien gewonnen. Nicht zuletzt wegen ihrer überragenden Fans.

Sechs Jahre später steht der FCK am Tiefpunkt seiner Vereinsgeschichte. Die Realität heißt 3. Liga. Die Auswärtsfahrten gehen nach Großaspach, Meppen und Zwickau, statt zu den Bayern, nach Dortmund oder auf Schalke. Aber sollen wir unseren Verein deshalb jetzt aufgeben? Ganz sicher nicht!

Mit der freien Wahl ist es eben so eine Sache. Wir können zwar frei bestimmen, wo wir leben, arbeiten oder mit wem wir befreundet sein wollen. Aber es gibt dennoch einige Dinge, die man sich nicht aussuchen kann. Die Familie zum Beispiel. Und den Fußballverein. Den sucht man sich nicht aus, der Verein wählt dich aus. So ist das nun mal auch beim FCK.

»Der Schlüssel zum Erfolg ist Kameradschaft und der Wille, alles für den anderen zu geben.« Dieses Zitat stammt von FCK-Legende Fritz Walter. Was wären diese berühmten Betze-Tugenden wert, wenn wir sich nicht auch dann leben würden, wenn es nicht läuft? Also geben wir weiter unser Bestes für den FCK. Sowohl in der Kurve als auch in diesen Zeilen.

Langweilig wird es rund um den Betzenberg sowieso nie. Welcher Drittligist kann schon von sich behaupten, dass über 40.000 Zuschauer zu einem Heimspiel kommen, einer seiner Spieler für einen regelrechten Cornflakes-Hype sorgt oder mittlerweile Babys im Kreißsaal mit Vereinslook geboren werden können? Diese und noch einige weitere Gründe, warum man den FCK trotz aller noch so widrigen Umstände auch weiterhin und bedingungslos lieben muss, finden sich jetzt in dieser Neuauflage. Denn unser FCK bleibt einmalig und erstklassig, ganz unabhängig von seiner Ligazugehörigkeit.

Fabian Müller und Sebastian Zobel

1. KAPITEL

WELTMEISTERLICHER FCK

EGAL OB WUNDER VON BERN ODER SOMMERMÄRCHEN – OHNE DEN FCK? UNDENKBAR!

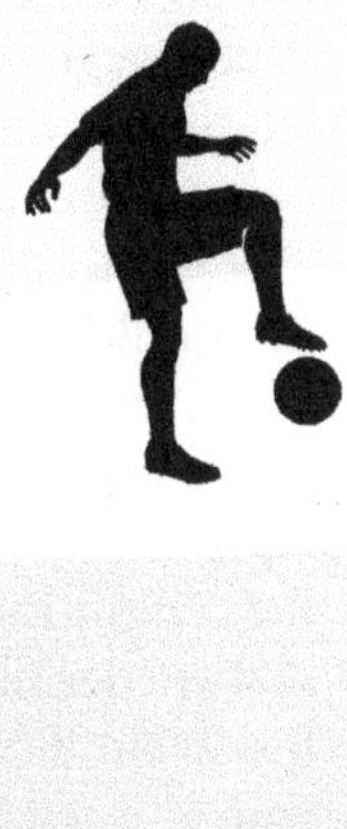

GRUND 1

Weil Fritz Walter in der Pfalz einfach jedes Kind in seinen Bann zieht

Als in Kaiserslautern aufgewachsener und halbwegs fußballbegeisterter Junge ist es eigentlich unmöglich, sich nicht in den 1. FCK zu verlieben. Ein persönliches Beispiel: In unserer Grundschulzeit hatte die Dortmunder Borussia ihre ganz großen Jahre, gewann zweimal die Meisterschaft und 1997 sogar die Champions League – was zur Folge hatte, dass einige verwirrte Seelen in der großen Pause tatsächlich in den Dortmunder Continental Trikots herumliefen. Die Mehrheit aber betete einen Verein an, der gerade zum ersten Mal in die zweite Bundesliga abgestiegen war. Warum ich damals FCK-Fan geworden bin und mich nicht von schwarz-gelben Mächten habe beeinflussen lassen, das liegt im Grunde genommen an zwei Situationen – und einer Person.

Rückblende, Ende Oktober 1995: Fritz Walter wird 75 Jahre alt. Ein großer Tag für mich, denn meine Oma hat mich mit in die Innenstadt genommen. Unser Ziel ist der alte FCK-Fanshop am Stiftsplatz. Drei Wochen zuvor feierte ich meinen achten Geburtstag, geschenkt gab es unter anderem einen 15-D-Mark-Gutschein, der nun in Fandevotionalien investiert werden soll. Als ich mich mal wieder nicht zwischen den vielen Schals entscheiden kann, betritt ein Reporterteam den Laden – in meiner Erinnerung eines vom Südwestfunk. Prompt hält mir eine Frau ein Aufnahmegerät vor die Nase, ich solle doch bitte etwas zu Fritz Walter sagen. Vermutlich hat sie, wenn überhaupt, erwartet, dass ich den Namen schon einmal gehört habe – und ihn im besten Fall mit den Roten Teufeln in Verbindung bringe.

Als ich dann wie ein Wasserfall anfange, vom Wunder von Bern, den zwei Kaiserslauterer Meisterschaften Anfang der 1950er und vom »Fritz-Walter-Wetter« zu erzählen, werden nicht nur die Augen meiner Großmutter ganz groß. Ohne Fritz Walter jemals persönlich getroffen zu haben, ohne jemals auch nur ein Spiel von ihm gesehen zu haben, war dieser Mann für mich kleinen Steppke schon damals der Allergrößte. Er stand wie kein Zweiter für das, was Fußballnostalgiker heute mit Tränen in den Augen am Kommerzgeschäft Bundesliga vermissen: Vereinstreue, absolute Identifikation, Heimatverbundenheit. Fritz Walter war für den achtjährigen Fabian aus Kaiserslautern ein absoluter Held.

Das hat sich in den Jahren darauf natürlich nicht geändert, ganz im Gegenteil. Zeitsprung ins Millenniumsjahr 2000: Inzwischen bin ich in der siebten Klasse angekommen. Wie jedes Jahr veranstaltet mein Gymnasium ein Mittelstufenturnier zwischen allen Klassen von der siebten bis zur zehnten Jahrgangsstufe. Es geht um den begehrten Fritz-Walter-Pokal. Als jüngstes Team im Teilnehmerfeld kommt meine Mannschaft sensationell bis ins Finale, wo dann aber beim 0:3 gegen eine körperlich klar überlegene zehnte Klasse Endstation ist. Zunächst untröstlich, gibt es für uns dann doch noch ein Happy End: Fritz Walter ist persönlich vor Ort und überreicht allen Teilnehmern signierte Autogrammkarten. Natürlich habe ich derer schon zur Genüge im heimischen Sammelalbum, aber diese eine, die ist eine ganz besondere.

Ich kann mich heute privilegiert fühlen, den großen Fritz Walter einmal persönlich getroffen zu haben. Auch, wenn es nur für wenige Sekunden war. Spätestens seit damals verstehe ich nun, warum Männer im Rentenalter mit Leuchten in den Augen davon erzählen, vor einem halben Jahrhundert mal »gegen den Fritz« gespielt haben zu dürfen. Und warum rivalisierende Fans zwar Vater und Mutter eines FCK-Anhängers, niemals aber die Lauterer Lichtgestalt beleidigen dürfen. Fritz Walter verstarb im Sommer 2002, doch sein Andenken lebt ewig weiter. Schade ist nur, dass die Kinder von heute niemals die Chance haben werden, ihm einmal persönlich gegenüberzustehen. Bleibt nur zu hoffen, dass deswegen keine Welle schwarz-gelber Trikots über die pfälzischen Schulhöfe rollt.

GRUND 2

Weil man in Kaiserslautern weltmeisterlich sein Auto tanken konnte

E10, 95, 98 oder 100 Oktan – der Besuch an der Tankstelle ist heute beinahe eine Wissenschaft für sich. Wie schön waren da noch die Zeiten, als man in Kaiserslautern weltmeisterlich einfach sein Kraftfahrzeug volltanken konnte, an der Tankstelle von FCK-Legende Ottmar Walter. »Willst du unserem Ottmar danken, musst du fleißig bei ihm tanken« lautete damals der Slogan. Doch viel Glück hatte der Weltmeister von 1954 mit der gepachteten Tankstelle nicht: Er häufte Schulden an und musste sie 1970 nach einem verlorenen Prozess gegen einen Ölkonzern wieder aufgeben.

Ohnehin war das Leben von Stehaufmännchen Ottmar Walter gezeichnet von Rückschlägen wie kaum ein zweites. Schon vor dem Ende des Zweiten Weltkrieges prophezeiten ihm die Ärzte das vorzeitige Karriereende. Undenkbar schien die Rückkehr in den Fußball angesichts dreier Granatsplitter im Knie. Doch der jüngste der drei Walter-Brüder schaffte ein eindrucksvolles Comeback, erzielte für seinen 1. FC Kaiserslautern weit über 300 Treffer und damit so viele wie bis heute kein anderer. Seine beiden wichtigsten schoss »Ottes« wohl im Endspiel um die Deutsche Meisterschaft 1951, als er beinahe im Alleingang den 0:1-Rückstand gegen Preußen Münster noch in einen Sieg drehte und den Roten Teufeln den ersten großen Titel der Vereinshistorie bescherte.

Der Lohn war die Berufung in die Nationalmannschaft, mit der Ottmar Walter 1954 Weltmeister wurde – vier Treffer steuerte er zum Titelgewinn bei. Im Endspiel ging er allerdings leer aus. Auch, weil der Siegtorschütze Helmut Rahn ihn in der berühmten 84. Minute frei stehend übersah und lieber selbst von der Strafraumgrenze abzog – und mit einem Schlag zum Helden wurde. Ottmar Walter hingegen war ein Weltmeister im Stillen, der nach dem Karriereende einen Autounfall baute, Geldsorgen hatte, sein Heil im Alkohol suchte und schließlich 1968 einen Selbstmordversuch unternahm (O-Ton: »Das war eine Kurzschlusshandlung, die mir im Nachhinein unverständlich ist.«). Schließlich musste Walter seine weltmeisterliche Tanke übergeben – dieser Beruf war damals übrigens neben der Eröffnung einer Lotto-Annahmestelle der Klassiker für ausgediente Fußballer.

Ottmar Walter hatte viel Pech im Leben, teilweise auch selbst verschuldet. Die Stadt Kaiserslautern vergaß ihren Helden jedoch nicht. »Ottes« bekam einen Job in der Stadtverwaltung, den er bis zu seiner Frühpensionierung im Alter von 58 Jahren innehatte. Erst spät kam er auch zu zeremoniellen Ehren: Im Millenniumsjahr 2000 erhielt der gelernte Automechaniker das Bundesverdienstkreuz, und auch vier Jahre später, zum 50-jährigen Jubiläum des Wunders von Bern, richteten sich noch einmal alle Augen auf den damals ältesten noch lebenden Weltmeister von 1954.

Im Juni 2013 verstarb Ottmar Walter, 89-jährig und gezeichnet von Alzheimer, in einem Pflegeheim in seiner Heimat Kaiserslautern. Die Erinnerung an den bescheidenen Weltmeister wird jedoch lebendig bleiben: Seit 2004 betreten alle FCK-Fans das Stadiongelände auf dem Betzenberg durch das »Ottmar-Walter-Tor«. Nur ihr Auto volltanken, ja, das müssen sie heute woanders erledigen.

GRUND 3

Weil Werner Liebrich mehr oder weniger die Grätsche erfunden hat

Die Grätsche gehört zum Fußball wie die Stadionwurst in der Halbzeitpause oder das Meckern über den Schiedsrichter – und ein gelungenes Tackling erfreut sich vor allem in den Niederungen des Amateurfußballs meist immer noch größerer Beliebtheit als der

Hackentrick im gegnerischen Strafraum. Den Ruf als Erfinder der Grätsche proklamieren natürlich viele fußballerische Raubeine für sich. Doch der einzig wahre (Mit-)Urvater der Grätsche war, ganz klar, ein Kaiserslauterer, nämlich der 1954er Weltmeister Werner Liebrich.

Eigentlich sollte man meinen, eine bessere »Nummer zehn« als Fritz Walter hätte es im deutschen Weltmeisterteam überhaupt nicht geben können. Doch der Spielführer trug lieber die Nummern acht oder 16. Und so wurde eben dem beinharten Mittelläufer Werner Liebrich die Ehre zuteil, das Trikot mit der berühmtesten aller Nummern zu tragen – was angesichts von späteren »Zehnern« wie Maradona, Zico, Netzer oder Platini beinahe ironisch wirkt.

Schon im ersten Aufeinandertreffen mit den als unschlagbar geltenden Ungarn (3:8) bewies Liebrich in der Schweiz das, was man gerne als »internationale Härte« bezeichnet. Das »gleitende Grätschen«, englisch »sliding tackling«, entwickelte er fast zur Perfektion. Prominenter Leidtragender: Ungarns Ferenc Puskás, der von Liebrich ordentlich auf die Socken – oder besser: auf das Sprunggelenk – bekam. Nach dem Turnier wurde der gebürtige Kaiserslauterer von der Fachpresse als weltweit bester Spieler auf seiner Position gefeiert. Neben seinem kompromisslosen Einschreiten in der Abwehr glänzte er während der WM 1954 auch als verkappter Libero mit öffnenden Pässen in die Spitze. Profiteur war nicht nur einmal Angreifer Ottmar Walter, mit dem sich Liebrich im berühmten WM-Quartier in Spiez das Zimmer teilte.

Auch später als Jugend- und Amateurtrainer beim 1. FC Kaiserslautern blieb Liebrich seiner Linie treu – *defense first*. So erinnert sich der ehemalige Lauterer Nachwuchsspieler und heutige Kommentator Marcel Reif im *Tagesspiegel* an eine kuriose Situation: »Und einmal, ich fand, dass ich begeisternd gespielt hatte, sozusagen weltmeisterlich, überragend und dabei auch ästhetisch und leicht, als ich also nach Abpfiff vom Platz ging, erwartete ich eigentlich, dass Liebrich auf mich zukommen und in etwa sagen würde:

›Das ist er! Du, Marcel, du bist mein würdiger Nachfolger!‹ Aber Liebrich sagte so etwas nicht, er schaute mich von oben bis unten an und wieder zurück und sagte: ›Bei uns in Lautern tun mir kei' Walzer tanze!‹ So ein Satz könnte einem schon die Liebe vergällen, das Dumme war nur, dass Liebrich, der Weltmeister, wusste, wovon er sprach.«[1]

Vielleicht mag das auch ein Grund sein, warum Liebrich seinem Club stets treu geblieben ist, unter anderem ein Angebot vom AC Mailand ausschlug und später sogar kurzzeitig die erste FCK-Mannschaft in der frisch gegründeten Bundesliga als Coach vor dem Abstieg bewahrte. Er blieb sein Leben lang Lauterer, erst als Spieler, dann als Trainer und schließlich als Unternehmer: Der Schriftzug »Werner Liebrich« ziert noch heute in der Richard-Wagner-Straße das Kaiserslauterer Stadtbild.

GRUND 4

Weil der vergessene Weltmeister ein echter Kaiserslauterer ist

Elf wackere deutsche Helden standen am 4. Juli 1954 im Schweizer Wankdorfstadion im WM-Finale und siegten gegen scheinbar übermächtige Ungarn sensationell mit 3:2 – die Geschichte vom Wunder von Bern kennt nicht erst seit Sönke Wortmanns Verfilmung aus dem Jahr 2003 beinahe jedes Kind. Dass der Kern der Mannschaft um Fritz Walter damals aus Kaiserslauterer Spielern bestand, wissen in Fußballdeutschland auch noch viele. Oft vergessen wird bei den häufig verklärten Rückblicken aber der Name Werner Kohlmeyers – und damit auch das traurige Schicksal, das den gebürtigen Lauterer später ereilte.

Kohlmeyer bestritt als linker Verteidiger herausragende 332 Spiele für seine Roten Teufel, stand fünfmal im Endspiel um die

Deutsche Meisterschaft und holte mit dem FCK insgesamt zehnmal den Titel in der Oberliga Südwest. Karrierehöhepunkt jedoch war das Finale von Bern, wo der Abwehrmann gleich zweimal für den geschlagenen Keeper Toni »Teufelskerl« Turek auf der Linie klärte. Am Ende wurde die DFB-Elf Weltmeister – und der damals 29-Jährige Pfälzer war mittendrin.

Doch Kohlmeyers Glück hielt nicht lange an: Nach dem Karriereende 1963 verfiel der dreifache Familienvater dem Alkohol, verlor erst seinen Job als Lohnbuchhalter bei der Kaiserslauterer Spinnerei Kammgarn und später dann auch Haus, Frau und Kinder. Kohlmeyer eröffnete ein Sportgeschäft und scheiterte auch damit. Sepp Herberger bot dem gefallenen Weltmeister seine Hilfe an, knüpfte daran aber die Bedingung, er müsse eine Entziehungskur machen – ohne Erfolg. Die Krankheit wollte »Kohli« sich selbst nicht eingestehen. Schließlich landete Kohlmeyer in Mainz, fand dort erst einen Job als Hilfsarbeiter auf dem Bau und später dank der Vermittlung des Sportreporters Werner Höllein eine Stelle als Pförtner bei der *Mainzer Allgemeinen Zeitung* – allerdings nur am Hintereingang. Getrennt von Frau und Kindern, wohnte er mit seiner Mutter in einer Sozialbauwohnung im Stadtteil Mombach, wo er im März 1974 an den Folgen eines Herzanfalls den Tod fand – als Erster aus der Weltmeisterelf von 1954.

Heute erinnert an den »vergessenen Weltmeister« das Werner-Kohlmeyer-Tor auf dem Betzenberg, außerdem findet regelmäßig an Pfingsten ein Gedächtnisturnier im Kaiserslauterer Stadtteil Morlautern statt. Einen großen Auftritt hatte Kohlmeyer dann noch, posthum: als rettender Verteidiger in Sönke Wortmanns Verfilmung des *Wunders von Bern*. Beinahe hätte sich dabei der Kreis sogar geschlossen: Für die Rolle war ein Enkel Kohlmeyers im Gespräch.[2] Den Part als Double bekam der ehemalige Wuppertaler Profi Christian Broos. Es wäre auch zu schön gewesen.

GRUND 5

Weil Horst Eckel die lebende Chronik des Wunders von Bern ist

Horst Eckels erfolgreiche Karriere auf nur ein Spiel zu reduzieren, das wäre äußerst ungerecht – aber im Prinzip ist es genau diese eine Partie am 4. Juli 1954, die den gebürtigen Vogelbacher seit nunmehr fast 60 Jahren verfolgt. Natürlich nur im positiven Sinne. Horst Eckel ist der jüngste der Weltmeister von 1954 und, nach dem Tod seines damaligen Zimmergenossen Hans Schäfer im November 2017, der letzte noch lebende deutsche Endspielteilnehmer. Das macht ihn, der als Youngster alle sechs Endrundenspiele bestritt, heute zum logischen Wortführer der legendären Truppe um Trainer Sepp Herberger.

Eckels großes Vorbild war Fritz Walter, und seit dessen Tod im Jahr 2002 hat er eben die Rolle des Ehrenspielführers übernommen: Er ist so etwas wie die lebende Chronik des Wunders von Bern. Eckel berichtet über die WM in der Schweiz, schreibt Bücher, gibt Interviews und ist immer noch regelmäßig Gast (und Teilnehmer) bei Prominentenspielen. Außerdem war er Sönke Wortmanns wichtigster Berater beim Dreh von *Das Wunder von Bern*. Seinen Status weiß der rechte Läufer durchaus zu genießen: »Ich kann hinkommen, wo ich will – in ganz Deutschland oder sogar im Ausland – ich werde immer wieder darauf angesprochen. Und da bin ich auch ein bisschen stolz drauf«, sagte er im Februar 2012 dem Sportinformationsdienst.

Eckel, wegen seiner Statur und Agilität »Windhund« genannt, wurde als 17-Jähriger beim Freundschafts-Derby zwischen Vogelbach und Kindsbach vom FCK entdeckt, als er in der zweiten Halbzeit sechs (!) Tore erzielte. Dann ging es steil bergauf: Deutscher Meister mit 19 Jahren, dann noch einmal zwei Jahre später und schließlich Weltmeister mit 22 Jahren. Im Finale bewachte er den ungarischen

Top-Stürmer Nándor Hidegkuti – mit Erfolg! Mehr als ein Pfostenschuss gelang dem kongenialen Partner von Ferenc Puskás gegen die deutsche Elf nicht. Eckel nahm vier Jahre später in Schweden noch ein zweites Mal an einer Weltmeisterschaft teil. Seine Karriere beendete er erst 1969 mit einem Abschiedsspiel in Braunschweig.

Ganz besonders beliebt ist Horst Eckel, der später in Trier studierte und in Kusel als Realschullehrer unterrichtete, auch wegen seiner Heimatverbundenheit. Trotz eines sehr lukrativen Angebots des englischen Clubs Preston North End verließ er Kaiserslautern wie seine damaligen Teamkameraden nicht und wohnt auch heute noch in seiner Heimatregion. Klar, dass er dem FCK auf ewig verbunden ist und wenn möglich jedes Spiel der Roten Teufel im Stadion verfolgt. Schließlich sagt er, und das wird jeder FCK-Fan gerne hören: »Das ist mein Verein. Ich bin hier groß geworden und durch den 1. FC Kaiserslautern groß geworden. Da steckt mein Herzblut drin. Das ist so und wird immer so bleiben.«[3]

GRUND 6

Weil Youri Djorkaeff noch lange Zeit die Arbeitsplätze am Lauterer Gericht sicherte

Der Jubel bei Fans und Medien war groß im Sommer 1999, als der 1. FC Kaiserslautern die Verpflichtung des französischen Weltmeisters Youri Djorkaeff bekannt gab. Der Spielmacher kam vom italienischen Weltclub Inter Mailand für angeblich nur vier Millionen Mark in die Provinz. Ganz klar: Der Transfer ist bis heute der spektakulärste in der Lauterer Vereinsgeschichte. Rückblickend muss man jedoch festhalten: Die Verpflichtung Djorkaeffs war ein klassischer Bock – auf und vor allem neben dem Feld.

Eigentlich hatte alles so gut angefangen: Glanz und Glamour sollte Djorkaeff nach Kaiserslautern bringen, er, der kreative Exzentriker mit dem genialen rechten Fuß. Und unter Coach Otto Rehhagel lief das zunächst auch ganz gut – 14 Tore und sechs Vorlagen standen nach der Premierensaison für den damals 31-Jährigen zu Buche. Doch mit Rehhagels Nachfolger, dem mangels Trainerlizenz »Team-Manager« genannten Andreas Brehme, kam Djorkaeff dann überhaupt nicht zurecht. Die Privatfehde der beiden Weltmeister füllte die Gazetten und wurde auf dem Rücken des Teams ausgetragen – entsprechend bescheiden fielen dann auch die Leistungen aus. In der Hinserie der Saison 2001/02 stand Djorkaeff lediglich 149 Minuten auf dem Feld.

Anfang 2002 war das Tischtuch dann so sehr zerschnitten, dass der Franzose wegen zweifachen Vertragsbruchs (erst hatte er einen Termin mit FCK-Boss Jürgen Friedrich geschwänzt, dann in einem Interview Andreas Brehme beleidigt) zur bis dato höchsten Geldstrafe der Vereinsgeschichte verurteilt wurde: 15.000 Euro musste er blechen. Mehr als nur der Anfang vom Ende: Obwohl sein Vertrag noch bis Saisonende gültig gewesen wäre, ließ der FCK seinen Star ablösefrei nach England zu den Bolton Wanderers ziehen.

»Das Kapitel ist mit dem heutigen Tag beendet«, sagte Djorkaeff nach seinem Weggang, doch im Nachhinein steckt in diesem Zitat nur ganz viel bittere Ironie, denn nichts war beendet. Der Spieler Djorkaeff sollte in der Pfalz noch diverse Personen beschäftigen – allen voran eine Vielzahl an Juristen. Erst nutzte der DFB den Transfer als Präzedenzfall, um den Verein zu einer Geldstrafe samt Punktabzug zu verdonnern. Dann meldete sich Djorkaeff selbst zu Wort und forderte die Nachzahlung von angeblich noch ausstehenden 405.198,82 Euro an Prämien – vergeblich.

Und schließlich war da noch ein Unfall mit Sachschaden im vierstelligen Bereich inklusive Fahrerflucht, der dem Franzosen zur Last gelegt wurde. Das Arbeitsgericht Kaiserslautern verurteilte ihn zu 75.000 Euro Geldstrafe, die er nie beglich – und deswegen zeitweise sogar per Haftbefehl gesucht wurde. Nur war Djorkaeff da schon in England und sah auch nicht die Notwendigkeit, den regelmäßig anberaumten Vorladungen vor Gericht nachzukommen. Für die dortigen Sachbearbeiter erwies er sich dabei immerhin als ausgezeichnete Arbeitsbeschaffungsmaßnahme – viel mehr bleibt in Kaiserslautern aber von der Ära Djorkaeff nicht zurück.

GRUND 7

Weil niemand so bitter um den ersten Abstieg getrauert hat wie Andreas Brehme

Wir schreiben den 18. Mai 1996. Nach einem 1:1 im Abstiegsduell bei Bayer Leverkusen am letzten Spieltag muss der 1. FC Kaiserslautern, Gründungsmitglied der Bundesliga, erstmals den bitteren Gang in die Zweitklassigkeit antreten. Die ganze Pfalz versinkt damals in einem Meer aus Tränen. Hätte das Spiel auf dem Betzenberg stattgefunden – Kaiserslautern wäre überflutet worden.

Eine Szene ist vielen Zuschauern bis heute im Gedächtnis geblieben: Nach Spielende werden der Leverkusener Rudi Völler und der Lauterer Andreas Brehme zum Interview gebeten. Beide verbindet eine lange Freundschaft. 1990 gehörten sie zur Deutschen Nationalmannschaft, die in Italien den Weltmeistertitel holte. Brehme traf im Finale gegen Argentinien per Elfmeter zum entscheidenden 1:0.

Unterschiedlicher können zwei Momente nicht sein. 1990 vereint in Glückseligkeit, 1996 haben Rudi Völler und Leverkusen den Abstieg in letzter Sekunde verhindert – Andy Brehme und der FCK steigen ab. Man mag über Brehme sagen, was man will. Zum Beispiel, dass er die Trainingswissenschaft nicht neu erfunden hat. Doch eines kann man über diesen Mann ganz sicher nicht behaupten: dass er keine Emotionen zeigen kann! In dem besagten Interview nach Spielschluss ließ Brehme seinen Gefühlen freien Lauf und weinte – an der Schulter seines Freundes Rudi Völler.

Jahre später sagte er über den bittersten Moment seiner Karriere: »Als Rudi und ich nach dem Spiel zum Interview gebeten wurden, hatte ich einen solchen Kloß im Hals, dass ich kaum sprechen konnte. Ich war nie zuvor abgestiegen, das war ein neues Gefühl für mich – und kein schönes! Plötzlich kamen mir die Tränen, da habe ich mich bei meinem Freund angelehnt. Ich weiß nicht, ob ich mich auch jemand anderem so anvertraut hätte. Da standen zwei Weltmeister Arm in Arm am Abgrund.«[4]

Dieser Moment war der Beweis dafür, dass auch echte Männer weinen dürfen. Andreas Brehme war mehr als nur der Spieler irgendeines Vereins. Er war Spieler beim FCK. Bei seinem FCK. Heutzutage würden sich die meisten Spieler seines Kalibers nach einem Abstieg den Mund abwischen und ohne mit der Wimper zu zucken bei einem anderen Verein aus der Bundesliga unterschreiben. Doch nicht so Andy Brehme. Er tat das, was die meisten seiner Mannschaftskameraden damals taten. Er blieb in Kaiserslautern und half mit, den Karren aus dem Dreck zu ziehen – und wie! Nur eine Woche später wurden mit dem Sieg im DFB-Pokal-Finale gegen den Karlsruher SC die ersten Tränen getrocknet. Es folgte nur ein kurzer Abstecher in die zweite Bundesliga. Und der Rest, ja der Rest ist Geschichte.

GRUND 8

Weil selbst der Krieg Fritz Walter nicht vom Fußballspielen abhalten konnte

Bereits mit 19 Jahren bestritt der begnadete Fritz Walter sein erstes Länderspiel. Beim 9:3-Sieg über Rumänien am 14. Juli 1940 erzielte er gleich drei Treffer. Schon damals wurde dem Lauterer Idol eine große Karriere vorhergesagt. Doch der Zweite Weltkrieg raubte Fritz Walter und vielen anderen Fußballern die besten Jahre. Er wurde von der Wehrmacht eingezogen und als Infanterist nach Frankreich versetzt. Zwischen 1942 und 1950 bestritt er kein einziges Länderspiel.

Auch wenn der Krieg den Ligabetrieb und die Länderspiele verhinderte, Fritz Walter spielte weiter Fußball. Zu seinem Glück gab es damals den begeisterten Fußballfan Hermann Graf. Dieser war Luftwaffenoffizier und selbst Torwart. Mit Hilfe des damaligen Reichs- und späteren Bundestrainers Sepp Herberger ließ er aus allen Einheiten der Wehrmacht die besten Fußballspieler zusammenkommen. Herberger versuchte dadurch, seine Nationalspieler vor den Gefahren des Krieges zu schützen, denn die Spieler dieser Militärmannschaft verfügten über Privilegien, wurden größtenteils vom Kampfeinsatz an der Front verschont. Hermann Graf taufte die Soldaten-Mannschaft auf den Namen »Rote Jäger«. Das sollte sich später als der Ursprung der »Roten Teufel« erweisen.

Die Roten Jäger waren im Dritten Reich sehr bekannt und beliebt. In ihren Reihen spielten außer Fritz Walter noch weitere Nationalspieler und Deutsche Meister wie Hermann Eppenhoff und Alfons Moog. Die regelmäßigen Spiele der Mannschaft fanden teilweise vor mehr als 10.000 Zuschauern statt. Neben zahlreichen Auswahlmannschaften spielten Fritz Walter und Co. zum Beispiel auch gegen Bayern München und die ungarische Nationalmannschaft.

Nach Kriegsende geriet Fritz Walter an der rumänisch-ukrainischen Grenze in sowjetische Gefangenschaft. Da sowohl die Gefangenen als auch die Soldaten in dem Lager Fußball spielten, blieben Fritz Walter und sein Talent nicht lange unentdeckt. Der zuständige Lagerkommandant entpuppte sich ebenfalls als fußballverrückt. Angeblich bewahrte er Fritz deshalb vor dem Abtransport in ein sibirisches Lager. Walter kam frei und kehrte schon 1945 in seine Heimatstadt Kaiserslautern und zu seinem FCK zurück. Er entschied, dass die Lauterer fortan in komplett roten Trikots spielen sollten. Das war die Geburtsstunde der Roten Teufel vom Betzenberg.

GRUND 9

Weil der FCK Fußball-Deutschland den Capitano geschenkt hat

Zugegeben: Ein Weltmeistertitel war Michael Ballack ja leider nie vergönnt – auch wenn er 2002 und 2006 ganz nahe dran war und vielleicht auch 2010 entscheidend hätte mitwirken können. Trotzdem passt er hervorragend in diese Kategorie, hat doch kaum ein größerer Fußballer seine ersten Schritte im FCK-Trikot gemacht. Oft wird vergessen, dass der lange Zeit als »Titel scheu« geltende Capitano schon in seiner ersten Saison als Profi den wohl sensationellsten Erfolg aller Zeiten feiern konnte: Mit dem 1. FC Kaiserslautern gelang Ballack 1997/98 das Kunststück, als Aufsteiger Deutscher Meister zu werden.

Dass der Sachse mal ein ganz Großer werden würde, war Insidern schon früh klar. Schon 1996 wurde Ballack erstmals in der deutschen U21-Nationalmannschaft eingesetzt. Damals spielte er noch in der dritten Liga bei seinem Heimatverein Chemnitzer FC. In einer Saure-Gurken-Zeit, in der vielversprechende deutsche Talente rar gesät waren, standen natürlich schnell viele Proficlubs Schlange. Als Chemnitz knapp den Aufstieg in die zweite Bundesliga verpasste, entschloss sich Ballack zu einem Wechsel – und zwar nach Kaiserslautern, wo Otto Rehhagel die Roten Teufel gerade erst wieder in die Beletage geführt hatte. Die sportliche Perspektive stimmte, und auch das Angebot von Präsident Hubert Kessler sagte Ballack und den klammen Chemnitzern offenbar zu.

Doch unter König Otto, bekannt für seine Affinität für ältere Spieler, hatte es Ballack richtig schwer. Der Star der U21-Nationalmannschaft saß zunächst nur auf der Bank, kam in der Hinrunde zu lediglich drei Kurzeinsätzen. In der Winterpause zog er sogar die Rückkehr nach Chemnitz in Erwägung, biss sich aber dann doch in Kaiserslautern durch. Eine gute Entscheidung, denn in der nächsten Spielzeit ging es steil bergauf: 30 Bundesligaspiele mit vier Toren, sechs Champions-League-Einsätze, die erstmalige Nominierung für die Nationalmannschaft (gemeinsam übrigens mit Teamkollege Marco Reich) und im April 1999 das Länderspieldebüt beim 0:1 gegen Schottland. 97 weitere Einsätze im DFB-Trikot sollten folgen.

Dann beging Otto Rehhagel allerdings die wohl gröbste Fehleinschätzung seiner Trainerkarriere: In den letzten Saisonspielen setzte er Ballack immer seltener ein, und als dieser dann seine Zelte in der Pfalz abbrechen wollte, sagte der Coach: »Ballack ist ein Ersatzspieler, der in jeder Beziehung zu unreif ist.«[5] Heute muss man feststellen: ein kapitaler Bock des alten Herrn. Ballack war das egal. Er holte 2002 mit Leverkusen und Deutschland gleich vier Vize-Titel, reifte bei Bayern zum Weltklassespieler und drückte anschließend auch dem FC Chelsea seinen Stempel auf.

Sein größter Triumph war aber vielleicht die späte Genugtuung gegenüber dem Nachwuchs-Verweigerer Otto Rehhagel. Das Fußballmagazin *11 Freunde* zitiert den Capitano wie folgt: »Ich muss Herrn Rehhagel ja fast dankbar sein, immerhin hat er mir indirekt den Weg nach Leverkusen geebnet, als er mich in Lautern auf die Bank setzte.«[6] Schönen Dank auch. Mit großer Sicherheit König Ottos schlechteste Entscheidung in vielen Jahren Bundesliga.[7]

GRUND 10

Weil ein Weltmeister und ein Vizeweltmeister von 1954 den FCK trainierten

Walter, Walter, Kohlmeyer, Liebrich, Eckel: Natürlich erfuhren in der Pfalz vor allem die deutschen WM-Helden von 1954 ihre Huldigung – aber nicht nur sie. Auch ein ungarischer Finalteilnehmer kam beim FCK zu großen Ehren, nämlich als erster ausländischer

Übungsleiter der Roten Teufel in der Bundesliga überhaupt. Im Sommer 1965 übernahm der ehemalige Abwehrspieler Gyula Lóránt das Traineramt beim 1. FC Kaiserslautern und beerbte damit keinen Geringeren als Weltmeister Werner Liebrich. Ihre Wege kreuzten sich 1954 in der Schweiz also nicht zum letzten Mal.

Gyula Lóránt und Werner Liebrich, auf dem Feld hatten sie als beinharte, zentrale Defensivspieler die gleiche arbeitsintensive Position inne – und auch als Trainer legten beide vor allem Wert auf körperliches Spiel. Ihr gemeinsames Vorbild: Sepp Herberger. Ihr Anspruch: vollkommen unterschiedlich. FCK-Nachwuchstrainer Werner Liebrich wurde im Februar 1965 kurzfristig zum Chefcoach berufen und hatte nur eine Aufgabe: den Klassenerhalt sichern. Es gelang ihm, und nach getaner Arbeit kehrte der gebürtige Lauterer wieder auf den ruhigeren Posten als Trainer der zweiten Mannschaft zurück.

Sein Nachfolger wurde Gyula Lóránt, dem Herberger einige Jahre zuvor auf kurzem Dienstweg einen Platz an der Sporthochschule in Köln verschafft hatte. Bei der Abschlussprüfung für den Trainerschein fiel Lóránt allerdings im Fach Psychologie durch und musste das Examen wiederholen. Fertig ausgebildet trainierte der Ungar, der später die deutsche Staatsbürgerschaft annahm, dann gleich zweimal den FCK. In seiner ersten Spielzeit hielt er als 15. nur knapp die Klasse, im zweiten Jahr stand allerdings ein hervorragender fünfter Tabellenplatz. Nach einem einjährigen Intermezzo beim Meidericher SV kehrte Lóránt noch einmal nach Kaiserslautern zurück, im März 1970 musste er abermals abstiegsgefährdet jedoch seinen Hut nehmen.

Während sein Vorgänger Werner Liebrich es vorzog, nach der großen Bühne Bundesliga wieder in der zweiten Reihe zu arbeiten, tingelte Lóránt später durch die Republik. Er trainierte den FC Bayern München, Eintracht Frankfurt, den 1. FC Köln, Kickers Offenbach, den Freiburger FC und Schalke 04. Schon in Kaiserslautern galt er als »Schinder«, der kaum Rücksicht auf seine Schützlinge nahm – DER SPIEGEL zitierte ihn am 8. Juni 1981 mit dem Credo: »Kein Spieler darf klüger sein als ich.« Allerdings erwies sich Lóránt auch durchaus als Innovator und führte gemeinsam mit Ernst Happel als Erster die Raumdeckung ein, zu einer Zeit, in der die klassische Mann-gegen-Mann-Verteidigung noch als Nonplusultra galt.

Nach seiner Bundesliga-Karriere ging der Coach nach Thessaloniki, wo er schon einmal unter Vertrag stand. Im Mai 1981 erlag er einem Herzinfarkt, den er während eines Spieles erlitten hatte – ein tragischer Abschied vom Leben. Als »Trainer-Wandervogel« der 1960er- und 1970er-Jahre ist Loránt aber noch heute fester Bestandteil aller Geschichtsbücher – und vor allem ein Zitat wird auf ewig mit ihm verbunden bleiben: »Der Ball ist rund. Wäre er eckig, wäre er ein Würfel.« In diesem Sinne: Alea iacta est – die Würfel sind gefallen.

GRUND 11

Weil ohne den FCK der Weltmeistertitel 1954 undenkbar gewesen wäre

4. Juli 1954, etwa 18:48 Uhr im Wankdorfstadion in Bern: Schiedsrichter William Ling pfeift das Spiel ab, Deutschland ist Fußballweltmeister, schlägt den großen Favoriten aus Ungarn mit 3:2 durch einen Treffer von Max Morlock und einen Doppelpack von Helmut Rahn. Doch auch wenn die Tore an diesem Abend nicht von Spielern des 1. FC Kaiserslautern geschossen wurden: Ohne den FCK wäre der Weltmeistertitel 1954 undenkbar gewesen!

Fünf Lauterer nahm Bundestrainer Sepp Herberger mit zur WM. Alle fünf standen im Finale in der Startelf: Die Brüder Fritz und Ottmar Walter, Werner Kohlmeyer, Werner Liebrich und Horst Eckel. Der berühmteste Sohn des FCK, Fritz Walter, führte die

Mannschaft bei allen sechs Spielen der Weltmeisterschaft als Kapitän aufs Feld. Dabei schoss der Kopf der Mannschaft als offensiver Spielmacher drei Tore. Im Finale gegen Ungarn bereitete er das erste Tor Helmut Rahns durch eine Ecke vor. Sein Bruder Ottmar, seines Zeichens Stürmer, traf in fünf Spielen insgesamt viermal ins Schwarze. Beide Walter-Brüder schnürten beim 6:2-Sieg über Österreich im Halbfinale jeweils einen Doppelpack. Werner Liebrich und Werner Kohlmeyer bildeten einen sicheren Rückhalt in der Abwehr. Kohlmeyer klärte kurz vor Abpfiff des Finales einen Schuss der Ungarn auf der Torlinie. Horst Eckel, der Windhund, rannte sich im Mittelfeld die Seele aus dem Leib. Er spielte in allen sechs Spielen jeweils 90 Minuten.

Natürlich wäre das Wunder von Bern wohl nie geschehen, wenn Teufelskerl Toni Turek im Tor nicht jeden noch so unhaltbar aussehenden Schuss pariert hätte. Natürlich gebührt auch einem Helmut Rahn der allergrößte Respekt für seine beiden Endspieltore. Und ohne, dass Hans Schäfer zur richtigen Zeit nach innen geflankt hätte, wäre das entscheidende 3:2 wohl nie gefallen. Doch das Fundament des Erfolgs in der Schweiz bildeten die fünf Spieler aus Kaiserslautern. Kein anderer Verein stellte so viele Spieler der deutschen Mannschaft.

Kein Wunder, war doch die Walter-Elf Anfang der 1950er-Jahre das Maß aller Dinge im deutschen Fußball. Die Meisterschaften 1951 und 1953 unterstreichen dies eindrucksvoll. Für Nationaltrainer Sepp Herberger lag es also auf der Hand, dass er Fritz Walter, den wohl besten deutschen Fußballer aller Zeiten, zum Herz und Hirn seiner Mannschaft machte. Was lag also näher, als einen Großteil des erfolgreichen FCK-Teams gemeinsam mit dem Adler auf der Brust auflaufen zu lassen?

Das Ergebnis spricht für sich. Mit dem Wunder von Bern haben die fünf Lauterer Helden einen unschätzbar großen Anteil daran, dass Deutschland 1954 einen grandiosen Aufschwung erlebte. Die Jahre nach dem Ende des Zweiten Weltkriegs waren geprägt von

Hunger, Not und Elend. Doch durch den wundersamen Erfolg der deutschen Elf glaubten die Menschen plötzlich wieder an sich. Deutschland machte endlich wieder positive Schlagzeilen. Als kleiner Außenseiter gewannen sie gegen das scheinbar übermächtige Ungarn mit dem großen Ferenc Puskás. Das hielt den Menschen vor Augen, dass es sich immer lohnt zu kämpfen, ganz egal, wie aussichtslos die Situation auch zu sein scheint. Die fünf Helden von Bern haben sich ihr Denkmal vor dem Eingang zur Westkurve des Fritz-Walter-Stadions mehr als verdient.

2. KAPITEL

NASENPFLASTER, KIPPEN UND CO.

EINE HOMMAGE AN ECHTE LAUTRER TYPEN

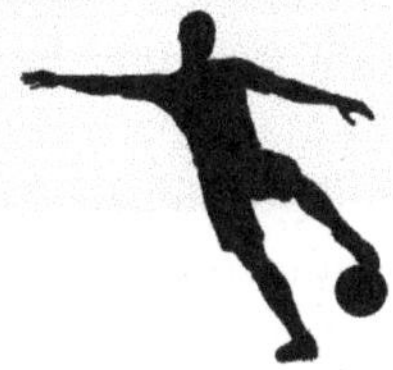

GRUND 12

Weil Olaf Marschall das Nasenpflaster im deutschen Fußball salonfähig gemacht hat

Eigentlich sollte es ja gegen das Schnarchen helfen, das Nasenpflaster, das eine amerikanische Firma 1993 auf den Markt brachte. Doch schnell fand die vermeintliche medizinische Innovation den Weg vom Schlafzimmer auf die Sportplätze. Erst im American Football, später dann auch in die europäischen Fußballligen: Spätestens bei der EURO 1996 wurde das Nasenpflaster unter Fußballern zum Must-have-Accessoire der Saison. Der Italiener Pierluigi Casiraghi und der Bulgare Trifon Iwanow galten damals als Trendsetter unter Europas Pflastermännern.

Auch der Nordsachse Olaf Marschall schwor darauf, und schnell kam zu seiner heute noch vorhandenen Lockenpracht ein zweites Markenzeichen dazu. In der Meistersaison 1997/98 schoss der bullige Stürmer 21 Tore, war hinter Ulf Kirsten Zweiter in der Torschützenliste und durfte als Lohn mit zur WM 1998 nach Frankreich. Auch im Nationaltrikot immer mit dabei und auf allen Fotos stets präsent: das Nasenpflaster. Marschall bezeichnet es heute als »Glücksbringer« – und das stimmt im doppelten Sinne, schließlich brachte ihm der Deal mit dem Hersteller zusätzlich zum Gehalt ein paar D-Mark extra ein.

Das Pflaster jedoch verschwand genauso schnell wieder von den Nasen der Fußball-Republik, wie es einst gekommen war. Erst kamen Zweifel an der Wirksamkeit auf, dann bewiesen Wissenschaftler, dass das Nasenpflaster für die Atemwege nicht mehr als einen Placebo-Effekt hat. Olaf Marschall war das egal – noch heute wird der gebürtige Torgauer in beinahe jedem seiner Interviews auf den fragwürdigen Trend angesprochen, den er im Kaiserslautern der späten 1990er salonfähig gemacht hat – und die Klamottenkiste der Bundesliga damit um eine Episode reicher.

GRUND 13

Weil »Gerrys Flugschule« der Bundesliga so viele gute Torhüter beschert hat

Eigentlich hatte Gerald Ehrmann ja bereits einen Spitznamen: »Gerry«. Das ist schmissig, logisch und ruft sich gut. Trotzdem hat sich der Lauterer Torwarttrainer in seiner aktiven Zeit noch einen zweiten erarbeitet: »Tarzan«. Und den trägt er nicht zufällig, ist der praktizierende Bodybuilder doch ebenso wie der Dschungelheld eine sehr imposante menschliche Erscheinung. Und dann war da noch sein Spielstil, geprägt von furchtlosem Herauslaufen und spektakulären Flugeinlagen – Tarzan-Style eben.

Genau diese Eigenschaften gibt Ehrmann gerne seinen Schützlingen in »Gerrys Flugschule« weiter – man darf wohl mit Fug und Recht behaupten, dass man es in Kaiserslautern mit dem erfolgreichsten Torwarttrainer der jüngeren Vergangenheit zu tun hat. Beinahe in Serie »produzierte« Ehrmann in den letzten Jahren bundesligareife Torhüter, die (Stand Dezember 2018) bereits auf sehr respektable Karrieren zurückblicken können: Roman Weidenfeller (355 Bundesligaspiele), Tim Wiese (269 Bundesligaspiele), Kevin Trapp (126 Bundesligaspiele), Florian Fromlowitz (70 Bundesligaspiele), Tobias Sippel (36 Bundesligaspiele) – sie alle kommen aus der deutschlandweit bekannten Flugschule.

Alle eint die Handschrift des Torwarttrainers: kamikazehaftes Herauslaufen, sensationelle Reflexe, das Elfmeter-Killer-Gen (dafür manchmal aber auch Schwächen in der Strafraumbeherrschung). Legendär sind die Trainingsmethoden in der Lauterer Talentschmiede: Da wird schon einmal über herumstehende Fahrräder gesprungen oder der Ball Vollspann aus kürzester Distanz in Richtung Magengrube gefeuert. O-Ton Ehrmann: »Es ist noch keiner vom Ball erschossen worden.« Und die nächsten Talente hat der Coach bereits in der Pipeline: Schon die Juniorenkeeper dürfen bei ihm trainieren.

Der gebürtige Tauberbischofsheimer stand selbst 294-mal in der ersten Bundesliga zwischen den Pfosten und hat einige Geschichten aus seiner aktiven Zeit zu erzählen. So etwa vom denkwürdigen 3:4 gegen Waldhof Mannheim in der Saison 1986/87, als es gleich vier Elfmeter für die Kurpfälzer gab – zwei davon hielt »Tarzan«.

Übrigens darf sich Ehrmann auch mit Fug und Recht dreimaliger Deutscher Meister nennen. 1978 mit dem 1. FC Köln, 1991 und 1998 mit den Roten Teufeln. Kurios: Weder beim ersten noch bei seinem letzten Titel kam er zu einem Einsatz. Wegen des Ausfalls von Petr Kuba, damals die Nummer zwei hinter Andreas Reinke, setzte sich der leidenschaftliche Porsche-Fahrer 1998 als Stand-by-Profi auf die Ersatzbank – mit Handschuhen, versteht sich, denn auch heute noch ist der Platz neben dem Trainer natürlich sein angestammtes Terrain.

Was gelegentlich dazu führt, dass der ehemalige Elfmeterkiller stets schnell vor Ort ist, wenn auf dem Feld etwas zu, nun ja, zu seinem Missfallen geschieht. Resultat ist die ein oder andere dokumentierte verbale Entgleisung und auch schon einmal eine Rote Karte für den Torwarttrainer, was aber vor allem eines zeigt: »Gerry« Ehrmann ist immer mit Leib und Seele bei der Sache. Und genau deswegen ist er in der Pfalz eine absolute Legende und wird immer noch bei jedem Heimspiel von der Westkurve frenetisch gefeiert – Gerry, winke mo!

GRUND 14

Weil Werner Melzer in der Bundesliga 374-mal für den FCK auflief

Er läuft und läuft und läuft – und er kann es einfach nicht lassen: Werner Melzer, Jahrgang 1954, ist als Roter Teufel mit den meisten Bundesligaeinsätzen in den Annalen des Clubs verzeichnet und sammelt auch heute noch mit der FCK-Traditionsmannschaft fleißig Einsatzminuten. Der gebürtige Pfälzer stand insgesamt 437-mal für die Lauterer als Profi auf dem Feld, 374-mal davon in der Fußballbundesliga – ein Rekord, der mit an Sicherheit grenzender Wahrscheinlichkeit für die Ewigkeit gemacht sein wird.

Werner Melzer kam im WM-Jahr 1974 von seinem Heimatclub FK Clausen in der Südwestpfalz nach Kaiserslautern, wo er zwölf Jahre lang die Schuhe für die Betze-Buben schnürte. Heute kaum noch denkbar, denn die Zeiten, in denen Profis nur für einen einzigen Verein spielten, sind vermutlich unwiederbringlich vorüber – Ausnahmen bestätigen natürlich die Regel. Und so sagt Melzer selbst auf die Langlebigkeit seines Rekords angesprochen: »Es ist in der heutigen Zeit einfach viel schwieriger geworden, so lange seinem Verein treu zu bleiben. Insofern wäre es natürlich umso schöner, wenn es doch einer schaffen würde.«[8]

Drei B-Länderspiele, zwei (leider verlorene) Endspiele im DFB-Pokal und große Europapokal-Schlachten stehen als Höhepunkte in Melzers Fußballer-Vita, doch dem bescheidenen Defensivspieler war stets nur eines wichtig: sein FCK. »Jeder hat einfach einen Lieblingsverein und ich bin halt von Anfang an beim FCK hängen geblieben«, erklärte Melzer einmal gegenüber der offiziellen FCK-Website. Und auch nach dem Karriereende beim FK Clausen kehrte er noch einmal nach Kaiserslautern zurück, arbeitete von 1991 bis 1997 als Amateurtrainer – auch auf dieser Position eine Konstanz, die es so nur noch selten gibt. Später ging er mit seinem ehemaligen Teamkameraden Klaus Toppmöller auf Deutschlandtournee, arbeitete als dessen Co-Trainer in Saarbrücken und beim Hamburger SV. Wenn man bei Google den Namen Werner Melzer eingibt, dann erfährt man übrigens auch eine ganze Menge über das Bienenzüchten. Ein Namensvetter der Lautern-Legende hat mit seinem Imkerei-Standardwerk *Bienenhaltung: Der praktische Ratgeber für den Imker-Neuling* in Fachkreisen eine gewisse Popularität erreicht. In Sachen Bekanntheit kann er damit aber selbstverständlich nicht mit dem Lauterer Kollegen mithalten, der auch knapp 30 Jahre nach seinem Abschied von der Bundesliga-Bühne noch allen FCK-Fans ein Begriff ist, taucht er doch im Statistikteil eines jeden Fußballsonderhefts auf – als ewiger Bundesliga-Rekordspieler des 1. FC Kaiserslautern.

GRUND 15

Weil Lutz Eigendorf den FCK für seine Flucht in den Westen wählte

1979 reiste der Stasi-Club BFC Dynamo zu einem Freundschaftsspiel nach Kaiserslautern – und verlor nicht nur den deutsch-deutschen Vergleich mit 1:4, sondern auch einen seiner wichtigsten Akteure. Der DDR-Nationalspieler Lutz Eigendorf, geboren 1956 in Brandenburg an der Havel, war des Lebens im Osten überdrüssig geworden und nutzte den Ausflug in die Bundesrepublik zur Flucht in die Pfalz. Glücklich wurde der Defensivspieler in seiner neuen Heimat aber nur kurz – 1983 starb er unter mysteriösen Umständen bei einem Autounfall in Braunschweig.

Am 21. März 1979 stand ein Mann in schwarzem Mantel vor dem Schreibtisch des damaligen FCK-Geschäftsführers Norbert Thines – es war Lutz Eigendorf, der sich bei einem Spaziergang seines Teams in Gießen abgesetzt hatte und per Taxi die knapp zwei Stunden nach Kaiserslautern gefahren war. Thines musste zunächst den Taxifahrer bezahlen, schließlich besaß Eigendorf kein Westgeld, und versprach dann, dem Fußball-Flüchtling aus der Patsche zu helfen. Erst versteckte er ihn in einer Pension in Trippstadt, später nahm er den damals 22-Jährigen dann in seinem Privathaus auf. »Die Nachricht von der Flucht Eigendorfs hat sich wie ein Lauffeuer verbreitet, die Stasi chauffierte mit zig Autos durch die Stadt«, erinnerte sich Thines später in der Rheinpfalz.[9]

Eigendorf wollte unbedingt beim FCK bleiben. Bevor er sich aber dem Team anschließen konnte, musste er wegen eines unerlaubten Vereinswechsels eine einjährige Sperre des Weltverbandes FIFA absitzen. In dieser Zeit griff ihm der Club unter die Arme, Eigendorf arbeitete als Teilzeitkraft auf der Geschäftsstelle des FCK, durfte später sogar das Training der Jugendmannschaft leiten. Am 11. April 1980 konnte er dann endlich sein erstes Bundesligaspiel absolvieren, 62 weitere Liga-Einsätze für die Roten Teufel mit sieben Toren sollten folgen. Im März 1982 stand er außerdem beim legendären 5:0-Sieg im UEFA-Cup-Viertelfinale gegen Real Madrid auf dem Platz.

Wenige Monate darauf wechselte Eigendorf für rund 400.000 D-Mark nach Braunschweig. Eine respektable Ablösesumme für den Mittelfeldakteur, der sich mit Coach Karl-Heinz Feldkamp nicht immer bestens verstanden hatte. Nach nur acht Spielen für die Eintracht hatte Eigendorf einen Autounfall und starb zwei Tage später an den Folgen. Bis heute ist ungeklärt, ob, und wenn ja wie, die Stasi in den Tod des ehemaligen DDR-Stars verwickelt war. Eigendorf wurde in seiner zweiten Heimat Kaiserslautern beigesetzt. Zur Trauerfeier durften seine Eltern aus der Deutschen Demokratischen Republik anreisen – und taten es ihrem Sohn gleich. Auch sie blieben in Kaiserslautern und wohnen noch heute in der Pfalz. Auch hier hatte Norbert Thines wieder tatkräftig seine Finger im Spiel.

GRUND 16

Weil Miroslav Kloses erstes Fernsehinterview legendär ist

Miroslav Klose ist ohne Zweifel einer der besten Spieler, die je das FCK-Trikot getragen haben. In Kaiserslautern verehren die Fans ihren Miro noch heute. Legendär: Tor-Saltos! Doch nicht nur auf dem Betzenberg ist Klose ein absoluter Publikumsliebling. Nach seinem Wechsel zu Lazio Rom 2011 eroberte er auch die Herzen der italienischen Fans. Seine bescheidene Art, ohne Starallüren und Eskapaden abseits des Fußballplatzes, zeichneten ihn auch in Bella Italia aus. In Interviews wirkte der gebürtige Schlesier auch nach Jahren im Profifußball noch eher schüchtern.

So auch bei seinem allerersten Fernsehauftritt in der SWR-Sendung *Treffpunkt Betze*. Damals hatte König Otto Rehhagel das Zepter auf dem Betzenberg noch fest in der Trainerhand, Klose war eigentlich noch Vertragsamateur. Doch aufgrund seiner starken Leistungen bei den »kleinen« Teufeln gab ihm Rehhagel immer öfter die Chance in der Bundesliga. So war Miro Klose also im September 2000 das erste Mal zu Gast in einem Fernsehstudio. Am Abend zuvor saß er bei einer peinlichen Vorstellung der Lauterer noch auf der Bank: Mit 0:1 verloren die Roten Teufel ihr Heimspiel im UEFA-Cup gegen den Bohemian Football Club aus Dublin.

Zunächst schien alles wie immer zu sein. Nach einer kurzen Ankündigung begrüßte der Moderator der Sendung, Martin Seidler, seinen Gast. Unter großem Applaus betrat Klose das Studio. *Treffpunkt Betze* sendete traditionell live vom Betzenberg. Seidler begann das Gespräch mit einer Aussage von Kloses Amateurtrainer Michael Dusek. Der hatte gescherzt und gesagt, Klose mache ihn arbeitslos, wenn er Bundesliga spielen würde. Einige Zuschauer im Studio und zu Hause an den Bildschirmen staunten nicht schlecht. Denn darauf angesprochen, antwortete Klose in tiefstem Pfälzisch: »Er hat mich aangeruf', er hat zu mir es selbe gesaaht unn er hat eefach nur gesaaht, Miroslav, spiel eefach Fußball. Unn wann de obbe mitspielsch – ich bin zwar net froh, aber die Annere sinn glicklich drübber.«[10]

Herrlich, dieser Klose. Jeder andere Pfälzer Bub hätte sich wahrscheinlich tapfer bemüht, ein paar Brocken Hochdeutsch herauszubekommen. Doch Miro war einfach Miro. Und Miro war Pfälzer. Das konnte ruhig jeder gleich hören! Natürlich musste er sich, spätestens nach seinem Wechsel in den Norden der Republik zu Werder Bremen, die ihm bis dato fremde Sprache »Hochdeutsch« antrainieren. Als Seidler seinen Gast darauf ansprach, ob er sich bei der Blamage gegen den Bohemian FC gewünscht hätte, auf der Bank sitzen zu bleiben, antwortete Klose Treffpunkt Betze am 22. September 2000 trocken: »Ich wollt' spiele', weil ich will eigentlich immer spiele'. Ich wollt' eefach emm Trainer zeije, unn aa de Fans, dass ich halt aach Fußball spiele' kann.« Und das konnte er, dieser Miro. Ohne Zweifel.

Miroslav Klose zählt heute zu den erfolgreichsten deutschen Fußballern. Mehr als 300-mal stand er bislang allein in der Bundesliga auf dem Platz, erzielte dabei über 120 Tore. Das Trikot der Nationalelf trug Klose insgesamt 135-mal. Dabei schoss er unfassbare 70 Tore und ist somit der erfolgreichste Torschütze in der Geschichte der Deutschen Nationalmannschaft!

Der Höhepunkt in Miros Karriere sollte 2014 folgen. Bei der Weltmeisterschaft in Brasilien gewann Klose mit der deutschen Elf den Titel und setzte sich durch zwei Turniertreffer (in der Gruppe gegen Ghana und im Halbfinale gegen Gastgeber Brasilien) die Krone als bester WM-Torschütze aller Zeiten auf. 16 Tore in 24 WM-Spielen – was für eine Traum-Bilanz!

Für Lazio Rom spielte er noch zwei Jahre in der Serie A, bevor er im November 2016 seine Karriere komplett beendete. Seine Bilanz: 139 Spiele und 54 Tore in Italiens höchster Spielklasse. Dazu noch einige Buden im Pokal und der Europa League. Auch die Italiener durften also häufig in den Genuss des berühmten Klose-Saltos kommen.

GRUND 17

Weil die »Walz aus de Palz« Italien erobert hat

Hans-Peter Briegel ist ohne Zweifel einer der größten Spieler der FCK-Geschichte. Aufgrund seiner athletischen Statur und seiner impulsiven Art zu spielen, wurde er von den Fans die »Walz aus de Palz« getauft. Eigentlich war Briegel Leichtathlet, kam erst mit 17 Jahren zum Fußball. Dass es definitiv noch nicht zu spät war, beweist seine Einsatzstatistik. 240 Bundesligaspiele absolvierte Briegel für seinen FCK. Dabei schoss er 47 Tore.

Mit der Nationalmannschaft wurde er 1980 Europameister. 1982 und 1986 Vize-Weltmeister. Auf Vereinsebene blieben ihm die großen Erfolge jedoch verwehrt. 1981 stand er mit den Roten Teufeln im Pokalfinale, wo man sich Eintracht Frankfurt geschlagen geben musste. Von 1975 bis 1984 hielt er Kaiserslautern und dem Betzenberg die Treue. Da der FCK 1984 Geld brauchte, wurde Briegel nach Italien verkauft. Auch dort sollte die »Walz aus de Palz« die Herzen der Fans im Sturm erobern.

Hans-Peter Briegel schloss sich Hellas Verona an. Gleich in seiner ersten Saison wurde er sensationell italienischer Meister. Mit neun Toren in 27 Spielen führte er Hellas zum größten Erfolg der Vereinsgeschichte. Es war die erste und bisher letzte Meisterschaft, die die Mannschaft aus Verona gewinnen konnte. Briegel wurde von den Tifosi in Verona für dieses Meisterstück verehrt. Sie liebten ihn für seinen unbändigen Willen, seinen Einsatz, eben seine Betze-Tugenden. Deshalb gaben sie der »Walz aus de Palz« ihren eigenen Spitznamen: »Der deutsche Panzer«. Man sagt, er habe in dieser Zeit überall in Verona ein- und ausgehen können, ohne auch nur daran denken zu müssen, etwas zu bezahlen.

In diesem furiosen ersten Jahr in Italien wurde Briegel auf Anhieb Zweiter bei der Wahl zum Spieler des Jahres in der Serie A. Nur ein gewisser Diego Maradona stand am Ende vor ihm. In

Deutschland wurde er zum Fußballer des Jahres gekürt – als erster im Ausland spielender Deutscher überhaupt. Und das, obwohl zur selben Zeit der Weltstar Karl-Heinz Rummenigge (Inter Mailand) ebenfalls in Italien kickte.

Briegel verbrachte noch eine weitere Saison als Stammspieler in Verona, bevor er zur Saison 1986/87 innerhalb der Serie A zu Sampdoria Genua weiterzog. Auch in Genua war die »Walz aus de Palz« für zwei Spielzeiten eine feste Größe des Teams. Zwar konnte Sampdoria in den folgenden zwei Jahren mit Briegel nicht den Scudetto (den italienischen Meisterpokal) gewinnen, doch es sollte trotzdem ein weiterer Titel in Briegels Trophäenschrank wandern. 1988 siegte Sampdoria im Finale der Coppa Italia gegen Torino Calcio und gewann somit den italienischen Pokal. Im Final-Hinspiel gelang Briegel der Treffer zum 1:0. In beiden Spielen stand er in der Startelf.

Mit diesem Titel beendete Hans-Peter Briegel seine große Profikarriere. Seinen FCK trug er stets im Herzen. In einem Interview mit dem Magazin *11 Freunde* 2009 antwortete er auf die Frage, was ihm der FCK bedeute: »In Deutschland habe ich nur für zwei Vereine gespielt: Den SV Rodenbach, zwei Kilometer von der Stadtgrenze, und den 1. FC Kaiserslautern, zu dessen Spielen ich gegangen bin, seit ich sieben, acht Jahre alt war. Ich bin in Kaiserslautern geboren, und für mich wird es in Deutschland immer nur einen Profiverein geben.«[11]

GRUND 18

Weil mit Mario Basler einer der letzten Paradiesvögel in Lautern gespielt hat

Was ist dieser Fußball doch für ein herrlich verrücktes Geschäft. Die jungen Kicker mit den Millionen auf den Konten lassen nur allzu gerne mal die Sau raus. Kuriose Frisuren in allen Formen und Farben, dicke Karren und eine Modelfreundin scheinen in der Glitzerwelt des Fußballs für die Profis vertraglich festgehalten zu sein. Vereinzelt gibt es sie noch, die richtigen Paradiesvögel. Die, die anders sind. Aus der Masse hervorstechen. Die einen haben ihren Mario Balotelli, der angeblich mit Dartpfeilen nach den Jugendspielern seines eigenen Vereins warf. Die anderen ihren Cristiano Ronaldo, der seinen Anlauf zum Freistoß scheinbar den Duellen aus den alten Western abgeschaut hat.

Wir in Kaiserslautern hatten einen der letzten richtigen Paradiesvögel: Mario Basler. Der in Neustadt an der Weinstraße geborene Basler spielte schon in der Jugend für den FCK. Nach zwei Jahren im Profikader, mit nur einem Einsatz in der Bundesliga, entschied er sich für einen Wechsel in die zweite Liga, zu Rot-Weiss Essen. Er wurde Stammspieler, wechselte 1991 zu Hertha BSC. Wiederum zwei Jahre später erlebte Basler die Blütezeit seiner Karriere. Unter Trainer Otto Rehhagel reifte er in Bremen zum Nationalspieler, wurde Pokalsieger und Torschützenkönig. 1996 folgte der Wechsel zu Bayern München. Drei Meisterschaften und einen weiteren Pokalsieg durfte sich Basler während der Zeit in Bayern in seine Vita schreiben.

Im Winter 1999 rief ihn sein Heimatverein Kaiserslautern und Mario folgte diesem Ruf. Zwar konnte er auf dem Platz nicht mehr an seine Leistungen aus Bremen oder München anknüpfen, doch er ließ seine Klasse immer mal wieder aufblitzen und war stets für einen Lacher gut.

»Mario, Mario, Basler-Mario. Sitzt er in de Pälzer Stubb' bei Bier un Marlboro«. So besangen die Fans in Kaiserslautern ihren Mario Basler. In einer Talksendung von Markus Lanz sagte er mal passend dazu, er sei nach der tragischen Niederlage der Bayern gegen Manchester United im Champions-League-Finale 1999 als Erster in der Bayern-Kabine gewesen und habe dann »erst mal ne Zigarette geraucht.«[12] Zigaretten und das eine oder andere Bierchen gehörten eben für Basler einfach dazu.

Ohne Frage, er war zu seiner aktiven Zeit einer der besten deutschen Fußballer. Auch dank seiner super Technik und seiner genialen Freistöße wurden die Bayern zum Abo-Meister der Bundesliga. Ohne Zweifel, Basler konnte kicken. Doch was Mario Basler mindestens genauso auszeichnete, war seine offene und ehrliche Art. Super-Mario sagt und tut auch heute noch immer das, was er für richtig hält. Wie nach dem Aus der Deutschen Nationalmannschaft bei der Europameisterschaft 2000 über den damaligen Bundestrainer: »Jetzt weiß man, dass Erich Ribbeck wirklich keine Ahnung hat.«[13] Ribbeck hatte Basler damals nicht in den EM-Kader berufen.

Auf sein Verhältnis zum französischen Weltmeister und FCK-Königstransfer Youri Djorkaeff angesprochen, sagte er: »Ich lerne nicht extra Französisch für die Spieler, wo diese Sprache nicht mächtig sind.«[14] Basler war einfach immer für eine Überraschung gut. In einem Heimspiel gegen St. Pauli auf dem Betzenberg schnappte er sich den Hut eines Fans und wollte so eine Ecke schießen. Die Zuschauer fandens lustig, der Schiedsrichter erwies sich als Spaßbremse und ließ Basler den Hut wieder ablegen.

2003 wechselte Basler für eine Saison zum al-Rayyan Sport-Club nach Katar, wo er seine Profikarriere ausklingen ließ. Das gemeinsame Abschiedsspiel mit Harry Koch fand einige Zeit später standesgemäß auf dem Betzenberg statt.

Zwar hat Basler die Profischuhe an den Nagel gehängt, doch so richtig lassen kann er es nicht. Immer wieder kickt er in Amateurvereinen mit. Auch als Trainer hat er sich schon versucht, mit Stationen wie Burghausen oder Oberhausen. Auf den Durchbruch wartet er leider immer noch. Doch Super-Mario wäre nicht Super-Mario, wenn er nicht auch als Trainer einen lockeren Spruch auf Lager hätte. In seiner Zeit als Coach bei Eintracht Trier zog er mit seiner Mannschaft ins Achtelfinale des DFB-Pokals ein und kündigte an »wenn wir in der nächsten Runde einen attraktiven Gegner bekommen, beantrage ich meinen Spielerpass«[15].

Egal, ob als Amateurspieler, Trainer oder in welcher Form auch immer, Mario Basler sollte uns noch viele Jahre lang erhalten bleiben. Denn echte Typen wie ihn sucht man heutzutage im Profifußball vergebens.

GRUND 19

Weil der FCK beinahe eine Abteilung für Kunstradfahrer gegründet hätte

Basketball, Boxen, Leichtathletik, Handball – der 1. FC Kaiserslautern besteht nicht nur aus der Fußballabteilung, auch wenn dieser naturgemäß die größte Aufmerksamkeit zukommt. Beinahe, ja beinahe wäre es Mitte der 1990er-Jahre einem spätberufenen Fußballprofi gelungen, eine absolute Randsportart im Verein zu etablieren – das Kunstradfahren. 1995 demonstrierte Harry Koch am Rande des Trainings eher spaßeshalber seine Kunststücke auf dem Einrad, in der Sportart also, die er bis zu seinem 15. Lebensjahr parallel zum Fußball betrieben hatte. Trainer Friedel Rausch zeigte sich von der Körperbeherrschung seines Verteidigers schwer beeindruckt – zur Gründung einer neuen Abteilung ließ man sich aber leider nicht hinreißen.

Denn der Verein hatte damals in der Tat ganz andere Sorgen. Abstiegskampf war angesagt, und am Ende der Saison mussten die Pfälzer tatsächlich zum ersten Mal den Gang in die zweite Bundesliga antreten. Trotz eines Harry Kochs, der erst im Sommer zu den Roten Teufeln gestoßen war und in seiner Premierenspielzeit durchaus zu überraschen wusste. Damals konnte noch niemand wissen, dass der Manndecker mit den prächtigen Locken fast zehn Jahre lang der absolute Publikumsliebling der Lauterer Fans sein würde. Die »zweite« Karriere von Harry Koch begann erst 1994, als er mit dem TSV Vestenbergsgreuth (Insidern heute bekannt unter dem

Namen Greuther Fürth) die Mutter aller Pokalsensationen schaffte und den damaligen Deutschen Meister Bayern München aus dem Wettbewerb kegelte. Koch spielte 90 Minuten durch und weckte das Interesse des damaligen FCK-Managers Reiner Geye, der ihn in zur nächsten Saison in die Pfalz lotste. Wo Harry Koch sich übrigens in die Geschichtsbücher der Bundesliga eintrug, schließlich gelang ihm am 4. Februar 2000 gegen Borussia Dortmund das allererste Tor des neuen Jahrtausends.

Harry Kochs Zeit in Kaiserslautern war wohl die turbulenteste der Vereinsgeschichte: Abstieg, Pokalsieg, Aufstieg, Meisterschaft, Champions League, UEFA-Cup-Halbfinale – der Abwehrmann war immer dabei. Mehr als einmal setzten ihn die Trainer auf die Bank, doch der Fanliebling kam immer wieder zurück. Insgesamt absolvierte er für den FCK 187 Bundesligaspiele und erzielte dabei 17 Treffer – ganze elf davon durch Strafstöße. Insgesamt war Koch zwölfmal aus elf Metern angetreten und nur einmal hatte ein Keeper den Braten gerochen, der zugegeben einen ziemlich penetranten Duft gehabt haben muss, schließlich zielte der Franke beinahe immer brav nach rechts unten. Tihomir Bulat vom FC St. Pauli war übrigens der glückliche Elfmeterkiller.

Später spielte Koch noch drei Jahre bei Eintracht Trier, bevor er gemeinsam mit Mario Basler standesgemäß mit einem Abschiedsspiel auf dem Betzenberg verabschiedet wurde. Danach verdiente er sich mehr oder weniger erfolgreich als Trainer in niederklassigen Ligen und als Experte – legendär sein Interview beim Fußball-Radiosender 90elf, bei dem der leicht erkältete und dafür stark fränkelnde Koch derart nuschelte, dass sein Statement zum besseren Verständnis von den Moderatoren simultan übersetzt werden musste. Ach, übrigens: Eine Kunstradabteilung gibt es beim FCK immer noch nicht – dafür hat man nun immerhin die Trendsportart Headis im Programm.

GRUND 20

Weil Bruno Labbadia das verdienteste Tor der Bundesligageschichte schoss

Tore hat Bruno Labbadia in seiner Karriere wahrlich viele geschossen – der heutige Trainer ist noch immer der einzige Spieler, der sowohl in der ersten als auch in der zweiten Bundesliga mehr als 100-mal ins Netz traf. Dabei sprangen immerhin drei Tore des Monats heraus. Aber auf einen Treffer dürfte Labbadia ganz besonders stolz sein: auf das 1:2 im April 1991 bei Bayer Leverkusen. Es ist wohl das verdienteste Tor der ganzen Bundesligageschichte, weil Labbadia nie aufgab und sich nicht auf den Schiedsrichter verlassen wollte.

Rückblende: Der FCK ist auf dem Weg zur großen Überraschung, zur Meisterschaft 1991, startet aber am 25. Spieltag miserabel in die Begegnung bei Bayer 04 Leverkusen. Erst passiert Rainer Ernst ein Eigentor, dann bekommen die Gastgeber auch noch einen Elfmeter zugesprochen – nach einer Stunde Spielzeit heißt es 0:2 aus Lauterer Sicht, zudem musste Abwehrchef Miroslav Kadlec vorzeitig zum duschen. Doch dann der große Auftritt des Bruno Labbadia: Der Angreifer dringt von rechts in den Strafraum ein und wird an der 16-Meter-Linie erstmals zu Fall gebracht. Er steht wieder auf, bekommt dabei den Ball an die Hand und sieht sich plötzlich zwei neuen Gegenspielern ausgesetzt. Wieder fällt Labbadia, wartet aber nicht auf den Elfmeterpfiff und hält den Ball im Fallen innerhalb der Spielfeldbegrenzung. Während die Leverkusener in der Erwartung eines Pfiffes das Spielen einstellen, steht »der schöne Bruno« noch einmal auf, lässt einen weiteren Verteidiger ins Leere grätschen und schließt aus ganz schwerem Winkel ins kurze Eck ab – Tor!

Bayer-Keeper Rüdiger Vollborn hat das Nachsehen, und es sollte an diesem Tag noch besser kommen für die Roten Teufel. In der letzten Spielminute erzielt Markus Schupp das 2:2 und rettet dem FCK damit einen wichtigen Zähler auf dem Weg zur Meisterschaft.

Auch wenn Labbadia sich am Saisonende mit Manager Rainer Geye sowie mit Teilen des Teams überwarf und die Flucht nach München antrat – mit seinem Stehaufmännchen-Treffer im April 1991 hatte er maßgeblichen Anteil am Gewinn der Deutschen Meisterschaft. Zum ARD-*Sportschau*-»Tor des Jahres« reichte es am Ende übrigens trotz der Bedeutung des Treffers leider nicht. Es gewann ein gewisser Andreas Müller von Schalke 04. Mit einem Tor gegen, na, gegen wen schon, natürlich gegen den 1. FC Kaiserslautern.

GRUND 21

Weil die FCK-Spieler ihre Tore am schönsten bejubeln

Wenn ein Spieler ein Tor schießt, dann jubelt er. Es sei denn, es war das 1:5 in der 89. Minute – oder er ist ein ziemlich arroganter, von sich selbst überzeugter Schnösel. Es gibt die unterschiedlichsten Arten von Torjubel. Zum Beispiel den klassischen Gerd Müller. Einfach die Arme hochreißen und hüpfen. Heute übrigens gerne noch von seinem Namensvetter Thomas zelebriert. Der Kreativität sind keine Grenzen gesetzt. Am schönsten jubeln die Torschützen allerdings immer noch in der Pfalz. Beispiele gefällig?

Die Kuntz-Säge

Stefan Kuntz war ein echter Strafraumwühler. Einer, der sich immer mitten ins Getümmel warf und jedem Ball hinterherstocherte. Eben ein klassischer Mittelstürmer. Im Trikot der Roten Teufel wurde er Pokalsieger, Meister und Torschützenkönig. Alles Anfang der 1990er-Jahre, als Kaiserslautern goldene Zeiten im Fußball erlebte. Daran hatte der überzeugte Schnauzbartträger Kuntz erheblichen Anteil. Wenn er am Ball war, klingelte es häufig im Kasten des Gegners. In 192 Spielen für den FCK traf er stolze 85-mal ins Schwarze. Und jedes Mal, wenn er das Leder mal wieder versenkt hatte, packte er sie aus: die »Kuntz-Säge«. Dabei ging er mit einem Bein in die Knie und bewegte dann einen seiner Arme schnell vor und zurück. Da die Armbewegung der Bewegung einer Säge sehr ähnlich war, taufte die Presse seinen Jubel auf den Namen »Kuntz-Säge«. Nicht zuletzt deshalb, weil er mit seinen Angriffen Kleinholz aus den gegnerischen Abwehrreihen machte.

Der Klose-Salto

Miroslav Klose ist einer der berühmtesten Betze-Buben aller Zeiten und der erfolgreichste Torschütze in der Geschichte der Deutschen Fußballnationalmannschaft. Als Jugendlicher stand er oft selbst in der Westkurve, um seine Vorbilder anzufeuern. In Kaiserslautern begann seine Profikarriere, in Kaiserslautern schoss er sein erstes Bundesligator, in Kaiserslautern reifte er in seinem Wohnzimmer Betzenberg zu einem Weltklasse-Stürmer, und in Kaiserslautern entstand der berühmte »Klose-Salto«.

Nach wichtigen Toren jubelte der Deutsch-Pole auf seine ganz eigene, spezielle Art. Er nahm Anlauf, sprang ab und zeigte einen Salto. Diesen stand er zwar nicht immer einwandfrei und seine Schusstechnik war definitiv besser als seine Sprungtechnik. Doch trotzdem war der ‚Klose-Salto' Kult. Ohne Salto kein Klose. Geradezu enttäuscht waren die Fans, wenn der Salto nach einem Tor ausblieb. Lange hielt er seinem geliebten FCK die Treue. Doch irgendwann wurde der Ruf der großen Fußballwelt zu groß und Miroslav Klose wechselte zu Werder Bremen. Der FCK verlor seinen damals besten Spieler, einen sympathischen, bodenständigen Menschen – und natürlich den Salto.

GRUND 22

Weil ein Lauterer Bub das Münchner Stadtderby entschied

Es ist der 27. November 1999. Im traditionsreichen Münchner Stadt-Derby zwischen den Löwen vom TSV 1860 und dem FC Bayern ist 1860 die bessere Mannschaft. Doch zahlreiche Chancen bleiben ungenutzt. Mehr als einmal rettet die Latte die Bayern vor einem Rückstand. Es läuft die 85. Minute im Olympiastadion. Der Ball kommt zu Löwen-Stürmer Martin Max an den Strafraum der Bayern. Er behauptet ihn gegen die Verteidiger und legt ab auf den heranstürmenden Thomas Riedl. Der zieht aus vollem Lauf mit dem rechten Außenrist ab. Unaufhaltsam fliegt der Ball auf das Tor von Bayern-Torhüter Oliver Kahn zu und dreht nach rechts ab. Diese Flugkurve lässt Kahn keine Chance. Der Ball zappelt im Netz, das Stadion flippt aus, die Sensation ist perfekt. Zum ersten Mal seit 22 Jahren gewinnen die Löwen ein Derby gegen den großen FC Bayern! Das alles dank eines echten Lauterer Buben.

Thomas Riedl wird 1976 in Kaiserslautern geboren. In der Jugend kickte er bei Phönix Otterbach, bevor er sich 1994 den Roten Teufeln anschloss. Schon sein Vater Hannes Riedl schnürte in den 1970ern die Fußballschuhe für den FCK. Tommy Riedl erlebte in Kaiserslautern ein Wechselbad der Gefühle. Er bekam alle Höhen und Tiefen dieser Zeit hautnah mit. Abstieg – Pokalsieg, Aufstieg – Meisterschaft. 1999 folgte schließlich der Wechsel zu den Löwen nach München. Die Fans der Roten Teufel und der Löwen verbinden genau zwei Dinge: Ihre Fanfreundschaft untereinander und ihre Abneigung gegenüber den Bayern.

Riedl spielte ordentlich, machte in seiner ersten Saison bei den Löwen 22 Spiele, einige davon über 90 Minuten. Doch so richtig gehörte er nie zum Stammpersonal. In seiner zweiten Saison kam er nur noch sporadisch zum Einsatz. Nach nur zwei Jahren in der bayrischen Landeshauptstadt wechselte er wieder zurück auf den Betzenberg. Doch auch wenn Tommy Riedl nicht der beste Spieler war, der je das blau-weiße Trikot der Löwen getragen hat, er bleibt den »Sechzgern« auf ewig in bester Erinnerung. Für sein grandioses Tor im Derby feiern sie ihn noch heute. 22 Jahre mussten die Löwen-Fans darauf warten, dass ein Lauterer Bub vorbeikommt, sein Herz in die Hand nimmt und den Bayern die Lederhosen auszieht.

GRUND 23

Weil nur die besten Nachwuchsspieler mit der Fritz-Walter-Medaille ausgezeichnet werden

Wer Besonderes leistet, muss auch besonders geehrt werden. Das gilt natürlich auch für den deutschen Fußballnachwuchs. Seit 2005 werden die besten und verheißungsvollsten Talente mit der Fritz-Walter-Medaille ausgezeichnet. Fritz Walter war sowohl sportlich als auch menschlich ein absolutes Vorbild. Diese Botschaft wird den jungen Kickern mit der Verleihung der Medaille mit auf den Weg gegeben. In der Hoffnung, dass auch sie sich an den Werten des großen Fritz Walters orientieren und ihm nacheifern.

Die Fritz-Walter-Medaille gibt es in Gold, Silber und Bronze. Sie wird in den Kategorien U17, U18 und U19 verliehen. Wird ein Spieler mit ihr ausgezeichnet, ist er ziemlich sicher auf dem Weg, ein ganz Großer zu werden. Die Beispiele aus der Vergangenheit beweisen das eindrucksvoll.

2005 erhielt Manuel Neuer die Fritz-Walter-Medaille in Silber. Die DFB-Jury bewies einen guten Riecher. Mittlerweile feierte Neuer mit dem FC Bayern in der Saison 2012/13 das Triple aus Meisterschaft, Pokal und Champions League. Er bringt es auf über 370 Bundesligaspiele und stand bereits mehr als 90 Mal für die

Nationalmannschaft zwischen den Pfosten. 2014 sicherte Neuer der Nationalelf mit seinen Paraden den WM-Titel in Brasilien. Dafür wurde er zum Welttorhüter des Jahres gewählt und belegte bei der Weltfußballer-Wahl den dritten Platz.

2013 wechselte Mario Götze für die unfassbare Ablösesumme von 37 Millionen Euro von Borussia Dortmund zum Rekordmeister Bayern München. In den beiden Jahren zuvor hatte er großen Anteil daran, dass Dortmund Deutscher Meister wurde und die Bayern gehörig ärgern konnte. Dass aus ihm mal ein wirklich Großer wird, deutete sich schon im Jahr 2009 an. Damals bekam er die Fritz-Walter-Medaille in Gold in der Kategorie U17. Ein Jahr später folgte Gold in der Kategorie U18.

2011 stach wieder ein Spieler von Schalke 04 hervor. Julian Draxler bekam die goldene Fritz-Walter-Medaille als bester U18-Spieler verliehen. Fast 80 Millionen Euro wurden für Draxler schon auf dem Transfermarkt bezahlt. Über Wolfsburg landete er schließlich beim französischen Spitzenklub Paris Saint-Germain. Mit 17 wurde er zum jüngsten Spieler, der jemals für Schalke in der Bundesliga auflief. Mittlerweile hat Julian Draxler schon über 150 Bundesligaspiele auf dem Buckel. Dazu kommen über 50 Einsätze mit dem Adler auf der Brust und auch Draxler darf sich seit 2014 Weltmeister nennen.

Diese drei deutschen Nationalspieler sind nur drei Beispiele aus einer langen Liste von Fußballern, die mit der Fritz-Walter-Medaille ausgezeichnet wurden. Sie zeigen jedoch eindrucksvoll, dass der Name Fritz Walter noch heute für besondere Qualität steht. Die Medaille, die den Namen des Ehrenspielführers der Nationalmannschaft trägt, ist ein wichtiges Indiz dafür, welche Spieler in Zukunft auf dem Platz für Furore sorgen werden. Ihre Preisträger zeigen, dass der deutsche Fußball sich in den kommenden Jahren keine Sorgen um seinen Nachwuchs machen muss. Es ist Zeit für den nächsten Titel! (Alle Zahlen, Stand September 2019)

3. KAPITEL

DAS IKEA-PRINZIP

WIE VIELE SCHRAUBEN AUS ALLER HERREN LÄNDER DEN FCK SEIT JAHRZEHNTEN ZUSAMMENHALTEN

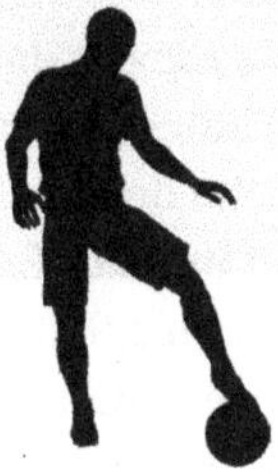

GRUND 24

Weil mit Miroslav Kadlec die schönste Halbglatze der Bundesliga beim FCK spielte

Fußballspieler sind in der Wahl ihrer Frisur mitunter doch sehr speziell. Manch einer färbt sich die Haare jede Woche in einer anderen Farbe. Auch Symbole jeder Art werden gerne beim Coiffeur des Vertrauens in die Haarpracht hineinrasiert. Sogar der klassische Vokuhila scheint noch nicht ganz ausgestorben zu sein. Doch wer wirklich was auf sich hält, der trägt Halbglatze. Ganz genauso wie einer der beliebtesten FCK-Spieler aller Zeiten – Miroslav Kadlec. Was soll man noch groß über Miro schreiben, um deutlich zu machen wie wichtig der Tscheche für den FCK war? Ein Blick in seine Einsatzstatistik spricht Bände.

Kadlec machte 259 Spiele für den 1. FC Kaiserslautern, dabei erzielte der Abwehrspieler 21 Tore. Freistöße gehörten zu den Spezialitäten des Liberos. Gleich in seiner ersten Saison 1990/91 wurde Kadlec Stammspieler und gewann mit dem FCK die Deutsche Meisterschaft. 1996 holte er mit den Roten Teufeln den DFB-Pokal und führte die tschechische Nationalmannschaft als Kapitän bis ins EM-Finale, das bekanntermaßen knapp gegen Deutschland verloren wurde. Als die Roten Teufel im selben Jahr den bitteren Gang in die zweite Bundesliga antreten mussten, stand für Miro außer Frage, dass er diesen Weg mitgeht. Obwohl er wie viele andere aus der damaligen Mannschaft in der Bundesliga hätte bleiben können. Es folgte die Sensations-Meisterschaft als Aufsteiger 1998.

Was Miro Kadlec für den FCK und seine Fans so besonders machte, war vor allem sein Auftreten. Sein Wille. Seine Leidenschaft. Er ließ nie Worte, sondern Taten sprechen, lebte für seinen FCK. Und das nicht nur auf dem Platz. Auch privat blieb Kadlec immer bodenständig. Für ein kleines Gespräch mit Fans hatte er immer Zeit. Kadlec verkörperte mit seinem Auftreten genau das, was die Leute in Kaiserslautern so sehr lieben – die Fritz-Walter-Tugenden! Nach acht erfolgreichen Jahren auf dem Betzenberg, mit der Meisterschaft als krönendem Abschluss, wechselte Miroslav Kadlec 1998 wieder zurück in seine Heimat zum 1. FK Drnovice in die erste tschechische Liga – der Familie zuliebe.

Heute ist Miroslav Kadlec als Spielerberater tätig. Sein Sohn Michal, der viele Jahre seiner Jugend in Kaiserslautern verbrachte, hat es ihm nachgemacht und ist ebenfalls Profifußballer geworden. Er und sein Vater erinnern sich bestimmt noch heute gerne an die erfolgreiche Zeit in Kaiserslautern. Der Name Kadlec jedenfalls hat einen festen Platz in den Geschichtsbüchern des FCK und in den Herzen der Fans. Und wer weiß, vielleicht tritt Sohn Michal ja irgendwann in die großen pfälzischen Fußstapfen seines Vaters.

GRUND 25

Weil Ciriaco Sforza gleich dreimal nach Kaiserslautern wechselte

Kaiserslautern ist eine schöne Stadt! Das dachte sich wohl auch der Schweizer Ciriaco Sforza. Sforza gefiel es in der Pfalz so gut, dass er im Laufe seiner Karriere gleich dreimal zu den Roten Teufeln wechselte.

Doch der Reihe nach. 1993 kam der damals 23-Jährige zum ersten Mal auf den Betzenberg. In der Schweiz hatte er sich beim Grashopper Club Zürich einen Namen gemacht, nun wollte er sein Talent auch in der Bundesliga unter Beweis stellen. Gleich in seinem ersten Spiel für den FCK gelang ihm das erste Tor – ein Einstand nach Maß! Nach einer Vizemeisterschaft (1994) und einem vierten Platz (1995) wechselte Sforza, für die Fans natürlich mit einem faden Beigeschmack, zum FC Bayern München. Beim Rekordmeister konnte sich der Mittelfeld-Dirigent allerdings nicht durchsetzen und zog deshalb ein Jahr später weiter zu Inter Mailand. Doch auch im Land von Pasta und Vino wurde »Ciri« nicht glücklich. Also bestieg er wiederum ein Jahr später erneut Deutschlands höchsten Fußballberg. Und er kam genau richtig, um Geschichte zu schreiben.

In seinem wohl besten Jahr als Fußballprofi führte Ciriaco Sforza den 1. FC Kaiserslautern mit Weltklasse-Leistungen zum Gewinn der Deutschen Meisterschaft 1998 – und das als erster und bislang einziger Aufsteiger in der Geschichte des deutschen Fußballs. Diese außergewöhnliche Leistung der Mannschaft von Trainer König Otto Rehhagel und seiner rechten Hand Sforza bleibt bis heute unvergessen. Auch für »Ciri« selbst. Auf seiner Homepage schreibt der Schweizer: »Unter allen Titeln, die ich gewonnen habe, ist die Meisterschaft mit dem FCK der Schönste gewesen.« (www.ciriaco-sforza.de/Karriere/Der-Spieler)

In den folgenden zwei Spielzeiten gehörte Sforza weiter zur Stammelf der Roten Teufel und zeigte konstant gute Leistungen. Das blieb auch den Herren mit den gut gefüllten Geldbörsen im Süden der Republik mal wieder nicht verborgen. So kam es, wie es kommen musste, und Ciriaco Sforza wechselte – zum zweiten Mal – vom FCK zu den Bayern. Die FCK-Fans knirschten erneut mit den Zähnen. In der Saison 2000/01 gewann Sforza auf Anhieb die Meisterschale und den Champions-League-Pokal mit seinem neuen alten Club. Doch auch sein zweiter Abstecher in die Landeshauptstadt Bayerns dauert nicht lange: Eine Knieverletzung warf ihn immer wieder zurück und kostete ihn schließlich seinen Stammplatz. Der damalige Bayern-Trainer Ottmar Hitzfeld empfahl ihm einen Wechsel. Angebote gab es laut Sforza aus der Schweiz, vom Hamburger SV und vom VfL Wolfsburg. Doch Familie Sforza packte ein drittes Mal ihre Koffer für den Umzug nach Kaiserslautern.

Beim FCK hatte sich in der Zwischenzeit einiges verändert. Die fetten Jahre waren vorbei, der Verein kämpfte gegen den erneuten Abstieg aus der Bundesliga. Sforza kam, um »seinem« FCK zu helfen. Doch sein Körper spielte nicht mehr mit: Zweimal riss ihm die Achillessehne, es folgten insgesamt 18 Monate Zwangspause. 2005 endete seine Karriere auf unrühmliche Art und Weise: Gegenüber der Vereinsführung äußerte der Spielmacher Kritik an Coach Michael Henke, bot sich angeblich sogar selbst für den Posten des Trainers an. Doch die Vereinsführung hielt an ihrem Übungsleiter fest und suspendierte Sforza aufgrund »unüberbrückbarer Differenzen mit Trainer Henke«. Er kehrte nie wieder als Profi auf den Rasen zurück. Sein letztes Spiel bestritt der umstrittene Spielmacher am 15. Oktober 2005 gegen Borussia Dortmund. Mit den Fans verband ihn stets eine Art Hassliebe. Sie feierten ihn für seine genialen Momente im Trikot der Roten Teufel und seinen großen Anteil an der Meisterschaft 1998. Sie hassten ihn allerdings für seine Wechsel zum großen Erzfeind Bayern München. Und doch: Der Name Ciriaco Sforza bleibt unabdingbar mit der ruhmreichen Geschichte des 1. FC Kaiserslautern verbunden.

GRUND 26

Weil der FCK den besten Schweden-Import nach Ikea hatte

Wer heute auf der Suche nach neuen Einrichtungsgegenständen ist, fährt gerne mal zum schwedischen Möbelgiganten Ikea. Dort wird der passende Schrank oder das gewünschte Bett ausgesucht, eingeladen und zu Hause in Eigenregie zusammengebaut. Das Ganze meistens auch noch zum »Super-Mega-Hammer-Schnäppchen-Preis«. Wer auf der Suche nach einem neuen Torhüter ist, der hat es nicht ganz so leicht. Die stehen nicht einfach so in irgendeinem Sportgeschäft herum und warten, bis der passende Verein vorbeischaut, um sie mitzunehmen.

1974 gelang dem FCK ein echter Coup auf dem Transfermarkt. Mit dem Schweden Ronnie Hellström verpflichteten die Verantwortlichen einen der damals besten Tormänner; manche sagen, er war sogar *der* beste. Bei der Fußballweltmeisterschaft in Deutschland spielte Hellström groß auf. Mit seinen klasse Paraden sorgte er international für großes Aufsehen. Einige staunten nicht schlecht, als er nach der WM dann in die Pfalz nach Kaiserslautern wechselte. Möglich machten den Transfer unter anderem seine Landsmänner Roland Sandberg und Benno Magnusson, die damals bereits das FCK-Trikot trugen.

Hellström feierte sein Debüt als Roter Teufel am ersten Spieltag der Saison 1974/75 auf Schalke. Das Spiel ging mit 1:2 verloren, doch die Fans begannen, ihren Ronnie zu lieben. Egal, gegen welchen Gegner und bei welchem Spielstand – der sympathische Schnauzbartträger warf sich auf jeden Ball. Er gab immer alles, um den FCK zum Erfolg zu führen. Am zwölften Spieltag der gleichen Saison sollte ein historisches Spiel für Ronnie Hellström folgen. Der FCK war zu Gast beim FC Bayern München, in dessen Reihen fast ausschließlich Spieler standen, die in diesem Jahr den Weltmeistertitel mit der deutschen Nationalmannschaft gewinnen konnten. Auf dem Papier war es mal wieder eine klare Sache. Doch der Außenseiter aus Kaiserslautern sollte an diesem Tag für Furore sorgen. Zwar gingen die Münchner zunächst wie erwartet mit 1:0 in Führung, doch die Betze-Buben um Hellström, Toppmöller und Co. ließen sich dadurch nicht entmutigen. Am Ende gewann der FCK das Spiel mit 5:2 – auch dank der Paraden Ronnie Hellströms. Ein weiteres Kapitel für die Fußballgeschichtsbücher war geschrieben.

Doch dieses Spiel blieb leider einer der wenigen sportlichen Höhepunkte in der FCK-Karriere des Ronnie Hellström. Während seiner Zeit auf dem Betzenberg musste der Schwede seinen Club mehr als einmal vor dem Abstieg retten. 1976 und 1981 schaffte er es mit den Teufeln zwar bis ins DFB-Pokal-Finale, doch die Endspiele gegen den Hamburger SV und Eintracht Frankfurt gingen verloren. Zweimal Platz drei und zweimal Platz vier in der Meisterschaft, mehr Erfolge oder sogar Titel sollten es für Ronnie Hellström und den FCK in dieser Zeit leider nicht werden. Doch was wirklich zählt, sind nicht die Zahlen. Ronnie Hellström war einer, den die FCK-Fans liebten. Wegen seines großen Einsatzes für den Verein und seiner bescheidenen Art. Deshalb ist er für viele Fans noch heute der beliebteste Ausländer, der jemals das FCK-Trikot trug.

GRUND 27

Weil Co Prins vom FCK- zum Hollywoodstar wurde

In den turbulenten 1990er-Jahren verdiente sich der FC Bayern den Spitznamen »FC Hollywood«. Einen echten Filmstar haben aber nicht die Münchner, sondern der 1. FC Kaiserslautern hervorgebracht: Der Niederländer Jacobus Prins, genannt »Co«, spielte 1981 an der Seite von Sylvester Stallone und Sir Michael Caine im Antikriegsfilm *Flucht oder Sieg* (Originaltitel: *Escape to Victory*).

Prins kam 1963 von Ajax Amsterdam nach Kaiserslautern und war der erste Ausländer, der für die Roten Teufel in der Bundesliga spielte. In der Premierensaison kam er in 23 Spielen immerhin auf sechs Treffer – flog allerdings auch einmal mit Rot vom Feld. Im Jahr darauf absolvierte der Offensivmann noch einmal 13 Spiele, ehe es ihn zurück nach Holland zog. Mehr als wegen seiner sportlichen Leistungen blieb Prins aber wegen seines Auftretens in Erinnerung – nicht bei jedem in guter. Prins galt als Paradiesvogel, der nicht viel von seriösem Geldmanagement hielt, seine damals noch minderjährige Verlobte entführte oder mit dem protzigen Cadillac ins Mannheimer Nachtleben düste.

Später ging Co Prins in die USA und spielte bei den Pittsburgh Phantoms sowie den New York Generals – wo er Pelé kennenlernte und 1981 eher durch Zufall sein Filmdebüt gab. Regisseur John Huston wollte einen Streifen über Kriegsgefangene im Zweiten Weltkrieg drehen, die sich in einem Fußballspiel mit den SS-Aufsehern messen sollten. Inspiriert wurde er dabei vom Schicksal der sogenannten »Todeself«, einer Fußball-Mannschaft aus ukrainischen Zwangsarbeitern, die der Legende nach 1942 gegen ein deutsches Team siegte und deswegen dem Tod geweiht war.

Ein weniger tragisches Ende findet glücklicherweise Co Prins' Film-Elf – gespickt übrigens mit bekannten Fußballern wie Bobby Moore, dem Argentinier Osvaldo Ardiles oder dem Belgier Paul van Himst. Co Prins spielt den Niederländer Pieter van Beck, der zugegeben nicht wirklich entscheidend an der Handlung des Films teilnimmt. Bester Fußballer des Teams ist natürlich Pelé, der einen Charakter aus Trinidad und Tobago verkörpert. Der größte Star steht jedoch im Tor: Sylvester Stallone, sportlich sonst eher im Boxring als zwischen den Pfosten zu Hause. Natürlich wird der eigentlich mäßig talentierte Stallone als Torhüter Robert Hatch zum Helden des Spiels – gecoacht wurde er für seine Rolle im Übrigen von Englands 1966er WM-Keeper Gordon Banks.

Flucht oder Sieg spielte an den Kinokassen knapp 30 Millionen US-Dollar ein und läuft vor allem in Großbritannien noch heute regelmäßig im Fernsehen. Der Ex-Fußballer und heutige Schauspieler Vinnie »die Axt« Jones plante vor einigen Jahren sogar ein Remake des Films, in den Hauptrollen sollten er selbst und David Beckham zu sehen sein. Auch Stallone und Caine sollten Kurzauftritte bekommen. Ob die Neuverfilmung jemals Wirklichkeit wird, weiß vermutlich nur Vinnie Jones selbst. Klar ist aber, dass Co Prins nie mehr auf einem Fußballfeld zu sehen sein wird: 1987 erlitt der Niederländer bei einem Altherrenspiel einen Herzinfarkt und verstarb – ironischerweise bei einem gerade von ihm selbst erzielten Tor.

GRUND 28

Weil in der Pfalz auch Brasilianer heimisch werden Alles andere ist »Kokolores«

Geboren und aufgewachsen in Brasilien, Deutsch gelernt in der Schweiz und heimisch geworden in der Pfalz. Everson Rodrigues, genannt Ratinho, genießt Kult-Status bei den Fans des 1. FC Kaiserslautern und gilt wohl jedem Pfalz-Bewohner als absolutes Musterbeispiel für gelungene Integration – auch nach dem Karriereende. Dem Südwestrundfunk (SWR Landesschau, 15. April 2013) sagte der Deutsche Meister von 1998 15 Jahre später: »Ich bin Pfälzer. Nicht von Geburt, aber von Herzen.« – ein ehrliches Bekenntnis zu seiner neuen Heimat.

Der Weg dorthin war lang und steinig, und mehr als einmal sah es danach aus, als würden sich die Wege von Ratinho (portugiesisch: das Mäuschen) und der Stadt Kaiserslautern trennen. Als Zwölfjähriger kam der technisch versierte Offensivspieler in ein brasilianisches Fußballinternat, wurde kaum volljährig bereits Vater und wechselte mit 20 Jahren in die Schweiz zum FC St. Gallen, später nach Aarau. Dann ereilte ihn der Ruf aus Kaiserslautern, obwohl die Roten Teufel gerade erst in die zweite Bundesliga abgestiegen waren – Ratinho war es egal. Den Ausschlag habe gegeben, so sagte er später im Interview mit dem SWR (SWR Landesschau, 15. April 2013), wie bitterlich Andreas Brehme an der Seite von Rudi Völler um »seinen« Verein geweint habe und wie groß die Trauer in der gesamten Region gewesen sei. »Das hat mir imponiert«, erklärte Ratinho 17 Jahre nach seinem Wechsel in die Pfalz, und man merkt, dass er es ehrlich meint.

Mit dem FCK wurde Ratinho Deutscher Meister, bester Aufsteiger aller Zeiten und spielte in der Champions League. Beinahe wäre es jedoch gar nicht so weit gekommen, denn Otto Rehhagel wollte den kleinen Brasilianer, der noch vor seiner eigenen Vertragsunterzeichnung verpflichtet worden war, am liebsten gleich wieder loswerden. Doch Ratinho biss sich durch und wurde erst Stammspieler, dann mit Andreas Buck zu einem kongenialen Duo auf der rechten Außenbahn – und nicht zuletzt absoluter Publikumsliebling in der Pfalz. Legendär seine Antwort auf die Interviewfrage eines Reporters, ob man denn immer noch gegen den Abstieg spiele. »Der Ball muss ins Tor, alles andere ist Kokolores« – ein Wort, dass er wohl eher nicht im Deutschkurs, sondern womöglich bei König Otto aufgeschnappt haben dürfte.

Bis 2003 wirkte die Zaubermaus auf dem Betzenberg, bis man ihn dort nicht mehr so recht haben wollte. In seiner Bilanz stehen neun Tore in 140 Spielen, sein bestes war sicherlich das 4:3 in der Meistersaison 1997/98 gegen den VfB Stuttgart. 2003 wechselte Ratinho erst nach China, wo er sogar von einigen FCK-Fans besucht wurde, anschließend nach Kasachstan und wieder zurück in die Schweiz. Dort beendete er schließlich 2006 seine Karriere.

Doch der Pfalz-Brasilianer sollte noch einmal nach Kaiserslautern zurückkehren: Im Herbst 2010 als U17-Trainer, auch wenn er dieses Amt nicht allzu lange innehatte. Aber Ratinho wäre nicht Ratinho, wenn er seine Ablösung als Jugendcoach irgendjemandem übel nehmen würde. Seine Heimat heißt Otterbach, in Kaiserslautern eröffnete er 2012 ein brasilianisches Steakrestaurant – auch Ex-Kollege Ailton war ab und an zu Gast. Chef Ratinho war meistens selbst im Haus und immer zu einem netten Schwätzchen bereit (Anfang 2017 musste er jedoch Insolvenz anmelden).

Und genau das ist es auch, was den Wahl-Pfälzer so beliebt macht – der stets bescheidene und bodenständige Kontakt zu Menschen jeglicher Couleur. Wie sagte er dem SWR (SWR Landesschau, 15. April 2013): »Ich begrüße heute einen Müllmann hier in Kaiserslautern genauso, wie ich den Oberbürgermeister begrüße.« In diesem Sinne: Raaa-tin-hooo, oho!

GRUND 29

Weil beim FCK sogar Fußballer von Gottes Gnaden spielten

Die frühen 2000er-Jahre waren beim FCK transfertechnisch eher turbulent. Im November 2001 stieß zum Beispiel ein gewisser Taribo West aus der englischen Premier League zu den Roten Teufeln und sollte schon ein halbes Jahr später wieder von der Bildfläche verschwunden sein – weil er mehr als Prediger auf der Kanzel denn auf dem Fußballplatz glänzte. Keine Frage: Der nigerianische Nationalspieler war eine der skurrilsten und schrillsten Figuren, die je beim FCK unter Vertrag standen.

Das fängt schon bei seiner Frisur an: Zwei hochgebundene geflochtene Zöpfe, bunt gefärbt, in seiner FCK-Zeit gerne teufelsrot, der Rest kahl rasiert. Taribo West sah aus wie die Inkarnation des Roten Teufels. Dazu passt ganz und gar nicht, dass der Defensivspieler strenggläubiger Christ ist und in der Nationalmannschaft sogar den Spitznamen »Pastor« verpasst bekam. Der kommt allerdings nicht von ungefähr, schließlich hatte West in seiner Zeit bei Inter und AC Mailand innerhalb der Kirche »Shelter in the Storm« sogar seine eigene Gemeinde gegründet, in der er regelmäßig predigte. Auch noch, als er schon gar nicht mehr in der italienischen Metropole unter Vertrag stand und längst seine Zelte in England bei Derby County und in Kaiserslautern aufgeschlagen hatte.

So kam es also, dass West gerne spontan nach Mailand jettete, um in seiner Gemeinde vorbeizuschauen. Nur doof, dass Profispiele *und* Gottesdienste nun mal meist am Wochenende stattfinden. Anfang April 2002 etwa musste der FCK beim FC St. Pauli antreten, doch West meldete sich kurzfristig mit einer Magen-Darm-Erkrankung ab – um zu einem Fest seiner Mailänder Kirchengemeinde zu reisen. Verständlich, dass das bei den Lauterer Bossen nicht so gut ankam, der Spieler wurde suspendiert und trug nie wieder das

FCK-Trikot. Die späte Buße bei Chef Jürgen Friedrich war vergebens; ohnehin kam der Paradiesvogel nur auf läppische zehn Bundesligaeinsätze. Im Sommer wechselte der Olympiasieger von 1996 zu Partisan Belgrad und zog anschließend im Jahresrhythmus weiter durch die Fußballwelt.

Doch es kommt noch dicker: Im April 2013 sorgte Žarko Zečević, Ex-Präsident von Partizan Belgrad, mit einigen Aussagen für Aufsehen – West soll nicht Jahrgang 1974, sondern tatsächlich Baujahr 1962 sein. Zwölf Jahre Unterschied! Demnach wäre er bei seinem Wechsel nach Kaiserslautern nicht erst 27 (Stichwort »bestes Fußballeralter«) gewesen, sondern bereits 39! Und seine Karriere beendete er 2007 bei Paykan Teheran demnach angeblich im biblischen Sportalter von 45 Jahren. Woher Zečević seine Informationen bezog, ist nicht bekannt. Fakt ist aber, dass die britische Zeitung *The Guardian* bereits 2002 Zweifel über das tatsächliche Alter des Nigerianers geäußert hatte. Soll es bei Afrikanern übrigens häufiger mal gegeben haben, man erinnere an das »Alters-Rätsel« Anthony Yeboah oder den vermeintlichen Wunderknaben Freddy Adu. Ob die Gerüchte um Taribo West wahr sind, bleibt völlig ungewiss. Aber eines ist klar: Es würde wunderbar zu dem sensationellen Lauterer »Transfercoup« von 2001 passen.

GRUND 30

Weil ein Wechsel zum FCK ganz koscher abläuft

Wenn ein Verein heutzutage einen neuen Spieler verpflichtet, wird oft alles Menschenmögliche getan, damit sich dieser Spieler heimisch fühlt. Hilfe bei Umzug und Wohnungssuche oder ein Sprachkurs sind mittlerweile Standard. Sich um das Wohl eines Spielers zu kümmern, spielt vor allem dann eine wichtige Rolle, wenn dieser aus einem anderen Land mit einer anderen Kultur stammt.

Superstar Neymar bekam bei seinem Wechsel zum spanischen Topklub FC Barcelona 2013 zum Beispiel das Rundum-sorglos- Paket von seinem neuen Arbeitgeber. Damit der Brasilianer in Spanien nicht zu viel Heimweg bekam, durfte er angeblich alle zwei Monate ein paar Kumpels einfliegen lassen, um dann mit ihnen zu feiern. Das alles auf Vereinskosten, versteht sich. Doch was Barça kann, kann der FCK schon lange. Pfälzer sind nämlich bekanntermaßen gute Gastgeber und die Pfalz selbst eine wunderbare Heimat. Als der FCK 2011 die beiden Israelis Itay Shechter und Gil Vermouth von Hapoel Tel Aviv verpflichtete, wurde bei den Vertragsgesprächen nicht etwa der obligatorische Pfälzer Teller mit Saumagen, Sauerkraut und Bratwurst serviert. Nein, den beiden Juden wurde eigens koscheres Essen aufgetischt. So wollte man ihnen eine Unterschrift beim Traditionsverein aus der Pfalz schmackhaft machen.

Geklappt hat das allemal, die ebenfalls interessierten Hannoveraner hatten das Nachsehen. Zwar dürfte nicht nur das koschere Essen, sondern auch das üppige Gehalt eine entscheidende Rolle gespielt haben, denn Shechter und Vermouth kamen mit großen Vorschusslorbeeren nach Deutschland. Überzeugen konnten sie nie. Shechter wurde nach nur einem Jahr nach Wales an Swansea City ausgeliehen, Vermouth schon nach einem halben Jahr nach Holland an De Graafschap. Danach ging es für beide wieder zurück nach Israel. Diese Geschichte beweist jedoch, dass Liebe tatsächlich durch den Magen geht. Auch bei Fußballern!

GRUND 31

Weil man beim FCK das richtige Auto fahren muss

Kaiserslautern ist Opel-Stadt. Klar, dass Oberbürgermeister und hohe Stadtbeamte bei offiziellen Terminen in einem Firmenwagen des Rüsselsheimer Autoherstellers vorfahren. Was Kaiserslautern hingegen nicht ist, ist das richtige Pflaster für protzige Sportwagen – wie immer mal wieder FCK-Leihprofi Erwin »Jimmy« Hoffer im Sommer 2010 leidvoll erfahren musste.

Hoffer war gerade erst zum ersten Mal vom SSC Neapel nach Kaiserslautern verliehen worden, da merkte der Österreicher schnell, wo die Unterschiede zwischen der drittgrößten Stadt Italiens und der viertgrößten Stadt in Rheinland-Pfalz liegen. Zum Training kutschierte Hoffer im feuerroten Ferrari (zumindest farblich zum FCK passend) und sorgte damit unter Mitspielern und Trainingskiebitzen für großes Aufsehen. Prompt bestellte Vorstandschef Stefan Kuntz seinen Schützling zum Rapport und erklärte ihm, dass das Gefährt vielleicht ein kleines bisschen zu protzig sei für die Verhältnisse auf dem Betzenberg. Dieser Luxus passe nicht zum bescheidenen Image des Bundesliga-Aufsteigers aus der Pfalz, man müsse als Einheit auftreten. Hoffer verstand und kam von da an im 70.000 Euro teuren Audi Q7 – Understatement eben.

Dass der Lerneffekt aber nur von kurzer Dauer war, zeigte sich ein dreiviertel Jahr später. Zum Treffen der österreichischen Nationalmannschaft vor der Partie gegen die deutsche Auswahl kam Hoffer mit dem eigenen Auto – natürlich wieder mit dem Ferrari. Doch auch der damalige Coach Dietmar Constantini war nicht so ganz erfreut über den Auftritt seines Bundesliga-Stürmers und ordnete an, den Sportwagen in der Tiefgarage des Teamhotels in Bad Tatzmannsdorf zu verstecken.

Die Episode zeigt: Allzu abgehoben sollte man in Kaiserslautern auch als Fußballstar nicht auftreten, sonst ist der Kredit bei Fans und Verein ganz schnell verspielt. Beim FCK nahm man »Jimmy« den Auto-Fauxpas aber nicht weiter krumm, Fanliebling blieb er sowieso. Mit Ferraris hatte übrigens schon ein Vor-Vor-Vor-Vorgänger Hoffers im Lauterer Sturm so seine Probleme: Klaus Toppmöller baute 1976 einen Unfall mit seinem Sportwagen aus Maranello und verspielte damit seine Chance auf die EM-Teilnahme. Der Einzige, dem man in Kaiserslautern das Recht zugesteht, auch auf den Straßen der Stadt rasant unterwegs zu sein, ist Torwarttrainer und Porsche-Fahrer Gerry Ehrmann. Denn der ist ohnehin über jeden Verdacht erhaben, nicht nach Kaiserslautern passen zu können.

GRUND 32

Weil beim FCK schon Legionäre aus über 50 verschiedenen Nationen gespielt haben

Längst sind die Zeiten vorbei, in denen die Mannschaft des 1. FC Kaiserslautern aus elf Pfälzern, wenn nicht sogar aus elf Kaiserslauterern bestand. Natürlich trauern einige Fußball-Romantiker diesen Tagen hinterher. Doch sind wir einmal ehrlich: Zu globalisiert ist heute nicht nur die Fußballwelt, um solche Konstellationen noch einmal denkbar zu machen. In der langen Bundesliga-Historie des FCK gab es Spieler aus insgesamt mehr als 50 verschiedenen Nationen – ohne Deutschland versteht sich. Und darunter befand sich durchaus so mancher Exot.

Der allererste war ein alter Bekannter – Jacobus »Co« Prins aus den Niederlanden. Der erste und übrigens bis heute auch der letzte Niederländer, der das FCK-Trikot trug. Ihm folgten Spieler aus aller Herren Länder und von allen sechs Kontinenten – manche mit mehr, manche mit weniger Erfolg. Da war etwa der Neuseeländer Wynton Rufer: Bei Werder Bremen von 1989 bis 1994 zum Publikumsliebling gereift, folgte »Kiwi« 1997 seinem Mentor Otto Rehhagel noch einmal in die zweite Bundesliga und heuerte für ein halbes Jahr beim 1. FC Kaiserslautern an. 14 Spiele bestritt Rufer für die Roten Teufel und traf dabei viermal – unter anderem beim Aufstiegsspiel gegen den VfB Lübeck (7:0). Der Neuseeländer blieb nur sechs Monate, doch die kurze Zeit reichte, um sich in die Herzen der FCK-Fans zu spielen.

Nicht so ganz erfolgreich gelang dies Nicolás Pavlovich. Der Argentinier mit italienischem Pass und jugoslawischen Wurzeln kam aus Russland (alles klar?) und spielte von Juli bis Dezember 2006 für die Roten Teufel – und verabschiedete sich dann wieder in südlichere Gefilde. Ganze sechsmal lief Pavlovich für den FCK auf, nur einmal durfte er dabei über die volle Distanz gehen. Nicht berauschend, aber dennoch ist er in doppelter Hinsicht einzigartig in der Lauterer Historie: In der langen Bundesligageschichte war er der einzige Argentinier und (neben dem Halb-Brasilianer Ricardo Villar) gleichzeitig auch der einzige Italiener im FCK-Dress.

Ein Unikat war auch Jong-Won Park. So wie heute Japaner in der Bundesliga trendy zu sein scheinen, musste jeder Verein, der in den frühen 1980ern was auf sich hielt, einen Koreaner im Kader haben – der Erfolg von Bum-kun Cha färbte eben ab. Der FCK wollte dem in nichts nachstehen und holte Park 1981 nach Deutschland. Der Stürmer litt aber schnell an Heimweh und absolvierte kein einziges Bundesligaspiel.

Immerhin sieben Einsätze stehen in der Bilanz des Isländers Lárus Guðmundsson. 1987 kam der Angreifer nach drei Spielzeiten bei Bayer Uerdingen in die Pfalz, wurde hier aber nicht richtig glücklich und kam immer nur als Joker zum Einsatz. In die Torschützenliste konnte er sich dabei kein einziges Mal eintragen. Auch sein Intermezzo in der Barbarossastadt war letztlich nur von kurzer Dauer.

All diese Spieler gehören zu einer besonderen Spezis – sie blieben die einzigen ihrer Zunft und haben noch keine Landsleute in die Pfalz gelockt. Anders als die zahlreichen Tschechen, Polen oder Schweden, in deren Heimat der FCK anscheinend einen besonders guten Ruf genießt. Apropos Ruf(er): Ein zweiter Neuseeländer oder nach Keeper Mark Schwarzer ein weiterer Australier wären doch ein schöner Farbtupfer in der Bundesliga.

GRUND 33

Weil der FCK ein zweites Brasilien entdeckte

Ronaldinho, Ronaldo, Neymar oder Roberto Carlos. Hier reiht sich ein großer brasilianischer Superstar an den anderen. Schon seit Jahrzehnten gelten brasilianische Fußballer als besonders gut, vor allem, was die Technik betrifft. Ein gewisser Pelé sorgte bereits in den 1950ern für Furore. Allein der Anblick dieser Namen lässt den begeisterten Fußballfan schon mit der Zunge schnalzen.

Dass es in Südamerika nur so wimmelt von begnadeten Fußballern, blieb natürlich auch den Verantwortlichen in Kaiserslautern nicht verborgen. Doch so ein echter Brasilianer ist nicht einfach zu bekommen. Bevor einer dieser Samba-Kicker überhaupt darüber nachdenken kann, auf den Betzenberg zu wechseln, haben schon längst große Vereine wie Bayer Leverkusen oder der FC Bayern München ihre Fühler nach ihm ausgestreckt. Woher also nehmen, wenn nicht stehlen? Die Antwort liegt auf der Hand. Ein zweites Brasilien muss her. Eines, das zuvor noch keiner kannte. Wo es die guten Spieler wie Sand am Meer gibt. Eben genau so einen wie Arilson.

In der Winterpause der Saison 1995/96 wechselte Arilson für die damalige Rekordsumme von umgerechnet rund drei Millionen Euro von Grêmio Porto Alegre nach Kaiserslautern. Er wurde als großer Hoffnungsträger im Abstiegskampf verpflichtet. Doch was bleibt, ist der wohl heute noch größte und teuerste Fehleinkauf der Vereinsgeschichte. Vor allem, wenn man das mal auf die Spiele, die er für die Roten Teufel gemacht hat, runterrechnet. Dann hätte jedes Spiel von Arilson den FCK schlappe 300.000 Euro gekostet. In seiner kurzen Zeit in Kaiserslautern brachte er es nämlich nur auf zehn Spiele, wurde siebenmal ausgewechselt. Nach nur einem halben Jahr wurde dieses große Missverständnis beendet, und er wurde zunächst wieder nach Brasilien ausgeliehen, bevor man sich endgültig trennte. Brasilianischer Ballzauber? Fehlanzeige!

Dann gab es da noch einen gewissen Marcelo Pletsch. Zwar wurde er in Brasilien geboren, zeigte auf dem Platz aber eher Leistungen à la Castrop-Rauxel. Nach einigen mehr oder weniger erfolgreichen Jahren in Gladbach verließ er die Borussia im Streit und heuerte rechtzeitig auf dem Betzenberg an – um ein Jahr später in die zweite Liga abzusteigen. Für den FCK brachte er es in der Saison 2005/06 auf 22 Einsätze in der Bundesliga. Danach verabschiedete er sich auch schon wieder in Richtung Griechenland, bevor er 2011 seine Karriere in Brasilien beendete. Dort scheint er unter die Landwirte gegangen zu sein, denn er besitzt nach eigenen Angaben, kein Witz, eine Schweinefarm. Mittlerweile verbüßt Pletsch allerdings eine mehrjährige Haftstrafe in Brasilien. Er wurde mit fast 800 Kilogramm Marihuana erwischt.*

Aller guten Dinge sind drei. Dachte sich wohl auch der FCK, als er zur Zweitliga-Saison 2006/07 Ricardo Villar verpflichtete. Villar wurde vom Topverein Chunnam Dragons aus Südkorea losgeeist. Die Dragons schienen so an ihm zu hängen, dass erst einmal Streitigkeiten um seine Spielberechtigung Schlagzeilen machten. Am Ende standen ganze 14 Spiele auf Villars FCK-Konto. Drei davon für die Amateure, neunmal wurde er eingewechselt. Nach nur einer Saison war das Kapitel Villar beim FCK auch schon wieder beendet. Den Hauch von Zuckerhut versprühte er danach in Unterhaching.

Natürlich ist diese Liste beliebig erweiterbar. Immer mal wieder reiht sich ein neuer Ballkünstler in diese illustre Riege ein. Ab und an ist sogar wirklich mal einer dabei, der was auf dem Kasten hat. Zaubermäuschen Ratinho zum Beispiel, oder der feine Techniker Lincoln. Doch die Frage aller Fragen ist und bleibt: Wo genau liegt eigentlich dieses zweite Brasilien?

---

* *www.sport1.de/boulevard/2016/10/anwalt-erzaehltso-geht-es-ex-gladbacher-marcelo-pletsch-im-gefaengnis*

GRUND 34

Weil man sich hier schon mit Kleinigkeiten in die Herzen der Fans spielt

Die ersten Jahre des neuen Jahrtausends waren für FCK-Fans nur schwer zu ertragen: Jahr für Jahr ging es drunter und drüber, Spieler kamen und gingen im Eiltempo, nachhaltig in Erinnerung blieben nur die wenigsten. Das beweist ein Blick in den Kader der Saison 2003/04: Dimitrios Grammozis, Mika Nurmela, Kamil Kosowski, Christian Timm, Stefan Malz, Markus Anfang, Timo Wenzel – beim FCK tummelte sich das Who is Who sehr mittelmäßiger Bundesligaspieler. Dabei bedarf es doch gar nicht viel, um sich bei den Fans einen Namen zu machen. Siehe etwa die Geschichte von Stijn Vreven und seiner im wahrsten Sinne »einzigartigen« Beziehung zur Lauterer Westkurve.

Heute wird beim FCK gerne vom Herzblut gepredigt und hätte der Belgier Stijn Vreven nur zehn Jahre später in der Pfalz angeheuert, er wäre das perfekte Testimonial für die Imagekampagne gewesen. Mit großen Vorschusslorbeeren kam der Abwehrspieler 2003 aus Utrecht, vom damaligen Coach Erik Gerets als »mein Indianer«[16] angekündigt. Die flämische Rothaut machte allerdings nur acht Bundesligaspiele (mit vier Gelben Karten), verletzte sich dann am Knie und musste nach der Saison 2003/04 den Verein wieder verlassen. Mit einem allerdings hatte Gerets, ansonsten einkaufspolitisch eher glücklos, dann aber doch zumindest teilweise recht: »Dieser Mann ist geboren, um für den FCK zu spielen«, hatte der Trainer über seinen Landsmann gesagt und ihm wohl schnell eingeimpft, auf welche Tugenden es auf dem Betzenberg ankommt.

Vrevens Betzenberg-Karriere im Eiltempo: Der erste Spieltag der neuen Saison, die Roten Teufel empfangen zu Hause den TSV 1860 München, und der Belgier steht in der Startelf. In einer spektakulären Anfangsphase erspielen sich beide Teams Chance um Chance, die Abwehrreihen sehen kein Land. Vreven will das so nicht auf sich sitzen lassen und tut das, was man im Fachjargon wohl »ein Zeichen setzen« nennt: In vollem Lauf grätscht er vor den FCK-Fans seinen Gegenspieler (fair) um, das Stadion bebt. Erst recht, als sich Vreven in Richtung Westkurve umdreht, dreinblickt wie die Inkarnation des Roten Teufels und sein Tackling, noch während das Spiel läuft, gemeinsam mit den Fans euphorisiert mit der Kuntz'schen Säge feiert.

Die Begegnung ging trotzdem 0:1 verloren, auch, weil Vreven der Einzige aus der Viererkette war, der das Spiel beendete: Hany Ramzy (Knie verdreht), Bill Tchato (Platzverweis) und Aleksander Knavs (Handbruch) mussten schon vorher raus, undankbar für Vreven. Es sollte tatsächlich sein erstes und letztes Bundesligaspiel im Fritz-Walter-Stadion bleiben – und doch reden die Fans noch heute manchmal von Stijn Vreven, dem Mann, der geboren wurde, um für den FCK zu spielen. Manchmal können Kleinigkeiten eben doch sehr viel ausmachen.

4. KAPITEL

DER AFFE OHNE DURCHBLICK!

EGAL OB AUF DEM CHEFSESSEL ODER DER TRAINERBANK – DER FCK IST KULT

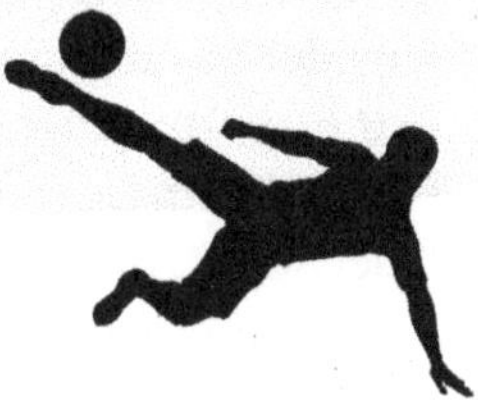

GRUND 35

Weil die Lauterer Vereinsführung offen zugab, ein »Defizit an Durchblick« zu haben

Ja, richtig. In Kaiserslautern steht man zu seinen Fehlern. Hier in der Pfalz versucht man die Probleme nicht wie andernorts in Fußball-Deutschland unter den Teppich zu kehren. Nein, in Kaiserslautern setzt man sich sonntags live in den DSF-*Doppelpass* – und offenbart ein Defizit an Durchblick.

An diesem denkwürdigen 18. August 2002 wurde mal wieder FCK-Geschichte geschrieben. Der damalige Aufsichtsratsvorsitzende und Jurist Robert Wieschemann sollte sich im *Doppelpass* zur schlechten Finanzlage des FCK äußern.[17]

Doch statt klare Aussagen über die Probleme des Vereins zu treffen oder Lösungsansätze auf den Tisch zu legen, stolperte Wieschemann ein ums andere Mal über seine eigenen Sätze. Unvergessen bleibt die Aussage: »Wir haben ein Defizit … alle … an Durchblick.« Oder seine Antwort auf eine mögliche Abwahl des Vorstandsvorsitzenden durch die Mitglieder: »Es wäre nicht möglich, eine Abwahl zu zelebrieren, wenn, äh, es normal wäre, nur wir haben eben anormale … eine anormale Satzung … insofern wir eine … von mir ausgearbeitet …« Die FCK-Fans an den Bildschirmen zu Hause trauten ihren Augen und Ohren nicht. Weitere Kostproben gefällig?

Moderator: »Das ist wieder so 'ne Sprachlosigkeit. Ich meine, mit Sprachlosigkeit kommen Sie nicht voran in Kaiserslautern.«

Wieschemann: »Die Sprachlosigkeit von An…Andy Brehme ist ein, äh, … Ge…Gesundung des … Entschuldigung … Ist eine Fehlerhaftigkeit im … im Sein, aber … ich kann es nicht … ich kann es nicht begreifen.«

Moderator: »Was wollen Sie machen, außer einen neuen Vorstandsvorsitzenden zu installieren? Und weiter?«

Wieschemann: »Ja, Entschuldigung. Wir … Weiter machen wir von uns aus nichts, das ist mal ganz klar.«

Moderator: »Ja warum nicht?«

Wieschemann: »Ja warum, warum sollen wir? Es sei denn, es wird gewählt, okay, dann wählen wir eben. Das ist doch 'ne ganz einfache Kiste.«[*]

Im Laufe der Gesprächsrunde kündigte Wieschemann den Rückzug des damals amtierenden Vorstandsvorsitzenden Jürgen »Atze« Friedrich für September 2002 an. Man hätte bereits einen Nachfolger gefunden, wolle aber noch keinen Namen nennen, so Wieschemann damals. Diese Aussagen zog er später dann zurück. Im Nachhinein erklärte Wieschemann seinen Auftritt mit gesundheitlichen Problemen. Als Konsequenz legte er sein Amt als Aufsichtsratsvorsitzender nieder. Was blieb, waren verunsicherte FCK-Fans und ein offensichtlich verwirrter Robert Wieschemann.

Natürlich war Wieschemanns Auftritt peinlich. Aber sich in den *Doppelpass* setzen und die Infos über den Verein einfach so ausplaudern? Das kann jeder! Wutreden? Tränen? Freude? Alles schon gesehen. In Kaiserslautern machen wir das auf unsere Art. Und die Moral von der Geschicht? Der eine kann sich's erlauben, der andere eben nicht.

GRUND 36

Weil Otto Rehhagel der Bundesliga unfreiwillig die Ausländerregel erklärt hat

Wir schreiben den 26. September 1998. Der FCK, amtierender Deutscher Meister, muss auf dem Betzenberg gegen den VfL Bochum ran, damals im legendären Faber-Regenbogen-Trikot. In der Lauterer Startelf stehen mit den Ägyptern Hany Ramzy und Samir Ibrahim sowie dem Brasilianer Ratinho bereits drei Nicht-EU-Ausländer – und damit gerade so viele, wie das Bundesliga-Regel-

* *(Doppelpass, 18. August 2002: www.youtube.com/watch?v=ktKefqJFxPg)*

werk seinerzeit erlaubt. In der 40. Minute, der FCK führte bereits mit 1:0, muss Verteidiger Michael Schjønberg schwer verletzt raus. Otto Rehhagel bringt den jungen Nigerianer Pascal Ojigwe – und wechselt damit die Niederlage ein.

Gemerkt hat zunächst niemand, dass der Meistercoach einen vierten Nicht-EU-Ausländer eintauschen wollte – erst dann, als es schon zu spät ist. Sofort winkt Rehhagel Libero Ramzy heran und erklärt ihm den Ernst der Lage – er soll sich schnell auswechseln lassen. Und nur eine Minute später liegt der Ägypter mit schmerzverzerrtem Gesicht am Boden und muss, oh Wunder, das Spielfeld »verletzt« verlassen. Für ihn kommt Harry Koch, »deutscher geht's nimmer« (O-Ton des *ran*-Reporters Jörg Dahlmann, der anschließend erst einmal einen großen Bogen um das Fritz-Walter-Stadion machte), Ramzy humpelt schmunzelnd zur Bank, wo ein junger Ersatzspieler namens Michael Ballack kaum noch an sich halten kann. Und auch Ramzy muss sich das Trikot über den Kopf ziehen, um nicht von den Kameras beim Lachen entdeckt zu werden. Verzweifelt hingegen: der gefrustete Otto Rehhagel, der an diesem Tag der ganzen Liga unfreiwilligerweise die Tücken der Ausländerregelung aufgezeigt hat.

Olaf Marschall köpft direkt nach der Pause noch das 2:0, doch da haben die Bochumer längst gemerkt, was Sache ist. »Wir wissen Bescheid«, hat ein Gästespieler gesagt, erinnerte sich der eingewechselte Harry Koch später im SPIEGEL. Bochum dreht das Spiel innerhalb von 14 Minuten ohne große Lauterer Gegenwehr und gewinnt am Ende 3:2.

Coach Klaus Toppmöller kündigte direkt nach dem Spiel an, dass man es bei dem Ergebnis belassen und keinen Protest einlegen wolle – wohl entgegen der Absicht von VfL-Manager Klaus Hilpert, der im Abstiegskampf schon am 6. Spieltag die Tordifferenz im Blick hatte. Am Ende der Saison musste Bochum tatsächlich runter in Liga zwei – das Spiel in Kaiserslautern war allerdings nicht ausschlaggebend.

GRUND 37

Weil Karl-Heinz Feldkamp einer der besten Trainer der Bundesliga-Geschichte war

Der 1. FC Kaiserslautern hat in seiner langen und ruhmreichen Geschichte schon eine Vielzahl an Trainern verschlissen. Dabei waren einige große und einige weniger große Namen. Von Kjetil Rekdal, über Wolfgang Wolf bis hin zu Otto Rehhagel.

Ein Trainer steht bis heute für den goldenen Beginn der 1990er-Jahre beim FCK: Karl-Heinz »Kalli« Feldkamp. Zweimal saß Kalli als Trainer in Kaiserslautern auf der Bank und zeigte Fußball-Deutschland, wie man aus einem Abstiegskandidaten einen Pokalsieger und Meister formt. Doch der Reihe nach.

Seine erste Amtszeit verbrachte Kalli von 1978 bis 1982 in Kaiserslautern. In dieser Zeit wurden die Roten Teufel zweimal Dritter in der Bundesliga und schafften es 1981 sogar ins DFB-Pokal-Finale. Dort musste man sich Eintracht Frankfurt allerdings geschlagen geben. Ein Jahr später erreichen Kalli und seine Mannen gar das Halbfinale des UEFA-Pokals, wo sie im Rückspiel erst in der Verlängerung an IFK Göteborg scheiterten.

Er kehrte dem FCK in der folgenden Saison den Rücken und suchte sich in Dortmund eine neue Herausforderung. Doch beim BVB hielt es ihn nur ein Jahr und er zog wieder weiter. Seine weiteren Stationen, bevor er Anfang 1990 wieder zum FCK zurückkam, sind unter anderem Uerdingen und Frankfurt. Mit beiden Mannschaften gewann er den DFB-Pokal. 1986 stürmt er mit Uerdingen bis ins Europapokal-Halbfinale.

Doch sein größter Erfolg sollte noch kommen. Bei seiner Rückkehr auf den Betzenberg Anfang 1990 stand der FCK sportlich nicht gut da. Die Mannschaft kämpfte gegen den Abstieg aus der Bundesliga, beendete die Saison schließlich auf Rang zwölf. Aber es gab ja noch den DFB-Pokal. Im Finale traf man auf Werder Bremen. Nach 30 Minuten war der Drops bereits gelutscht. Zweimal Labbadia und einmal Kuntz schießen den FCK mit 3:0 in Front. Die Bremer kamen zwar noch mal auf 2:3 ran, doch am Ende triumphierte Kalli Feldkamp zum dritten Mal im Pokal. Bis heute ist er der einzige Trainer, dem dieses Kunststück mit drei verschiedenen Mannschaften gelang.

Schon jetzt hatte Kalli Heldenstatus in Kaiserslautern. Aus dem Abstiegskandidaten aus dem Vorjahr machte Feldkamp zuerst einen Pokalsieger, um ihn anschließend zur Meisterschaft zu führen. In der Liga ließen die Roten Teufel den großen FC Bayern völlig überraschend hinter sich und feierten mit einem denkwürdigen 6:2-Auswärtssieg in Köln, begleitet von unfassbaren 40.000 FCK-Fans, ihre erste Meisterschaft seit Gründung der Bundesliga. Eine der größten Sensationen der Bundesligageschichte war perfekt.

Kaiserslautern stand kopf, und ihrem großen Helden Kalli Feldkamp wollten sie am liebsten ein Denkmal bauen. Kein Wunder, wenn man auf die Statistik schaut. In der Meistersaison holt Kalli mit dem FCK im Schnitt 1,97 Punkte pro Spiel! Feldkamp saß in über 400 Bundesligaspielen auf der Trainerbank, mehr als die Hälfte davon für den 1. FCK. Damit gehört er zu den erfahrensten und besten Trainern, die je in der Bundesliga aktiv waren. Für viele FCK-Fans ist er noch heute der beste Trainer der Vereinsgeschichte.

GRUND 38

Weil es beim FCK einen »Trainer der Herzen« gibt

Otto Rehhagel, Erich Ribbeck, Friedel Rausch, Karl-Heinz Feldkamp – Trainer hatte der FCK viele große. Nur einer durfte die Roten Teufel nie coachen, obwohl er nach dem Erwerb der Fußballlehrerlizenz Mitte der 1980er-Jahre mit den Worten zitiert wurde: »Ich habe den Trainerschein gemacht, um eines Tages Trainer beim

1. FC Kaiserslautern zu sein.«* Die Rede ist von Klaus Toppmöller, als Spieler eine Legende, später von vielen Lauterer Fans immer wieder als Übungsleiter gewünscht. Der ergraute Lockenkopf ist beim FCK so etwas wie der »Trainer der Herzen«.

Geboren in Rivenich im Landkreis Bernkastel-Wittlich, wurde »Toppi« das FCK-Gen quasi in die Wiege gelegt. »Bei uns in der Ecke war alles FCK«, sagte der ehemalige Stürmer in einem Interview mit dem Internetmagazin Spox.com[19]. Fast schon folgerichtig, dass Toppmöller nach zwei sehr erfolgreichen Jahren bei Eintracht Trier 1972 auf den Betzenberg wechselte. Dort war er einer der prägenden Spieler des Jahrzehnts und hat sich mit 108 Bundesligatoren in 208 Partien selbst ein Denkmal gesetzt: Diese Marke ist bis heute unerreicht, Toppmöller steht nach wie vor als (Bundesliga-)Rekordtorschütze in den Kaiserslauterer Chroniken. Besonders sympathisch machte ihn seine Vorliebe für den Gegner Bayern München: Ganze zwölf Treffer gelangen ihm gegen den Rekordmeister – auch das ist beim FCK bis heute unerreicht. Anschließend widerstand er besser dotierten Angeboten, unter anderem aus München und vom HSV – »Ich bin halt bodenständig, blieb in der Pfalz«, sagte er später der BILD-Zeitung[20].

Zwar blieb Toppmöller die große Länderspielkarriere verwehrt (drei Spiele, ein Tor für die DFB-Auswahl), doch machte er später als Trainer international von sich reden. Leider aber nicht mit dem FCK, bei dem er nicht nur nach dem Abgang Otto Rehhagels 1999 ganz oben auf der Wunschliste stand (vom 1. FC Saarbrücken aber nicht freigegeben wurde), sondern bei Bayer 04 Leverkusen. Mit der Werkself schaffte »Toppi« 2002 das legendäre Vize-Triple, das den Ruf von Bayer als »Vizekusen« erst so richtig begründete.

Als es Mitte der 2000er richtig schlecht stand um den FCK, wünschten sich viele Fans den alten Haudegen als Trainer, doch Toppmöller coachte damals die Nationalmannschaft Georgiens.

---

* *www.der-betze-brennt.de/spieler/klaus-toppmoeller.php*

Trotzdem ließ er sich zur Nothilfe hinreißen und übernahm Ende 2007 als ehrenamtliches Mitglied des Aufsichtsrates die sportliche Führung – unentgeltlich, wohlgemerkt. Als der Verein aber gegen Toppmöllers Willen am glücklosen Trainer Kjetil Rekdal festhielt, zog der gelernte Diplom-Ingenieur seine Konsequenzen und trat nach nur sechs Wochen wieder von seinem Amt zurück. Angeblich stand »Toppi« damals bereits in Kontakt mit Lothar Matthäus.

Die Familie Toppmöller, sie hat den FCK geprägt wie nur wenige andere. Bruder Heinz spielte in den 1970er-Jahren ebenfalls einige Male für die Lauterer in der Bundesliga, auch Neffe Marco fand im Jahr 2001 den Weg zu den Roten Teufeln. Lediglich Sohn Dino, übrigens benannt nach Italiens Torhüterlegende Dino Zoff, stand nie in Kaiserslautern unter Vertrag. Ob sein Vater das irgendwann noch einmal als Trainer tun wird, ist fraglich – wünschen würden es sich aber sicher viele FCK-Nostalgiker. Und irgendwo würde sich dann auch der Kreis schließen.

GRUND 39

Weil René C. Jäggi dem FCK keine Affen kaufen wollte

Fast hätte man denken können, René C. Jäggi habe sich in der Autobahnausfahrt geirrt und sei statt auf dem Betzenberg irrtümlich im Kaiserslauterer Tierpark in Siegelbach gelandet – schließlich gab der ehemalige FCK-Präsident (2002 bis 2006) in der DSF-Sendung *Doppelpass* einst ein streng gehütetes Geheimnis der (Zoo-)Transferpolitik preis: »If you pay peanuts, you get monkeys.«

Doch halt! Jäggi, Schweizer Unternehmer, ehemaliger Vorstandsvorsitzender von Adidas und Ex-Chef des FC Basel, hatte sich freilich nicht im Ort geirrt, sondern einfach nur ein englisches Sprichwort rezitiert – das frei übersetzt bedeutet: »Wer nichts zahlt, darf nichts erwarten«. Klassischer Manager-Sprech. Er bezog das damals auf die Kritik an den Transfers des 1. FC Kaiserslautern. Die in der Tat fragwürdige Wechselpolitik der frühen bis mittleren Nullerjahre endete nach der Spielzeit 2005/06 schließlich wenig überraschend in der zweiten Liga. All den Engelhardts, Zandis, Hertzschs, Skelas und Seitzes jener Tage sei an dieser Stelle ein herzlicher Gruß ausgerichtet.

Jäggi selbst hantierte wie die meisten Manager anscheinend lieber mit Kokus- denn mit Erdnüssen, fühlte sich entsprechend in Kaiserslautern nicht mehr so richtig wohl – und trat Ende 2005 von seinem Amt zurück. Dass er es aus Satzungsgründen dennoch noch bis Juli 2006 kommissarisch leitete und erst dann an Nachfolger Erwin Göbel übergab, ist irgendwie bezeichnend für die Ära des Sanierers, der in der Pfalz heute rückblickend einen zweifelhaften Ruf genießt. Die drohende Insolvenz konnte er zwar verhindern – trotzdem knabbert die derzeitige Vereinsführung noch immer an Jäggis Vermächtnis. Aber immerhin: Den Siegelbacher Tierpark gibt es heute auch noch.

GRUND 40

Weil der FCK Atze Friedrich hatte … mehrmals!

Dem Namen Jürgen »Atze« Friedrich begegnete man in Verbindung mit dem 1. FC Kaiserslautern besonders häufig. Der in Dresden geborene Friedrich begann seine Fußballkarriere 1962 bei Eintracht Frankfurt, bevor er 1968 als Spieler zum FCK wechselte. Sein größter Erfolg in seiner aktiven FCK-Zeit war das Erreichen des Pokalfinales 1972. Dort unterlagen die Roten Teufel allerdings dem FC Schalke 04 deutlich mit 0:5. Friedrich stand in insgesamt 158 Spielen für die Roten Teufel auf dem Feld und erzielte dabei 26 Tore, bevor er seine Karriere mit 31 Jahren aufgrund eines schweren Beinbruchs beenden musste.

Größeren Einfluss auf den 1. FCK bekam Friedrich vor allem in den Jahren danach. Und das nicht, weil er zwischenzeitlich zwei Mode-Boutiquen in der Lauterer Innenstadt besaß.

Zweimal bekleidete er das Amt des Vereinspräsidenten. Von 1976 bis 1981 und von 1985 bis 1988. Nach einem kurzen Abstecher als Manager bei Eintracht Frankfurt kehrte Friedrich unter großem Aufsehen nach Kaiserslautern zurück. Er führt eine Gruppe Oppositioneller an, die den damaligen Vereinspräsidenten Norbert Thines stürzte. Der FCK war gerade zum ersten Mal in seiner Geschichte in die zweite Liga abgestiegen. Friedrich übernahm, in neuer Position als Vorstandsvorsitzender, die Macht auf dem Betzenberg.

Er legte mit viel Getöse los. Als erste und als wichtigste Amtshandlung verpflichtete er Otto Rehhagel als Trainer für die zweite Liga. Eine Sensation! Was dann passierte, geht in die Geschichte des deutschen Fußballs ein. Der FCK schaffte den souveränen, direkten Wiederaufstieg. In der Saison darauf gelang Rehhagels Mannschaft das Unfassbare: Als erster Aufsteiger wurden die Roten Teufel sensationell Deutscher Meister. Der Jubel in der Stadt kannte keine Grenzen mehr. König Otto und sein Gefolge, allen voran Atze Friedrich, erlangte Heldenstatus in Kaiserslautern.

Doch nach diesen fetten Jahren folgte der Absturz des Traditionsvereins. Die Ansprüche waren hoch, die Kosten für Gehälter und Transfers auch. Doch der FCK lebte auf zu großem Fuß, gab Geld aus, das er nicht hatte. 1999 präsentierte Jürgen Friedrich mit dem französischen Weltmeister Youri Djorkaeff den spektakulärsten Transfer der Vereinsgeschichte.

Djorkaeff wechselte damals vom italienischen Spitzenclub Inter Mailand in die Pfalz. Um seine hohe Gehaltsforderung befriedigen zu können, bediente sich die Vereinsführung offenbar illegaler Steuertricks. Millionenbeträge wandern auf Schweizer Konten, angeblich für Transfer- und Persönlichkeitsrechte des Spielers. Die Staatsanwaltschaft Zweibrücken würde später Anklage wegen des Verdachts auf Steuerhinterziehung erheben. Die Vermutung: Djorkaeff bekam offiziell ein Gehalt ausbezahlt, das in den finanziellen Rahmen des Vereins passt. Um ihm aber mehr zahlen zu können und die lästige Lohnsteuer zu umgehen, wanderte jede Menge Geld an Briefkastenfirmen in der Schweiz – und von dort in seinen Geldbeutel.

Doch Djorkaeff schien nur der Gipfel des Eisbergs zu sein. Nach und nach kam heraus, dass auch andere Spieler von diesem, nennen wir es mal, kreativen Gehaltsmodel profitiert haben sollten.

Aufgedeckt wurde dieser Steuerskandal ausgerechnet von Friedrichs Nachfolger auf dem Posten des Vorstandsvorsitzenden, René C. Jäggi.

Jäggi kam als Sanierer nach Kaiserslautern. Er ließ die Bilanzen des Vereins prüfen und stellte im Sommer 2002 fest, dass der FCK unter anderem aufgrund der hohen Kosten des Stadionausbaus kurz vor der Pleite stand. Er entlarvte die vermeintlich verdeckten Gehaltszahlungen über die Schweizer Firmen und leitete seine Erkenntnisse über das rechtlich sehr fragwürdige Handeln seiner Vorgänger an die Finanzbehörden und die Deutsche Fußball Liga (DFL) weiter. Das Resultat: Der FCK musste knapp neun Millionen Euro Steuern nachzahlen, wurde von der DFL mit einer Geldstrafe belegt und startete in die folgende Spielzeit mit drei Punkten Abzug.[21]

In der Folge wurde Jürgen Friedrich sogar vorläufig festgenommen, da, laut Staatsanwaltschaft, akute Fluchtgefahr bestand.[22] Er kam nach einigen Stunden gegen Zahlung einer Kaution wieder frei. Wegen Steuerhinterziehung wurde er zu einer Geld- und Bewährungsstrafe verurteilt.[23] Seine früheren Mitstreiter Gerhard Herzog (Vorstandsmitglied) und Robert Wieschemann (Aufsichtsratschef), die auch in die verdeckten Gehaltszahlungen involviert waren, wurden ebenfalls zu Geldstrafen verurteilt.

Durch diese turbulenten Vorkommnisse nahm der 1. FC Kaiserslautern immensen Schaden. Nicht nur das Ansehen war ruiniert. Um sich vor der Pleite zu retten, musste der FCK sein Stadion an eine städtische Stadiongesellschaft verkaufen. Seit dieser Zeit ist der Verein Mieter des Fritz-Walter-Stadions. Auch für Atze Friedrich hatten die Geschehnisse weitreichende Folgen. Er kann sich bis heute nur schwer in der Stadt blicken lassen, ohne angefeindet zu werden oder zumindest einen abfälligen Blick zu ernten.

Was lehrt uns dieser Fall? Atze Friedrich hat auf beeindruckende Art und Weise gezeigt, wie schnell man vom gefeierten Helden zum gehassten Buhmann werden kann. Zumindest für eine Sache können die FCK-Fans ihm dankbar sein: Der Verein hat seine Lehren aus den Geschehnissen gezogen. So etwas wird in der Geschichte des 1. FC Kaiserslautern nie wieder vorkommen!

GRUND 41

Weil Stefan Kuntz den Verein schon mehrfach gerettet hat

Am 18. Mai 2008 gelang dem FCK ein echtes Fußballwunder. Durch den 3:0-Heimsieg gegen den bereits aufgestiegenen 1. FC Köln sicherten sich die Roten Teufel am letzten Spieltag den Klassenerhalt in der zweiten Bundesliga. Verhinderten einen historischen Absturz in die Drittklassigkeit. Der Mann, der den wohl größten Anteil daran hatte, heißt Stefan Kuntz. In scheinbar aussichtsloser Situation übernahm er im April 2008 als Vorstandsvorsitzender das Ruder beim strauchelnden Traditionsverein und schaffte es binnen kürzester Zeit, die Region wieder geschlossen hinter den Verein zu stellen.

In den Monaten zuvor verspielte die Mannschaft durch herz- und lustlose Auftritte fast den gesamten Kredit bei den Fans. Doch gemeinsam mit Trainer Milan Šašić gelang es Kuntz, den Lauterer Fans das Vertrauen in ihre Mannschaft zurückzugeben. Kuntz rief die legendäre »Herzblut«-Kampagne ins Leben. Sie sollte für den Schulterschluss zwischen Verein und Fans stehen. Es gab spezielle

Herzblut-T-Shirts und -Tickets zu kaufen. Im Endspurt um den Klassenerhalt sorgte Stefan Kuntz so dafür, dass der Betzenberg bei den Heimspielen wieder gut gefüllt war. Die teuflische Unterstützung der Fans auf dem »Betze« und eine Mannschaft, die sich fortan über Kampf und Leidenschaft in die Spiele kämpfte, waren die Basis für den nicht mehr für möglich gehaltenen Klassenerhalt.

In der Saison 2007/08 stand der FCK ab dem zweiten Spieltag in der Tabelle nie höher als auf Platz 14. Damals gab es die dritte Liga noch nicht, und am Ende der Saison stiegen die letzten vier Mannschaften ab. Nach dem 28. Spieltag hatte der FCK acht Punkte Rückstand auf das rettende Ufer. Es folgten vier Siege, ein Unentschieden und eine Niederlage aus den letzten sechs Spielen und somit der Klassenerhalt. Die Pfalz feierte das grandiose Herzblutfinale und den Retter Stefan Kuntz.

Doch es war nicht das erste Mal, dass Stefan Kuntz seinen FCK rettete. 1989 wechselte Stefan Kuntz von Bayer Uerdingen zu den Roten Teufeln. Gleich in seiner ersten Saison wurde er zum absoluten Stammspieler der Mannschaft. In seinem ersten Ligaspiel für den FCK gelang ihm direkt ein Doppelpack. Allein in den ersten drei Spielen traf er viermal. Insgesamt schoss Kuntz in der besagten Saison 15 Tore. Damit hatte er großen Anteil am Klassenerhalt der Lauterer, die über weite Strecken der Saison auf einem Abstiegsplatz standen und zittern mussten.

Nur ein Jahr später kam alles ganz anders. Der FCK spielte groß auf und feierte 1991sensationell die Deutsche Meisterschaft. Kuntz wurde zu Deutschlands Fußballer des Jahres gewählt. Den Grundstein für dieses erfolgreiche Jahr hatte er zwölf Monate zuvor selbst gelegt.

GRUND 42

Weil sogar ein späterer DFB-Funktionär alles für den FCK gab

Als Fußballfan kann man durchaus mal den Eindruck gewinnen, die hochrangigen Funktionäre des Deutschen Fußball-Bundes wissen nicht wirklich immer, wovon sie gerade sprechen. Wie auch: Schließlich haben die letzten DFB-Präsidenten, egal, ob sie Zwanziger, Mayer-Vorfelder, Braun oder Neuberger heißen, allenfalls eine Karriere als Vereinsfunktionär und nicht als Profifußballer hinter sich. Alle Genannten konnten sich aber stets auf ihren langjährigen DFB-Vertrauten Karl Schmidt verlassen, der wahrlich Expertise besaß – als FCK-Verteidiger in der Fritz-Walter-Ära und als neunmaliger Nationalspieler.

Wenn von Karl Schmidt die Rede ist, dann häufig im Zusammenhang mit Werner Kohlmeyer. 1955 kam Schmidt als 23-jähriges Talent nach Kaiserslautern und nahm auf der Linksverteidigerposition schnell den Platz des Weltmeisters von 1954 ein. Nicht ganz geräuschlos: »Es hat mir immer ein wenig wehgetan, dass ich den Werner Kohlmeyer aus der ersten Elf verdrängte«, sagte Schmidt am 11. Oktober 2003 der *Berliner Zeitung*. In der Pfalz wurde Schmidt an der Seite von Fritz Walter, Horst Eckel und Co. Stammspieler und Kaiserslauterns sechster Nationalspieler – auch wenn er in Sachen Ruhm natürlich weit hinter den Helden von Bern zurückblieb.

Fünf Jahre spielte er bei den Roten Teufeln, absolvierte insgesamt 129 Partien. Dass es überhaupt erst so weit kam, verdankte Schmidt – wie sollte es auch anders sein – dem damals einflussreichsten Mann beim 1. FC Kaiserslautern: Fritz Walter. Der Ehrenspielführer lockte den jungen Hessen zu einem Probespiel in die Pfalz. »Ich dachte: Wenn ich beim FCK spielen kann, fahre ich sogar mit dem Fahrrad dahin«, sagte Schmidt später dem *Göttinger Tageblatt* am 8. August 2012. Natürlich spendierte der FCK aber doch eine Zugfahrt. Das Empfangskomitee bildete Fritz Walter höchstpersönlich. Und nach dem Probespiel verpflichtete er das Talent vom Fleck weg und ohne Trainer Richard Schneider hinzuzuziehen. Die Ablösesumme soll damals unvorstellbare 12.000 D-Mark betragen haben.

Schon während seiner aktiven Zeit dachte Schmidt an die Jahre nach der Karriere, er studierte in Mainz Jura und verzichtete deshalb sogar auf die Teilnahme an der WM 1958 in Schweden. Im Anschluss arbeitete er als Regierungsrat im Landratsamt in Kaiserslautern, bis er als Beamter Karriere in den rheinland-pfälzischen Landesministerien machte. Dem DFB diente er seit 1966, saß unter anderem im Organisationskomitee für die Olympischen Spiele 1972 und die WM 1974, war später Mitglied im Rechtsausschuss, dann Schatzmeister und zuletzt DFB-Vizepräsident. Eben ein Mann für alle Fälle – das wusste damals schon Fritz Walter.

GRUND 43

Weil Richard Schneider einer der erfolgreichsten deutschen Trainer aller Zeiten ist

Otto Rehhagel? Karl-Heinz Feldkamp? Nein, der nach Zahlen erfolgreichste Trainer der Kaiserslauterer Vereinsgeschichte heißt Richard Schneider, Jahrgang 1919 und Coach der legendären Walter-Elf in den 1950er-Jahren. In elf Amtsjahren holte der gebürtige Kaiserslauterer sechsmal die Südwestdeutsche Meisterschaft, wurde zweimal deutscher Vizemeister und führte die Roten Teufel zu den glorreichen Deutschen Meisterschaften von 1951 und 1953. Ganz klar: Richard Schneider ist der größte Trainer, den der Betzenberg in über 100 Jahren je gesehen hat.

Schneider spielte schon in der Jugend zusammen mit seinem Freund, dem ein Jahr jüngeren Fritz Walter, für die Schülermannschaft des 1. FC Kaiserslautern – dem Verein, dem er seine ganze, leider aber kurze Spielerkarriere die Treue hielt und den er anschließend als Trainer zu nationalem und internationalem Ruhm führte. Seine aktive Laufbahn musste Schneider nach zwei Meniskusoperationen früh beenden, anschließend begann er als Jugendtrainer beim Südwestdeutschen Fußballverband und wurde 1947 auch Jugendleiter beim FCK. Seine Ausbildung zum Fußballlehrer machte er bei keinem Geringeren als bei Nationalcoach Sepp Herberger. Die Bande zwischen dem »Chef« und den Pfälzern um Fritz Walter waren eben schon damals ziemlich enge.

1950 übernahm Schneider, bekannt als »Mann der leisen Töne«, schließlich den Posten als Coach der Roten Teufel und führte die Walter-Elf zu einem glorreichen Jahrzehnt, das nur in den 1990ern annähernd mit vier Titeln wiederholt werden konnte. Zu den Erfolgen dieser Ära wird Schneider Jahre später in Jürgen Bitters Buch *Die Meistermacher* (S. 80 f.) wie folgt zitiert: »Da stimmte eben alles. Ich hatte Spieler von seltener Klasse. Technisch, taktisch und konditionell war diese Mannschaft der fünfziger Jahre einmalig. Es stimmte der Geist der Truppe und es stimmte die Harmonie in der Vereinsführung – eine tolle Mischung.«

Zwei Jahre vor Gründung der Bundesliga legte Schneider 41-jährig seine Tätigkeit beim FCK nieder und wechselte nach Münster, wo er sich mit den Preußen für die neu eingeführte Bundesliga qualifizieren konnte. Später ging er nach Reutlingen, um kurz darauf als technischer Direktor noch einmal nach Münster zurückzukehren. Nach gesundheitlichen Rückschlägen beendete er aber Ende der 1960er-Jahre seine Funktionärskarriere und ging zurück in die Heimat, zurück nach Kaiserslautern, wo er bis heute als Genie auf der Trainerbank gilt. Ach, und übrigens: Richard Schneider ist nicht nur der erfolgreichste FCK-Trainer aller Zeiten, sondern auch der mit der längsten Amtszeit. So etwas gibt es sonst ja nur in Bremen.

5. KAPITEL

DER FCK IN DER BUNDESLIGA

WIE DIE ROTEN TEUFEL DIE GESCHICHTE EINER DER STÄRKSTEN LIGEN DER WELT GEPRÄGT HABEN

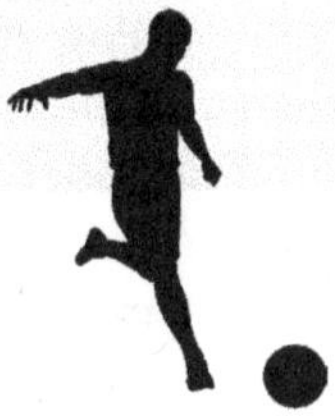

GRUND 44

Weil Paul Breitner die Punkte mit der Post nach Kaiserslautern schicken wollte

Wir leben im 21. Jahrhundert. Das hat einige Vorteile: Überweisungen kann man zum Beispiel online machen. Oder wichtige Nachrichten per E-Mail kostenlos und in wenigen Sekunden von Deutschland bis in die entlegensten Winkel der Welt schicken. Es gab allerdings Zeiten, da musste man noch auf die gute alte Post zurückgreifen.

Genau das wollte auch Bayern-Legende Paul Breitner tun. Allerdings wollte er nicht etwa ein Weihnachtspaket versenden, ein Telegramm oder ein Einschreiben. Nein, Paul Breitner wollte sich die hitzigen Spiele in Kaiserslautern lieber gleich sparen und die Punkte direkt mit der Post auf den Betzenberg schicken. So gebeutelt war er von den unzähligen Niederlagen der Bayern in Kaiserslautern. Es waren und sind aber auch immer wieder wirklich besondere Spiele zwischen dem 1. FC Kaiserslautern und dem FC Bayern München. Wohl in keinem anderen Stadion schlägt dem Rekordmeister eine solch geballte Portion Hass und Abneigung entgegen. Keine andere Mannschaft wird so laut ausgepfiffen, kein anderer Verein mehr verachtet. Sogar zu ihrer eigenen Stadionhymne, dem *Betzelied*, dichteten die FCK-Fans eigens eine Zeile für die Bayern dazu. Da heißt es dann: »Jeder Club ist uns willkommen, jede Mannschaft gern gesehen – außer Bayern!«

Zwischen 1976 und 1982 konnten die Super-Bayern ganze zwei Punkte aus der Pfalz entführen. In der Saison 1977/78 etwa schickten die Roten Teufel den FC Hollywood mit einer 5:0-Klatsche nach Hause. Doch der absolute Höhepunkt bleibt bis heute das legendäre Spiel aus der Saison 1973/74. Die Bayern, gespickt mit Stars wie dem »Kaiser« Franz Beckenbauer oder dem »Bomber der Nation« Gerd Müller, führten bereits mit 3:0. Doch die Teufel drehten das Spiel noch und gewannen sensationell mit 7:4. Spiele wie diese veranlassten Paul Breitner dann zu seiner berühmten Aussage: »Am besten schicken wir die Punkte gleich per Post.«[24] Leider haben sich die Bajuwaren das dann doch noch mal anders überlegt. Zu jedem Spiel fanden sich wieder elf Freiwillige für die Startelf.

Zwar konnte der FCB in den Folgejahren immer mal wieder auf dem Betze gewinnen, doch die ewige Bilanz spricht noch immer für die Lauterer: 20 Siege stehen 17 Niederlagen gegenüber, hinzukommen 13 Unentschieden. Wenn es nach den FCK-Fans geht, wird diese Bilanz schon bald weiter ausgebaut.

GRUND 45

Weil der FCK ein Herz für ausrangierte Bundesligastars hat

Mal ehrlich: Was zählen heutzutage im Haifischbecken Bundesliga schon die Verdienste eines treuen Spielers? Bringt ein Kicker nicht mehr die gewünschte Leistung – aufgrund seines Alters, seiner Beziehung zur Damenwelt oder warum auch immer –, jagt man ihn vom Hof. Der 1. FC Kaiserslautern hat ein Herz für solche Spieler. Willkommen auf dem Ponyhof Betzenberg! In der Pfalz werden ausrangierte Bundesligastars und ehemalige Nationalspieler mit offenen Armen und Geldbörsen empfangen.

So zum Beispiel Steffen Freund. Der gebürtige Brandenburger blickt auf eine erfolgreiche Karriere zurück: Deutscher Meister, Europameister, Champions-League-Sieger. 2003 wechselte Freund mit 33 Jahren von Tottenham Hotspur zum FCK. Doch es sollte kein weiteres Erfolgskapitel werden. Gerade einmal neun Spiele absolvierte Freund im Dress der Roten Teufel und fiel dabei nicht gerade als Filigrantechniker auf. Schon im darauffolgenden Jahr wurde er an Leicester City ausgeliehen und beendete nur wenige Monate später seine Karriere.

Ebenfalls unvergessen bleibt Christian Nerlingers Auftritt in Kaiserslautern. Auch Nerlinger hatte in den Jahren zuvor fleißig Titel gesammelt, gab mit dem FC Bayern München lange Zeit den Ton im deutschen Fußball an. Anders in der Pfalz: Von den Glasgow Rangers und dem Ibrox Park führte ihn sein Weg nach Kaiserslautern auf den Betzenberg. Ganze zwölfmal trat Nerlinger in zwei Spielzeiten für die FCK-Profis gegen den Ball. Immerhin gelang ihm ein Tor – gegen den Oberligisten Schönberg 95 beim 15:0-Auswärtserfolg in der ersten Runde des DFB-Pokals. Respekt!

Und dann gab es da ja noch den Hünen Carsten Jancker. Auch die wohl bekannteste Glatze der Bundesliga hat den Schrank voller Trophäen. Mit den Bayern gewann er unter anderem viermal die Meisterschaft und einmal die Champions League, erzielte in 223 Spielen für den Rekordmeister insgesamt 79 Tore. Das sollte doch beim FCK auch kein Problem sein. Denkste! Auf den ersten Blick liest sich Janckers Einsatzbilanz für die Roten Teufel recht ordentlich: elf Tore in 33 Spielen. Beleuchtet man die Sache jedoch genauer, wird aus der ordentlichen Bilanz eine peinliche. Vier seiner elf Tore erzielte der Stürmer in seiner ersten Saison für den Betze in der Bundesliga. Es folgen satte sieben Treffer in drei Pokalspielen. Sensationell? Nicht ganz. Denn Jancker schoss sechs seiner Pokaltore gegen … na, gegen wen wohl? Richtig, gegen Christian Nerlingers Lieblingsgegner Schönberg 95. Und zwar ebenfalls beim lockeren 15:0 in der ersten Runde. Plus einer Torvorlage. Nein, nicht für Nerlinger. Das wäre aber auch zu viel des Guten gewesen.

Kaiserslautern scheint jedenfalls ein geeignetes Fleckchen dafür zu sein, die anstrengende Fußball-Karriere in Ruhe ausklingen zu lassen. Und dabei noch mal ordentlich abzukassieren. Jetzt mag sich der eine oder andere Fußballfan fragen, was daran gut sein soll?! Na, irgendein Verein muss sich all dieser armen Seelen doch annehmen! Was wäre denn, wenn alle ausrangierten Profis direkt zu »Vereinslos« oder »Karriereende« wechseln würden? Wo bliebe denn da der »Spaß« für die FCK-Fans? Und seien wir mal ehrlich: Geld hatten wir in Kaiserslautern doch sowieso schon immer zu viel. Oder etwa nicht?

GRUND 46

Weil der FCK Gründungsmitglied der Bundesliga ist

Eines von lediglich 16. Tradition kann man eben doch nicht kaufen. Punkt.

GRUND 47

Weil der FCK der Angstgegner des 1. FC Köln ist

Normalerweise läuft das ja andersherum. Normalerweise ist der 1. FC Kaiserslautern der Verein, gegen den Negativserien beendet werden, glücklose Torjäger endlich wieder treffen oder selbst die größten Rumpelfußballer das Spiel ihres Lebens machen. Zumindest gefühlt. Da ist es als Lautern-Fan doch schön zu wissen, dass es den 1. FC Köln gibt – den Club also, der jedes Mal flucht, wenn der Bundesliga-Spielplan zwei Partien gegen die Roten Teufel beinhaltet. Und bei der langen Historie der beiden Teams war das schon häufiger der Fall.

Ja, der FCK ist schon so etwas wie der Angstgegner der Kölner. Das fing bereits im DFB-Pokal-Achtelfinale 1954/55 an, als die Lauterer Weltmeister ihren Beinahe-Namensvetter vom Rhein mal eben mit 7:0 abwatschten. Und das ging weiter mit exorbitanten

Klatschen, die sich die Kölner regelmäßig am Betzenberg abholten: 1:5 im Oktober 1980, 0:6 im Juni 1985, 1:5 im Juni 1987. Egal, was die Kölner anstellten, die Roten Teufel wollten ihnen einfach nicht so recht liegen. Insgesamt weist die Statistik (Stand: Januar 2015) 99 Spiele und davon 42 FCK-Siege auf. Auf dem Betzenberg konnten die Kölner in 51 Partien sogar nur fünfmal als Sieger vom Platz gehen.

Dieser Fluch schien ein Ende zu haben, als Icke Häßler, Bodo Illgner und Co. kurz vor Weihnachten 1989 in einem denkwürdigen Spiel mit 2:1 in Kaiserslautern gewannen. In der sehr hitzigen Atmosphäre, die den Betzenberg dieser Jahre auszeichnete, sicherte Pierre Littbarski den Rheinländern mit einem fragwürdigen Strafstoß den 2:1-Sieg. Doch der Auswärts-Dreier beendete nicht den FCK-Fluch der Kölner – sondern manifestierte ihn nur noch stärker. Ganze 18 Jahre sollte es dauern, bis der FC wieder mal ein Ligaspiel gegen den 1. FC Kaiserslautern gewinnen sollte – und dann auch »nur« in Liga zwei. In der Bundesliga dauerte es bis zur Spielzeit 2011/12, ehe die Saure-Gurken-Zeit für den Kölner Chaos-Club vorüber war.

Angesichts dieser Serie passte es natürlich bestens, dass ausgerechnet der (bereits aufgestiegene) 1. FC Köln am Ende der Saison 2007/08 in Kaiserslautern zu Gast war, als es darum ging, den Sturz in die Drittklassigkeit abzuwenden. Das Ergebnis ist hinlänglich bekannt: Bestes Fritz-Walter-Wetter, Josh Simpson und Marcel Ziemer schossen sich in den Heldenstatus, der FCK war gerettet – und bastelt seitdem an einer neuen Serie gegen den alten Lieblingsgegner. Daher muss an dieser Stelle mal gesagt werden: Danke, Eff-Zeh! Und bis zum nächsten Mal.

GRUND 48

Weil uns mal der Bundesliga-Startrekord gehörte

Das war doch mal eine Ansage, die sich gewaschen hatte: Besser als der 1. FC Kaiserslautern in der Saison 2001/02 ist noch nie eine Bundesligamannschaft in die Saison gestartet – bis im Oktober 2012 die Wunder-Bayern kamen und sich standesgemäß auch diesen Rekord schnappten. Doch für ganze elf Jahre gehörte die Bestmarke den Pfälzern, auch wenn Mainzer und Münchner das nicht gerne hören werden – das schönste Vermächtnis des Übungsleiters Andreas Brehme.

Sieben Spiele, sieben Siege, 20:7 Tore – was die Roten Teufel unter ihrem Teammanager da zum Saisonstart im Spätsommer 2001 hinlegten, war sensationell. Nur drei Jahre nach der letzten Meisterschaft schien auf einmal schon wieder alles möglich für den FCK. Angeführt von Miroslav Klose, Spielmacher Lincoln und Sturmriese Vratislav Lokvenc überrollten die Lauterer fast die gesamte Bundesliga. Erst der VfL Wolfsburg beendete am achten Spieltag die Serie, beim 2:0-Heimsieg trafen Andrej Juskowiak und – natürlich – der ehemalige Betze-Bube Frank Greiner. Es sollte nicht nur das Ende der Rekordserie sein, sondern auch der Auftakt eines rasanten Absturzes bis auf Rang sieben am Saisonende.

Eine ähnliche Marke gab es bis zum aktuellen Rekord nur zweimal: 1995/96 waren es schon einmal die Münchner, die ihre ersten sieben Spiele gewannen – und dann in Dortmund Federn lassen mussten. Und auch für den FSV Mainz 05 war es 2010 das verflixte achte Spiel, das verloren ging. Den geteilten Startrekord beanspruchten dennoch beide für sich – aber Fehlanzeige! Weder die Mainzer (18:7 Tore, plus elf) noch die Bayern (19:6 Tore, plus 13) konnten dem FCK das Wasser reichen. Der hatte nach sieben Partien zwar auch eine Tordifferenz von plus 13 zu Buche stehen, aber ein Tor mehr als die Münchner sechs Jahre zuvor geschossen – ätsch!

Es brauchte erst die Bayern der Saison 2012/13, um zum Auftakt acht Spiele in Folge zu gewinnen – danach war allerdings auch hier Schluss. Die Spielzeit beendeten die Münchner ja bekanntlich mit dem historischen Triple-Gewinn aus Meisterschaft, DFB-Pokal und Champions League und brachen damit noch ein bis dahin bestehendes, ungeschriebenes Gesetz: In allen drei Startrekord-Saisons zuvor wurde kurioserweise immer derselbe Verein am Ende Deutscher Meister: Borussia Dortmund.

Beim FCK bleibt die Ära Andreas Brehmes rückblickend betrachtet eher negativ behaftet – trotz des Zauberstarts von 2001/02. Der Weltmeister wurde als Coach in Kaiserslautern nicht glücklich und musste nach nur 689 Tagen im Amt wieder seine Koffer packen. Eine Spätfolge des Absturzes in der Rekordsaison, als man am Ende wegen zwei Toren sogar noch den sicher geglaubten Europapokalplatz verlor? Wahrscheinlich. Resultat der Unruhen, die in seiner Amtszeit immer wieder aufkamen? Wohl auch. Wie sagte der gebürtige Hamburger doch einst so treffend: »Haste Scheiße am Fuß, haste Scheiße am Fuß.«

GRUND 49

Weil wir als Aufsteiger Deutscher Meister geworden sind

Über den Mythos 1. FC Kaiserslautern wurden schon viele Geschichten geschrieben – diese ist vermutlich die bekannteste. Sie handelt von einem Fußballmärchen, wie es so vorher noch nie geschehen ist und wohl auch nie wieder vorkommen wird. Am Samstag, den 2. Mai 1998 gegen 17:20 Uhr schrieben die Roten Teufel unter ihrem Regenten Otto Rehhagel Bundesligageschichte. Als Aufsteiger Deutscher Meister, das hatte noch niemand geschafft!

Rückblende: Am letzten Spieltag der Saison 1995/96 kommt der FCK in Leverkusen nicht über ein Unentschieden hinaus und muss erstmals den schweren Gang in die zweite Liga antreten. Die Trauer in der Region ist riesig, der anschließende Pokalsieg gegen den Karlsruher SC sorgt bestenfalls kurz für trockene Augen. Doch der FCK steht wieder vom Boden auf, kommt mit neuem Trainer und unbekannten Spielern wie Phönix aus der Asche. Bereits am 30. Spieltag feiern die Roten Teufel die Rückkehr in die Beletage des deutschen Fußballs – der Ausrutscher Abstieg wurde in beeindruckender Manier korrigiert.

Zurück in der ersten Bundesliga, sorgt der FCK direkt für einen Paukenschlag und siegt am ersten Spieltag beim FC Bayern München – eine Eintagsfliege, denken viele. Und auch als die Stars von der Säbener Straße im Dezember ein zweites Mal niedergerungen werden, diesmal auf dem ausverkauften Betzenberg, sieht Uli Hoeneß die Lauterer nicht als ernsthaften Titelkonkurrenten. Nur: Der FCK spielt weiter locker auf, feiert tolle Siege und steht stets an der Tabellenspitze, zeitweise sogar mit neun Punkten Vorsprung auf die Bayern. Am 34. Spieltag, nach dem 1:1 beim Hamburger SV, sind es derer noch zwei, und spätestens als Kapitän Ciriaco Sforza die Schale in den Himmel reckt, wird allen klar: Der 1. FC Kaiserslautern hat die Sensation perfekt gemacht und ist als Aufsteiger Deutscher Meister geworden.

Das ist einzigartig und wird kaum zu wiederholen sein. Zwei Jahre nach dem bittersten Moment der Vereinsgeschichte brachten Otto Rehhagel und seine Mannen das Selbstbewusstsein zurück in die Herzen der FCK-Anhänger. Man durfte wieder stolz auf »seinen« Verein sein, bei der Arbeit, in der Schule, am Stammtisch – der kleine FCK war wieder wer im großen Geschäft Bundesliga. Für den FC Bayern war die Saison 1997/98 vielleicht nicht mehr als ein »Betriebsunfall«, doch für den deutschen Fußball hat sie rückblickend eines gezeigt: dass die Kleinen die Großen nicht nur ärgern, sondern manchmal auch besiegen können. Und das ist neben dem neuen Titel auf dem Briefkopf sicherlich die größte Errungenschaft der Meisterelf von 1998.

GRUND 50

Weil Walter Frosch der Bundesliga die Gelb-Sperre beschert hat

Dieser Typ ist einfach legendär: Walter Frosch, fußballerisches Kind der 1970er, Möchtegern-Weltauswahl-Spieler, Kettenraucher, Fast-Bayern-Star – über den raubeinigen Abwehrspieler aus Ludwigshafen sind ganze Bücher geschrieben worden. Den wenigsten Spielern von einst ist es vergönnt, auch 30, 40 Jahre nach dem Karriereende noch in vielen Köpfen präsent zu sein. Walter Frosch gehört dazu, schließlich galt bei ihm schon immer die Devise »ganz oder gar nicht«. Als Nationaltrainer Jupp Derwall ihn 1980 in den Kader der deutschen B-Nationalmannschaft berufen wollte, lehnte Frosch freundlich, aber ebenso bestimmt ab: »Ein Walter Frosch spielt nur in der A-Mannschaft oder in der Weltauswahl.«[25]

Doch Walter Frosch hat ein Vermächtnis geschaffen, das weit darüber hinausgeht zu zeigen, wie man dem Bundestrainer ganz subtil seinen Verzicht auf eine Nominierung beibringt oder wie man am besten Zigaretten in den Stutzen aufs Feld schmuggelt (so geschehen beim Abschiedsspiel für Klaus Thomforde anno 2000): In der Saison 1976/77 sammelte Frosch, damals gerade frisch vom 1. FC Kaiserslautern zum FC St. Pauli gewechselt, so viele Gelbe Karten, dass der DFB sich zu einer Reaktion bemüßigt sah – und die Gelb-Sperre (damals noch nach vier Gelben Karten) einführte. Das Handwerkszeug dazu hatte Frosch natürlich in der Pfalz gelernt – erst in Ludwigshafen und dann beim FCK, damals gerne als »Treter-Truppe« der Bundesliga verschrien.

Wie viele »Gelbe« es damals in Froschs Rekordsaison genau waren, weiß heute keiner mehr so genau. Angeblich sollen es 27 gewesen sein, vermutlich waren es eher 18 oder 19. Doch auch das reichte den Herren vom Deutschen Fußball-Bund schon aus, um am Beispiel Froschs ein Exempel zu statuieren. Seitdem müssen besonders harte Profis pro Saison ein- bis zweimal gesperrt aussetzen. Eine Tatsache, die spätere Sammler wie Stefan Effenberg, Bernd Hollerbach oder Frank Greiner wohl um den Rekord der meisten Gelben Karten in einer Spielzeit gebracht hat. Walter Frosch aber ist bis heute untrennbar mit der Gelb-Sperre verbunden.

Viele Karten sammelte er gegen Gegenspieler, die ihm fußballerisch weit überlegen waren: Hrubesch, Magath oder Rummenigge. Als seinen härtesten Kontrahenten hat Frosch aber stets nur einen bezeichnet. Der Zeitung DIE WELT sagte er vor einigen Jahren: »Mein schwerster Gegner war immer die Kneipe.«[26]

GRUND 51

Weil der FCK die Bayern mit 7:4 vom Berg schickte

Es gibt genau drei Arten von Fußballspielen. Die stinklangweiligen, die, an die man sich gut erinnern kann, und die legendären. Dies ist die Geschichte eines Spiels der letzteren Kategorie. Am 20. Oktober 1973 empfing der FCK den großen FC Bayern auf dem Betzenberg. Schon damals hatte der FCB eine Weltklasse-Mannschaft. Allein die damalige Aufstellung des Favoriten aus München liest sich wie die Aufstellung einer Weltauswahl. Sepp Maier im Tor, »Kaiser« Franz Beckenbauer in der Abwehr, Uli Hoeneß im Mittelfeld und der »Bomber der Nation« Gerd Müller im Sturm.

Die Bayern schienen ihrer Favoriten-Rolle zunächst auch gerecht zu werden. Nach 36 Minuten stand es durch einen Doppelpack von Bernd Gersdorff und einen Treffer von Gerd Müller 3:0 für die Bayern. Zu diesem Zeitpunkt verließen bereits einige Zuschauer das Stadion. Wenig später sollte sich herausstellen, dass das wohl der größte Fehler ihres Lebens werden sollte.

Denn was dann folgte, war eines der legendärsten Bundesliga-Spiele aller Zeiten. Die FCK-Spieler um Klaus Toppmöller und Josef

»Seppl« Pirrung machten sich auf, um Geschichte zu schreiben. Noch vor der Pause konnte Pirrung auf 1:3 aus FCK-Sicht verkürzen. Gerd Müller erhöhte in der 57. Minute mit seinem zweiten Tor zunächst noch auf 4:1 für den FCB. Doch das sollte die Betze-Buben erst recht anstacheln. Die Roten Teufel spielten sich in einen wahren Rausch. Angepeitscht von 35.000 fanatischen Fans, wuchs die Mannschaft über sich hinaus. Klaus Toppmöller traf zum 2:4. Seppl Pirrung ließ sich nicht lumpen und ließ binnen zwölf Minuten zwei weitere Tore folgen. 4:4! Wahnsinn! Alles war wieder offen.

Der bayrische Doppeltorschütze Gersdorff erwies seiner Mannschaft mit seiner Roten Karte nur drei Minuten später einen Bärendienst. Jetzt gab es endgültig nur noch eine Marschrichtung: auf das Tor von Bayern-Torhüter Sepp Maier. In der 84. Minute kochte der Betzenberg dann über: Ernst Diehl netzte zum 5:4 für den FCK ein. Das Ding war gedreht! Aber anstatt den Sieg ruhig nach Hause zu spielen, ließen die Teufel nicht locker. Man hatte förmlich das Gefühl, sie wollten den großen FC Bayern an diesem Abend demütigen. Und genau das taten sie auch! In der 87. Minute erhöhte Herbert Laumen auf 6:4. Man munkelt, dass sich die frohe Kunde über den groß aufspielenden FCK so schnell in der Stadt verbreitete, dass das Stadion zu diesem Zeitpunkt voller war als beim Anpfiff. Wieder nur zwei Minuten später folgte dann der endgültige Knockout. Laumen machte mit seinem zweiten Tor den Endstand von 7:4 und die Sensation perfekt.

Was folgte, waren Szenen, die sich sonst nur nach einer gewonnenen Meisterschaft abspielen dürften. Fans und Spieler feierten diesen Sieg mehr als ausgelassen. Dabei war es doch »nur« ein »normales« Bundesliga-Spiel. Der FCK wurde am Ende der Saison Sechster, Bayern Meister. Doch das war egal. Wichtig war, was in diesen magischen 90 Minuten auf dem Betzenberg passiert war. Von der SPORT BILD* wurde die Partie im Februar 2013 zum

---

* *www.sportbild.bild.de/25-jahre-sport-bild/2013/02/25*

»geilsten Spiel der Bundesligageschichte« gekürt, noch vor der Last-Minute-Meisterschaft der Bayern 2001 in Hamburg.

Noch heute erzählen die Menschen in Kaiserslautern von diesem denkwürdigen Tag. Fans, die das Glück hatten, live im Stadion dabei gewesen zu sein, schauen mit leuchtenden und feuchten Augen. Kinder lauschen gespannt ihren Vätern, wenn sie von diesem Spiel erzählen. Diese 90 Minuten sind ein Grund dafür, warum die Menschen in der Pfalz ihren FCK so sehr lieben, denn an diesem Abend zeigten die Spieler auf dem Platz genau das, worauf es in Kaiserslautern ankommt. »Der Schlüssel zum Erfolg ist Kameradschaft und der Wille, alles für den anderen zu geben«.[27] Dieses Zitat Fritz Walters wurde in diesem Spiel von den FCK-Spielern auf dem Platz gelebt. Das macht sie in Kaiserslautern für alle Zeiten unsterblich.

GRUND 52

Weil wir die spektakulärste Zweitligasaison aller Zeiten gespielt haben

Als der FCK 1996 zum ersten Mal den so bitteren Gang in die zweite Bundesliga antreten musste, flossen in der ganzen Pfalz die Tränen. Das Gründungsmitglied der Bundesliga in der zweiten Bundesliga? Das konnte und wollte sich niemand so richtig vorstellen. Doch der FCK wäre nicht der FCK, wenn er nicht auf beeindruckende Art und Weise den direkten Wiederaufstieg geschafft hätte.

Fast alle Leistungsträger blieben den Roten Teufeln treu. So tummelten sich also in der Saison 1996/97 Spieler wie Andreas Brehme, Miroslav Kadlec oder Axel Roos im Bundesliga-Unterhaus. Die Teufel starteten damals mit einem mageren 0:0 zu Hause gegen Unterhaching in die Saison. Es folgten drei Siege gegen die Stuttgarter Kickers, Carl Zeiss Jena und den KFC Uerdingen. Danach musste man sich gleich viermal mit einem Unentschieden begnügen. Ein ordentlicher, aber kein überragender Start. Die spektakulären Spiele sollten noch folgen.

Am 12. Spieltag empfing man den VfB Oldenburg in Kaiserslautern. Endstand: 6:2. Marschall, Wegmann, Rische und dreimal Kuka machten die Buden. Nur vier Spieltage später folgte das nächste Highlight auf Deutschlands höchstem Fußballberg. Mit Eintracht Frankfurt war ein alter Rivale zu Gast – und hatte nicht den Hauch einer Chance. Doppelpack Kuka, Doppelpack Rische, Deckel drauf von Franck. Kaiserslautern: fünf, Frankfurt: null! Die Niederlage aus dem Spiel zuvor gegen Waldhof Mannheim war vergessen. Und die Roten Teufel schienen Gefallen am Toreschießen gefunden zu haben. Neben zahlreichen »normalen« Siegen wurde am 23. Spieltag der VfL Wolfsburg mit 4:0 nach Hause geschickt.

Richtig eng auf der Anzeigetafel des Fritz-Walter-Stadions wurde es dann am 30. Spieltag. Das Opfer dieses Mal: Der VfB Lübeck. Rufer, Marschall, Koch, Riedl, Rische, wieder Marschall und natürlich Pavel Kuka erlegten die Hansestädter mühelos. 7:0, das war ein Heimsieg nach dem Geschmack der Fans und Balsam auf die vom Abstieg geschundene Seele. Man hatte fast den Eindruck, die Betze-Buben wollten testen, wie schnell die lokalen Brauereien Bier-Nachschub liefern konnten. Die Fans kamen jedenfalls aus dem Feiern nicht mehr heraus. Am 32. Spieltag gastierte dann der Waldhof auf dem Betze. Obwohl der FCK den Aufstieg da schon längst in der Tasche hatte, gab es noch eine offene Rechnung zu begleichen. Fünfmal zappelte der Ball im Netz der Waldhöfer. Unzählige »niiie meeehr, niiie meeehr, SV Waldhof«-Rufe inklusive.

Das spektakulärste Spiel hoben sich die Teufel allerdings bis zum letzten Spieltag auf. Der Betzenberg war ausverkauft. 38.000 Fans wollten mit ihrer Mannschaft die große Aufstiegssause feiern. Doch der Partygast SV Meppen hatte auch noch ein Wörtchen mitzureden. Zunächst lief alles nach Plan. Schon nach 21 Minuten führte der FCK durch einen Doppelpack von Marschall und Treffer von Wegmann und Riedl mit 4:0. Es schien ein lockeres Schaulaufen zu werden. Denkste! Meppen muckte bereits vor der Pause zum ersten Mal auf. In der 35. Minute erzielte Claaßen das 1:4. Thomas Riedl markierte wieder das 5:1. Der Meppener Thoben das 2:5. Auch Jürgen Rische durfte ebenfalls noch vor der Pause sein Tor machen, und so ging es mit 6:2 in die Kabine. Wer dachte, das war's, hatte sich getäuscht. Es sollten noch fünf weitere Tore folgen.

Bis zur 70. Minute tat sich nicht viel. Dann läutete Myyry mit seinem Tor zum 3:6 die bis heute wohl verrücktesten 20 Minuten der Zweitliga-Geschichte ein. In der 76. Minute markierte Routinier Axel Roos sein erstes Saisontor: 7:3. Nur drei Minuten später klingelte es auch schon wieder auf der anderen Seite. Kluge mit dem nächsten Treffer für Meppen, nur noch 4:7. Irgendjemand muss der Mannschaft des SV Meppen von den berühmten Betze-Tugenden berichtet haben: Niemals aufgeben, immer weiter kämpfen. In der 84. Minute schob Bujan zum 5:7 ein. Die Kaiserslauterer Hintermannschaft hatte sich zu diesem Zeitpunkt bereits in den Sommerurlaub verabschiedet. Das Spiel würde doch nicht tatsächlich noch einmal spannend werden? Doch, wurde es. 88. Minute, Claaßen schießt, Claaßen trifft, 6:7. Irre! Die Partygäste aus Meppen waren drauf und dran, wieder ausgeladen zu werden. Hatte der FCK den Heimsieg zum Abschluss doch fest eingeplant. Mit Ach und Krach retteten die Lauterer den 7:6-Sieg über die Ziellinie. So viele Tore in einem Spiel hatte wohl noch kein Anwesender im Stadion jemals zuvor gesehen. Bis heute ist es das Spiel mit den meisten Toren der Liga-Geschichte.

Die Spieler des SV Meppen sorgten an diesem denkwürdigen Tag dafür, dass ihr Verein in Fußballdeutschland aufhorchen ließ. Die Spieler des FCK hingegen sollten auch in der darauffolgenden Saison dafür sorgen, dass die Bierbrauer ordentlich zu tun haben …

GRUND 53

Weil wir in der ewigen Bundesliga-Tabelle immer noch unter den Top 15 stehen

Zugegeben, die ewige Bundesliga-Tabelle ist eine Spielerei für Freunde der Statistik. Aber genau diese wird ja aus verschiedensten Gründen immer wieder von den Medien bemüht. Da ist es natürlich umso besser zu wissen, dass die Roten Teufel trotz der nicht mehr ganz so fetten letzten Jahre noch immer unter den Top 15 der besten Bundesliga-Mannschaften aller Zeiten stehen – und das wird sich wohl noch auf Jahre hinaus nicht ändern (Stand: Dezember 2018).

Wie man sich da so sicher sein kann? Nun, der FCK rangiert im Moment auf Platz zehn, hat in den letzten zehn Jahren zugegeben allerdings einige Plätze eingebüßt. Schalke und Köln sind vorbeigezogen, kürzlich hat auch die in der Pfalz weniger beliebte Frankfurter Eintracht die Lauterer um einen weiteren Platz im Ranking verdrängt. Und dahinter folgt dann Bayer Leverkusen, aktuell Elfter mit einem überragenden Punkteschnitt von 1,55 Zählern pro Partie – und nur noch minimalem Abstand auf den FCK. Dahinter aber kommt lange nichts. Auf Rang zwölf folgt schließlich die Berliner Hertha, aber mit geschlagenen gut 400 Punkten weniger als die Roten Teufel. Und danach wird es immer dünner, Bochum, Nürnberg und Hannover werden einige Rekordsaisons am Stück hinlegen müssen, um den Betzebuben gefährlich werden zu können. Immer vorausgesetzt, sie halten sich in Liga 1. Und irgendwie hofft man ja, dass der FCK selbst irgendwann sein Punktekonto wieder aufstocken können wird – oben, in der Eliteliga.

Denn Kaiserslautern gehört einfach in die erste Liga! 44 Saisons hat der Club aus der Barbarossastadt in der höchsten deutschen Spielklasse auf dem Buckel – mehr sind es nur bei sieben anderen Vereinen. Außerdem verteilt kein anderes Team so schön gleichmäßig geschossene und kassierte Tore – nach 1.492 Spielen in Deutschlands Beletage steht beim FCK eine Tordifferenz von lediglich plus vier zu Buche (bei Bayern sind es übrigens knapp plus 2000). Und kaum ein Club in der Bundesliga-Historie verteilt lieber Geschenke: 545 Niederlagen sind die achtmeisten aller in der ewigen Tabelle gelisteten Vereine. Man sieht also: Dem deutschen Fußball würde ohne den 1. FC Kaiserslautern etwas fehlen!

GRUND 54

Weil wir lange Zeit die kleinste Bundesligastadt Deutschlands waren

Kaiserslautern ist eine gemütliche Stadt. Übersichtlich, ruhig und schön. Die Wege sind kurz. Hier kennt jeder Hinz noch den Kuntz und jeder Müller den Meier. Lange Zeit war Kaiserslautern mit knapp 100.000 Einwohnern die kleinste Bundesligastadt Deutschlands, und eigentlich ist sie das immer noch.

Den Titel »Kleinste Bundesligastadt« sicherte sich 1899 Hoffenheim mit dem Aufstieg 2008, wobei der Titel nicht direkt nach Hoffenheim, sondern nach Sinsheim geht. Denn dort, in dem Ort mit etwa 35.000 Einwohnern, trägt der Verein von Mäzen Dietmar Hopp seine Heimspiele aus. In einer eigens dafür gebauten Arena. In Hoffenheim selbst war dafür kein Platz. Wo sollte sich sonst der mobile Tante-Emma-Laden dienstags und donnerstags hinstellen? Doch Spaß beiseite. Eigentlich zählt das Projekt Hoffenheim für wahre Fußballfans sowieso nicht. Und eigentlich spielt der FCK auch noch Bundesliga. Gefühlt jedenfalls. Also sind wir auch noch immer die kleinste Bundesligastadt.

So kurios es vielleicht klingen mag, aber genau die Tatsache, dass Kaiserslautern so klein und provinziell ist, kann sich der Verein zunutze machen. Verpflichtet zum Beispiel ein Club aus einer

Großstadt einen neuen Spieler, geht dieser in der anonymen Masse unter. Vor allem bei Spielern aus anderen Ländern mit einer anderen Kultur fällt die Eingewöhnung dann schwer. Nicht so in Kaiserslautern. Wenn der FCK mit einem potenziellen Neuzugang verhandelt, kann er mit dem Gefühl von Heimat locken. In der Pfalz wurden sie bislang noch alle schnell integriert. Lebberworschd un Woi sei Dank.

Natürlich muss man als Fußballprofi in Kaiserslautern wohl mehr Autogramme schreiben als in anderen Städten. Denn in Kaiserslautern kennt, wie gesagt, jeder jeden, und erst recht kennt jeder die Fußballer vom Betzenberg. Dafür liegen beim zweiten Besuch beim Bäcker schon die bevorzugten Brötchen auf der Theke, oder die Lieblingspizza auf dem Teller beim Italiener.

6. KAPITEL

MAILAND ODER MADRID – HAUPTSACHE BETZENBERG

WARUM DIE ROTEN TEUFEL WEIT ÜBER DIE GRENZEN DER PFALZ HINAUS BERÜHMT UND BERÜCHTIGT SIND

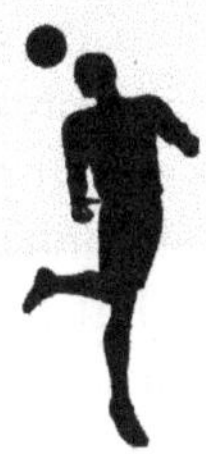

GRUND 55

Weil der FCK dem FC Barcelona einen der größten Kämpfe seiner Geschichte geliefert hat

Wenn man von Spielen des 1. FC Kaiserslautern auf dem Betzenberg spricht, fallen oft Begriffe wie »Leidenschaft«, »Mythos« oder »Legende«. Dies ist die Geschichte eines wahrlich legendären Spiels. Am 6. November 1991 empfing der FCK den FC Barcelona im Europapokal der Landesmeister, der heutigen Champions League. Es war das Rückspiel der zweiten Qualifikationsrunde zur Gruppenphase. Das Hinspiel hatte der haushohe Favorit aus Barcelona, gespickt mit Stars wie Ronald Koeman, Michael Laudrup oder Pep Guardiola, mit 2:0 gewonnen. Kein Mensch glaubte damals daran, dass die Lauterer diesen Rückstand noch aufholen könnten. Trotzdem war der Betzenberg bis auf den letzten Platz ausverkauft. Es war einer dieser mystischen Abende, die dem Stadion seinen bis heute anhaltenden Ruf einer uneinnehmbaren Bastion verliehen.

Flutlicht. 30.200 fanatische Fußballfans. Eine höllisch heiße Atmosphäre. Willkommen in der Hölle Betzenberg. Was heute streng verboten und von Medien und Offiziellen aufs Schärfste kritisiert wird, wurde damals frenetisch gefeiert: Die gesamte Westkurve erstrahlte im roten Licht bengalischer Feuer. SWR-Reporter Thomas Wehrle kommentierte den Anblick der hell leuchtenden Westkurve damals mit den Worten: »Es war ein Fußballfest von Anfang an. Der Betzenberg als Gesamtkunstwerk.«[*]

Angetrieben von den lauten Kehlen auf den Rängen, spielten sich die Roten Teufel förmlich in einen Rausch. Der FC Barcelona wurde immer weiter in die eigene Hälfte getrieben, Angriff über Angriff rollte auf das Tor der Katalanen zu. Die FCK-Spieler um Kapitän Stefan Kuntz brannten ein wahres Fußballfest auf dem Rasen ab.

---

* *Sport extra, www.youtube.com/watch?v=RMAt7k8CWOE*

In der 35. Minute wurden die Teufel erstmals für ihre Mühen belohnt. Nach einer Ecke köpfte Demir Hotić die Kugel zum 1:0 in die Maschen. Mit dieser Führung ging es dann auch in die Halbzeit. Der Betze bebte.

Kaum war das Spiel wieder angepfiffen, bahnte sich wieder ein ohrenbetäubender Jubelschrei seinen Weg vom Betzenberg hinunter in die Stadt. Wieder war Hotić nach einer Ecke mit dem Kopf zur Stelle und erhöhte auf 2:0. Das Ergebnis war jetzt wieder ausgeglichen. Die Sensation lag in der Luft! Der FCK zeigte Weltklasse-Fußball – die Spieler des großen FC Barcelona rannten nur hinterher. Chance um Chance erspielten sich die überlegenen Lauterer. Doch es dauerte bis zur 76. Minute, bis die Ekstase ihren absoluten Höhepunkt erreichte. Der Däne Bjarne Gladbæk zog mit rechts ab und das Leder donnerte an Barcelona-Keeper Andoni Zubizarreta vorbei ins Netz. 3:0! Der FCK hatte das Ergebnis aus dem Hinspiel gedreht – Wahnsinn! Jetzt gab es endgültig kein Halten mehr. Die FCK-Fans lagen sich jubelnd, vor Freude weinend und glücklich in den Armen. Ihr FCK war auf dem besten Weg, das große Barça aus dem Wettbewerb zu werfen.

Die Roten Teufel lehnten sich nach dieser beeindruckenden Führung keineswegs zurück. Die Mannschaft erspielte sich weiter Chance um Chance. Kuntz und Co vergaben weitere, hochkarätige Möglichkeiten. Ein 4:0 oder gar 5:0 wäre möglich gewesen, alle Betze-Anhänger waren sich einig: Das konnte doch nicht mehr schiefgehen!

Doch, konnte es! In der 90. Minute warf Barcelona alles zu einem letzten Angriff nach vorne. Es folgte ein langer Ball in den FCK-Strafraum und ein Kopfball von José Maria Bakero. Unhaltbar für Torhüter Gerry Ehrmann fand die Kugel ihren Weg ins Netz. 1:3! Aufgrund der Auswärtstorregel war der FCK ausgeschieden. Der vorher so laute Betzenberg war plötzlich mucksmäuschenstill. All der große Kampf, die Leidenschaft und der unbedingte Siegeswille – vergebens! Der Schock über dieses Gegentor saß so tief, dass der FCK es nicht mehr schaffte, in der Nachspielzeit ein Tor nachzulegen. Nach dem Schlusspfiff sanken die tapferen Spieler zu Boden. Die Fans verharrten minutenlang in Schockstarre. Das konnte nur ein Albtraum sein, aus dem alle so schnell wie möglich aufwachen wollten.

Für den FC Barcelona war dieser glückliche Sieg der Anstoß zu etwas Großem. Am Ende gewannen die Katalanen als letzte Mannschaft den Europapokal der Landesmeister. In Kaiserslautern dauerte es einige Zeit, bis die Enttäuschung dem Selbstgefühl über die gezeigte Leistung wich. Doch der FCK und seine Fans konnten wahrlich stolz auf sich sein. Man hatte der Fußballwelt an einem denkwürdigen Abend bewiesen, wozu der Provinzverein aus Kaiserslautern gemeinsam mit seinen Fans fähig ist. Und man hatte dem FC Barcelona einen der größten Kämpfe seiner Europapokal-Geschichte geliefert.

Noch bis heute ist dieser denkwürdige Abend fest in den Köpfen vieler Menschen verankert. Bestes Beispiel ist Pep Guardiola. 2009 besiegte der damalige Barcelona-Trainer den FC Bayern München mit seiner Mannschaft im Viertelfinale der Champions League mit 4:0. Doch abschreiben wollte er die Bayern für das Rückspiel noch lange nicht: »Wenn Deutsche so gedemütigt wurden, hält sie nichts mehr auf. Die sind glatt in der Lage, uns zu überrennen. Ich weiß das. Ich war in Kaiserslautern. Damit bin ich genug bedient.«[28]

GRUND 56

Weil die Welt in Kaiserslautern zu Gast bei Freunden war

Das Sommermärchen 2006: Wer erinnert sich nicht mehr an die riesige, bunte Partymeile durch ganz Deutschland. Einzig durch das Ausscheiden der Klinsi-Elf im Halbfinale gegen Italien wurde die Stimmung ein wenig getrübt. Doch bis dahin erlebte Deutschland eine Welle nie dagewesener Ausgelassenheit und Freude. Jedes, aber auch wirklich jedes Auto, jedes Haus und jede Straße war gesäumt von Deutschlandflaggen.

Doch nicht nur die Deutschen zeigten Flagge. Auch die anderen Teilnehmerländer gaben alles, was sie zu bieten haben – so auch im WM-Spielort Kaiserslautern. Vielen Menschen in der Pfalz zaubert der Gedanke an die WM 2006, die Spiele im Fritz-Walter-Stadion und die vielen Anhänger aus den verschiedenen Ländern noch immer ein Lächeln ins Gesicht. Bestes Beispiel: Die Heerscharen von australischen Fans. Eine ganze Welle grün-gelber Menschen schwappte über Kaiserslautern. Und diese »Aussis« waren wirklich ein Phänomen. Stets gut gelaunt traf man sie an wirklich jeder Ecke und zu jeder Tages- und Nachtzeit an. Ein so fröhliches Völkchen hatte man in Kaiserslautern bis dato noch nie erlebt (es sei denn, der FCK hatte gerade einmal die Meisterschaft gewonnen). Immer ein lautes »Aussie, Aussie, Aussie! Oi! Oi! Oi!« auf den Lippen.

Dann gab es da noch die Fans aus Trinidad und Tobago. Schon von Weitem waren sie mit ihren Steeldrums zu hören. Gefühlt hatte jeder Fan dieses kleinen Inselstaates eine vor seinen Bauch geschnallt. Und so tanzten die Lauterer zahlreiche Tage und Nächte zu karibischen Rhythmen. Doch egal, ob die Gäste aus Australien, Japan, Italien, Trinidad und Tobago, Paraguay, Saudi Arabien, den USA oder Spanien kamen: Kaiserslautern konnte sich als toller Gastgeber zeigen. In der Westpfalz war die Welt wirklich zu Gast bei Freunden.

So wurden zum Beispiel spontan für viele Australier Schlafplätze in Privat-Häusern organisiert, Amerikaner zu einem echten deutschen Bier eingeladen, oder Italiener von Amateur-Guides persönlich durch die Stadt geführt. Dass es der Welt gefallen hatte, zu Gast bei Freunden in Kaiserslautern gewesen zu sein, belegt eine Studie der Uni Mainz (www.sport.uni-mainz.de/Preuss/Download%20public/WM2006_end.pdf). Dabei wurden während der WM-Spieltage mehr als 1.200 ausländische Gäste von einem Forscherteam befragt. Ergebnis: Auf die Frage, was ihnen am besten gefallen hatte, antworten die meisten der Befragten mit: »die Anwohner Kaiserslauterns«. Beinahe 90 Prozent aller Befragten zeigten sich in allen Kategorien absolut zufrieden und bewerteten Dinge wie Atmosphäre, Sicherheit oder Fan Camp mit »sehr gut«!

Auch wenn Kaiserslautern und der FCK aus finanzieller Sicht teuer für die WM und den damit verbundenen Stadionausbau bezahlt haben: Der Sommer 2006 wird vielen Lauterern für immer als unvergessliches Erlebnis im Gedächtnis bleiben. Zu verdanken haben wir das zu einem großen Teil – wie so vieles – unserem Ehrenspielführer Fritz Walter. Als Botschafter setzte er sich stark dafür ein, die Weltmeisterschaft nach Kaiserslautern zu holen. Sein größter Wunsch, ein WM-Spiel in seinem Stadion auf dem Betzenberg zu sehen, blieb leider unerfüllt – Fritz Walter starb am 17. Juni 2002.

GRUND 57

Weil sogar Real Madrid die alte Festung Betzenberg kennengelernt hat

Mit dem FC Bayern München und Borussia Dortmund standen 2013 gleich zwei deutsche Mannschaften im Finale der Champions League. Zum allerersten Mal überhaupt hatten es zwei deutsche Teams ins Endspiel um die Krone Europas geschafft. Auf dem Weg dahin wurden die spanischen Weltklasseteams Real Madrid und der FC Barcelona im Halbfinale regelrecht aus dem Wettbewerb gekegelt. Doch bereits Jahre zuvor zeigte eine deutsche Mannschaft, wie man den spanischen Stier bei den Hörnern packt. Im Viertelfinal-Rückspiel des UEFA-Cups am 17. März 1982 schickte der FCK die »Königlichen« von Real Madrid mit 5:0 vom Betzenberg. Doch der Reihe nach.

Im Hinspiel verloren die Roten Teufel mit 1:3 gegen aggressive Madrilenen. Kein besonders gutes Ergebnis. Aber noch war nichts verloren und es schien alles bereit für die große Aufholjagd auf dem Betze. Bereits nach einer Viertelstunde hatte Friedhelm Funkel das Leder zweimal in die Maschen gedroschen; beim 1:0 mit freundlicher Unterstützung von Real-Keeper Agustin. Das Ergebnis aus dem Hinspiel war egalisiert. Aber jetzt ging es erst richtig los.

Die Fans auf dem Betzenberg tobten und zeigten einmal mehr, warum Spiele in Kaiserslautern etwas ganz Besonderes sind. Schon im Hinspiel fielen die Stars aus Madrid, in deren Reihen übrigens an diesem denkwürdigen Europapokal-Abend auch ein gewisser Uli Stielike stand, durch ihre aggressive Spielweise auf. Es wurde getreten, was das Zeug hält. Und genau so machten sie auch im Rückspiel in Kaiserslautern weiter. Bereits vor der Halbzeit flogen zwei Madrilenen mit Rot vom Platz – in der zweiten Halbzeit kassierte sogar noch ein dritter Real-Spieler Rot und leistete seinen Kollegen unter der Dusche Gesellschaft. Der 0:2-Pausenstand war für das weiße Ballett wirklich sehr schmeichelhaft.

Doch zu ihrem Pech wurde auch an diesem Abend noch eine zweite Halbzeit gespielt. In dieser sorgten Hannes Bongartz, Norbert Eilenfeldt und Rainer Geye für den sensationellen Endstand von 5:0. Der Favorit aus Madrid wurde gedemütigt! Kurz nach dem 4:0 hatte sogar FCK-Torwart Ronnie Hellström noch die Gelegenheit, sich auszuzeichnen: Der Teufelskerl im Teufelskasten entschärfte unter frenetischem Jubel einen Elfmeter der Madrilenen. An diesem Abend sollten sie es nicht mehr schaffen, den Schweden im Tor der Pfälzer zu überwinden. 5:0 gegen das große Real Madrid – wieder einmal hatte eine FCK-Mannschaft Fußballgeschichte geschrieben. Und wieder einmal wurde auf dem Betzenberg eine sagenhafte Pokalschlacht geschlagen.

GRUND 58

Weil die deutsch-schwedische Fußballfreundschaft auf den FCK zurückgeht

Wenn man hierzulande über Schweden spricht, denken die meisten Deutschen sicher sofort an ein großes Möbelhaus, Köttbullar oder das Midsommar-Fest. In Kaiserslautern hingegen ist Schweden unabdingbar mit Fußball verbunden. Nicht zuletzt dank Ronnie Hellström. Hellström ist sicher der bekannteste Schwede, der jemals das FCK-Trikot trug. Nicht umsonst ist ihm ein eigenes Kapitel dieses Buches gewidmet. In zehn Jahren stand er über 260-mal für die Betze-Buben im Kasten. Doch er ist nicht der einzige Schwede in der Geschichte des FCK.

Der erste im Bunde war Benno Magnusson, seines Zeichens Stürmer. Allerdings hielt es ihn nur eine Saison bei den Roten Teufeln. In der Saison 1973/74 lief er 16-mal für den FCK auf, leider ohne Torerfolg. Doch in Kaiserslautern setzte man weiter auf schwedische Stürmer. Gemeinsam mit dem Weltklasse-Torhüter Hellström kickte Roland Sandberg auf dem Betzenberg. Sandberg war ein echter Knipser. In vier Spielzeiten netzte er satte 60-mal für die Teufel ein. 1976 stand er mit dem FCK im Pokalfinale gegen den Hamburger SV. Dort musste man sich mit 0:2 geschlagen geben. Beim 4:2-Sieg gegen Hertha BSC im Halbfinale schoss er das Tor zum 3:0.

Die Vereins-Verantwortlichen hatten zu dieser Zeit offenbar eine richtige Leidenschaft für schwedische Stürmer. 1977 lockte man Benny Wendt von Tennis Borussia Berlin nach Lautern. Auch der Mann wusste, wo das Tor steht. 116 Ligaspiele und 35 Tore für den FCK stehen auf seinem Konto. Weitere Gemeinsamkeiten mit Sandberg? Auch Wendt erreichte mit dem FCK ein Pokalfinale, und zog den Kürzeren. 1981 unterlagen die Roten Teufel Eintracht Frankfurt im Endspiel mit 1:3. Im Halbfinale besiegte der FCK die

Eintracht aus Braunschweig mit 3:2. Der Torschütze zum 1:0 hieß Benny Wendt.

Es folgte, na klar, ein weiterer Stürmer. Von 1982 bis 1984 ging Torbjörn Nilsson auf dem Betzenberg auf Torejagd. 65 Ligaspiele und 22 Tore können sich sehen lassen. Am 16. Spieltag der Saison 1983/84 gewann der 1. FCK ein packendes Auswärtsspiel beim 1. FC Nürnberg mit 4:3. Nilsson sorgte mit drei Treffern fast im Alleingang für den Sieg. Nachdem er den FCK in Richtung Göteborg verlassen hatte, folgten acht Jahre ohne Schweden im FCK-Trikot.

1992 reihte sich erstmals ein Abwehrspieler in die Riege der Schweden im FCK-Dress ein. Jan Eriksson wechselte vom IFK Norrköping in die Pfalz. Zwei Spielzeiten lang verteidigte er das Lauterer Tor und konnte sich sogar viermal als Torschütze feiern lassen, unter anderem beim 5:0-Kantersieg gegen den VfB Stuttgart am 11. Spieltag der Saison 1993/94. Am Ende der Saison wurde er Vizemeister mit dem FCK. Jan Eriksson bleibt der bis heute einzige schwedische Abwehrspieler in der Geschichte der ehemals kleinsten Bundesligastadt Deutschlands.

Man entschloss sich, fortan wieder auf Stürmer zu setzen. Mit Jörgen Pettersson wechselte 1999 kein Unbekannter auf den Betze. Petersson spielte zuvor für Mönchengladbach. Dass auch er einen gewissen Torriecher hatte, zeigte er zum Beispiel am 32. Spieltag der ruhmreichen Lauterer Meistersaison 1997/98. Die Fohlen aus Gladbach gingen auf dem Betzenberg mit 2:0 in Führung. Einer der Torschützen: Jörgen Pettersson. Doch ein gewisser Olaf Marschall drehte das Spiel damals im Alleingang mit drei Toren. Ein wichtiger Schritt auf dem Weg zur Meisterschale.

Im Dress der Roten Teufel kam Jörgen Pettersson zwar regelmäßig zum Einsatz, konnte die gute Quote schwedischer Stürmer in Kaiserslautern allerdings nicht ganz fortsetzen. In drei Jahren gelangen ihm 15 Tore in der Bundesliga. Sein größter Erfolg in seiner FCK-Zeit war sicher das Erreichen des Halbfinales im UEFA-

Cup 2001. Gegen Deportivo Alavés setzte es dann allerdings mit 1:5 und 1:4 zwei heftige Niederlagen.

Auch sein Nachfolger konnte sich nicht gerade als Torjäger auszeichnen. Björn Runström stürmte in der Saison 2007/08 für den 1. FCK in der zweiten Liga. In 28 Spielen für die Teufel wurde er 14-mal eingewechselt. Vier Tore standen am Ende auf seinem Konto. Dass Runström das ruhmreiche Schweden-Kapitel in Kaiserslautern nicht weiterschreiben konnte, belegt vor allem ein Fakt: Alle Schweden, die für den FCK spielten, trugen auch das Trikot der Schwedischen Nationalmannschaft – nur Runström nicht. Der deutsch-schwedischen Freundschaft in Kaiserslautern tut das allerdings keinen Abbruch.

GRUND 59

Weil das »Jahrhunderttor« von einem FCK-Spieler geschossen wurde

Johann Cruyff, Pelé, Franz Beckenbauer, Diego Maradona – das 20. Jahrhundert hatte viele fantastische Fußballer zu bieten. Doch nur einem war es vorbehalten, das sogenannte »Jahrhunderttor« zu erzielen: einem Spieler des 1. FC Kaiserslautern – und diese Wertung erfolgt sogar, ohne dass heute noch irgendeine Bewegtbildaufnahme davon existieren würde. Um wen es geht? Natürlich um den besten Roten Teufel aller Zeiten, um Fritz Walter, und sein berühmtes Hackentor von Leipzig.

Am 6. Oktober 1956 traf der FCK in Leipzig auf Wismut Karl-Marx-Stadt, das eigentlich Wismut Aue hieß und aus politischen Gründen kurzzeitig umbenannt wurde. Mehr als 100.000 Zuschauer verfolgten das erste Freundschaftsspiel einer westdeutschen Mannschaft in der DDR live im Leipziger Zentralstadion, dass erst zwei Monate zuvor eröffnete. Gut informierte Augenzeugen sprechen sogar von bis zu 120.000 Menschen. Mehr Zuschauer hat es bei einem Fußballspiel auf deutschem Boden nie gegeben. Die Begegnung entschied der FCK mit 5:3 für sich, doch das war am Ende Nebensache. Alle Welt sprach über den Treffer Fritz Walters, der das Leder mit einer Art Hechtsprung horizontal in der Luft liegend mit der Hacke ins Gehäuse beförderte. Wismut-Keeper Steinbach hatte bei der Bogenlampe das Nachsehen.

Ein Sensationstor, das heute Legendenstatus genießt. Und das war kein Zufallsprodukt! Der ehemalige FCK-Spieler Gerhard Ahrens erinnerte sich in seinem Buch *Mythos Fritz Walter* an um die zehn Tore dieser Art, die der Nationalmannschaftskapitän so erzielt hat. Und Walter selbst schrieb in seinem Fußballlehrbuch *So habe ich's gemacht ...* in den 1960er-Jahren: »Dass es ein Tor wurde, war (...) Glück. Dass ich in dieser Situation aber überhaupt an den Ball kam und ihn traf, das war kein Glück.«

Heute sucht die Jugend im Internet nach den schönsten Treffern von Messi, Ibrahimović und Co., aber nicht nach dem Jahrhunderttor von Fritz Walter. Das hat einen bestimmten Grund und ist gleichzeitig auch Teil der Legendenbildung rund um den »Hacken-Vorzieher«: Es existiert kein Filmmaterial von dem Treffer, obwohl das DDR-Fernsehen damals live aus Leipzig übertrug. Nur wenige Fotos sind erhalten, eines schoss der Reporter Hans-Peter Beyer und kassierte dafür angeblich 23 Mark. Auch der Dresdner Werner Jenke drückte hinter dem Tor im richtigen Moment auf den Auslöser – einen Abzug schickte er persönlich an Fritz Walter, der sich dafür artig per Brief bedankte.

So aber wird die offizielle Ehre, das »Jahrhunderttor« geschossen zu haben, anderen zuteil. Das »FIFA-WM-Tor des Jahrhunderts« erzielte zum Beispiel Diego Maradona mit seinem Solo-Lauf gegen England bei der Weltmeisterschaft 1986 in Mexiko. Und die Wahl der ARD-*Sportschau*-Zuschauer fiel auf den Fallrückzieher von Klaus Fischer 1977 im Länderspiel gegen die Schweiz. Doch Achtung: Hier standen nur die bereits zuvor ausgezeichneten »Tore des

Jahres« zur Wahl – und diese Auszeichnung führte die ARD erst 1971 ein. Nicht nur deswegen wissen also alle FCK-Fans, wer der eigentliche Schütze des »Jahrhunderttors« ist – unser Fritz.

GRUND 60

Weil der FCK maßgeblich an der EURO 1996 beteiligt war

1996 wurde die Nationalmannschaft in England Europameister – bis heute ist es der letzte EM-Titel einer deutschen Auswahl. Damals in den Reihen der siegreichen Truppe von Bundestrainer Berti Vogts: der saarländische Ur-Lauterer Stefan Kuntz, den es aber im Jahr vor der EURO in die Türkei zu Beşiktaş Istanbul gezogen hatte. Doch nicht nur Kuntz war wegen seines Treffers im Halbfinale gegen den Gastgeber eine der prägenden Figuren des Turniers – auch einige andere Spieler mit FCK-Bezug sollten sich im Mutterland des Fußballs in den Mittelpunkt spielen.

Allen voran sind da natürlich die Tschechen zu nennen: Sensationell erreichte die Mannschaft von Coach Dušan Uhrin das Endspiel, in dem sie nur knapp der favorisierten deutschen Elf unterlag – nämlich in der Verlängerung durch das erste Golden Goal der Geschichte. Der Drehschuss von Matchwinner Oliver Bierhoff erwischte Petr Kouba im Tor der Tschechen auf dem falschen Fuß. Kouba wechselte 1997 in die Pfalz, hatte hier aber nur Pech und absolvierte nicht ein einziges Pflichtspiel für den 1. FC Kaiserslautern. Traurige Berühmtheit erlangte er dadurch, unabsichtlich zu einem der ersten Doping-Sünder der Bundesligageschichte geworden zu sein: Nach der Behandlung eines Knorpelschadens wurde ihm das Mittel Megagrisevit mono verabreicht, das als Bestandteil ein anaboles Steroid aufweist. Es folgten die Selbstanzeige und vier Wochen Sperre. Dumm gelaufen.

Besser erging es da den anderen beiden Endspiel-Tschechen mit FCK-Vergangenheit: Miroslav Kadlec und Pavel Kuka. Beide gehörten jahrelang zu den Publikumslieblingen auf dem Betzenberg, vergossen Tränen und sammelten Titel. Im Finale gegen Sammer, Köpke und Co. hatten sie allerdings das Nachsehen. So nebenbei: Pavel Kuka hat in fünf Saisons beim FCK eine herausragende Torquote aufzuweisen: In 118 Spielen traf er ganze 53-mal!

Außerdem nahmen noch drei weitere Bald-Lauterer an der EURO 1996 teil: Michael Schjønberg bestritt für Dänemark zwei Vorrundenspiele und kam zur darauffolgenden Saison nach Kaiserslautern – ewig in Erinnerung bleibt sein Kopfballtor am ersten Spieltag der Meistersaison 1997/98 in München. Bei Frankreich spielte Youri Djorkaeff ein ganz starkes Turnier und bestritt alle Partien, musste aber mit seiner Équipe Tricolore im Halbfinale gegen Tschechien die Segel streichen. Djorkaeff wechselte 1999 zum FCK und galt zunächst als Wunderwaffe – allerdings ohne Happy End. Und dann war da noch Ciriaco Sforza, der 1996 zur Abwechslung gerade einmal nicht in Kaiserslautern unter Vertrag stand, sondern seine Ciabatta-Brötchen bei Inter Mailand verdiente.

Übrigens spielte Kaiserslautern schon in der Qualifikation zur Endrunde eine nicht unwesentliche Rolle: Im Dezember 1994 siegte die deutsche Auswahl auf dem Betzenberg nur knapp mit 2:1 gegen Albanien – was damals beinahe einer Blamage gleichkam. Torschütze für die Gäste war übrigens ein gewisser Altin Rraklli – und der stieg drei Jahre später mit Hertha BSC Seit' an Seit' mit den Lauteren in die erste Bundesliga auf. Ein Tor allerdings, das gelang ihm im Fritz-Walter-Stadion danach nie wieder.

GRUND 61

Weil sich FCK und KFC auf und neben dem Platz super verstanden haben

Fanfreundschaften entstehen wenn, dann ja meist auf nationaler Ebene – weil man sich meist im Ligabetrieb regelmäßig gegenübersteht und die Möglichkeit da ist, aus Bekanntschaften langsam, aber sicher Freundschaften werden zu lassen. Dass manchmal aber schon ein einziges Treffen ausreicht, um innige Bande zu schließen, zeigt das Beispiel Kilmarnock FC. Die Schotten qualifizierten sich 1999 über die nationale Fair-Play-Wertung für den UEFA-Cup und trafen in der ersten Runde auf den 1. FC Kaiserslautern. Die Lauterer gewannen doppelt – das sportliche Messen auf dem Feld und neue Freunde neben dem Platz.

Schon vor dem Anpfiff des Hinspiels wurde deutlich, dass es sich bei den rund 800 in die Pfalz gereisten Anhängern aus Kilmarnock um ein sehr sympathisches Grüppchen handelte. Die Schotten tranken in bekannter Manier zunächst die halbe Lauterer Altstadt leer, um sich danach mit einigen FCK-Fans zu verbrüdern und gemeinsam singend und feiernd zum Stadion zu marschieren. Während der 90 Minuten, die die Roten Teufel problemlos mit 3:0 für sich entschieden, sangen die Gäste beinahe pausenlos ihren Gassenhauer *We're here 'cos we love Killie* – beeindruckend sogar für die treuen und lautstarken Fans in der Lauterer Westkurve.

Die Kneipiers in der Innenstadt nutzten die Spielzeit, um ihre Biervorräte wieder aufzufüllen, denn auch nach der Partie zogen Lauterer und Schotten noch gemeinsam um die Häuser – selten war die Atmosphäre bei einem Spiel zwischen einer deutschen und einer britischen Mannschaft derart friedlich! Klar, dass beim Gegenbesuch zwei Wochen später in Schottland längst nicht mehr nur der sportliche Erfolg im Mittelpunkt stand. Bis dahin waren bereits Fanfreundschaftsschals gedruckt, und auch Kilmarnock präsentierte sich gegenüber seinen deutschen Gästen von der besten Seite. Endstand übrigens: 2:0 für den FCK.

Seitdem finden zwischen einzelnen Gruppen beider Fanlager immer wieder gegenseitige Besuche statt, obwohl sich die Profimannschaften nie wieder in einem Pflichtspiel gegenüberstanden. Stattdessen unterstützten die Kilmarnocker das FCK-Team etwa bei den historischen Spielen 2006 in Wolfsburg und vor allem 2008 gegen Köln, als der Nichtabstieg in die dritte Liga auf den letzten Drücker gerade noch so verhindert wurde.

Über 30 Fans aus Schottland halfen mit, die Roten Teufel zum Klassenerhalt zu schreien. Fantastischer Support und starker Zusammenhalt zwischen beiden Teams – hoffentlich nicht zum letzten Mal. Und irgendwann gerne auch mal wieder in der Europa League.

GRUND 62

Weil der FCK viele Nationalspieler geformt hat

Wirft man heutzutage einen Blick auf den Kader der deutschen Nationalmannschaft, könnte man diese schon fast in »FC-Bayern-München-Nationalmannschaft« umbenennen. Der Rekordmeister stellt seit Jahren die meisten Nationalspieler ab. Doch nicht nur die großen Bayern haben den deutschen Fußball geprägt, auch der FCK hat schon so manchen Nationalspieler hervorgebracht. Alle zu nennen würde an dieser Stelle den Rahmen sprengen. Deshalb hier nur einige Beispiele.

Als Erstes wären da natürlich unsere fünf Helden von Bern. Fritz Walter, Ottmar Walter, Werner Liebrich, Werner Kohlmeyer und Horst Eckel wurden 1954 sensationell Weltmeister. Sie prägten das Spiel der Mannschaft Sepp Herbergers entscheidend. Ohne das Lauterer Gerüst wäre der Titel nicht möglich gewesen.

Unvergessen bleibt auch Andreas Brehme. Er spielte gleich zweimal in Kaiserslautern, trug das FCK-Trikot insgesamt zehn Jahre lang. Sein wohl größter Erfolg war der Gewinn der Weltmeisterschaft 1990 in Italien. Im Finale schoss er Deutschland per Elfmeter zum 1:0-Sieg über Argentinien – Lothar Matthäus' kaputtem Glücksschuh sei Dank. Nur so durfte Brehme überhaupt erst antreten.

Deutschland verdankt dem FCK auch seinen Capitano Michael Ballack. Unter Trainer Otto Rehhagel gab Ballack 1997 sein Bundesligadebüt. Das war der Grundstein zu einer großen Karriere. Fast 100 Länderspiele stehen auf seinem Konto, 2002 wurde er Vize-Weltmeister, 2008 Vize-Europameister. 2006 führte er die Nationalmannschaft bei der WM im eigenen Land als Kapitän zum beinahe perfekten Sommermärchen.

Auch Vollblutstürmer Stefan Kuntz reifte in Kaiserslautern zum Nationalspieler. Bei der Europameisterschaft 1996 in England, die für Deutschland mit dem Titelgewinn endete, war er eine feste Größe des Teams.

Nach Fritz Walter ist jener sicherlich der bedeutendste FCK-Spieler, der je das Nationaltrikot getragen hat: Miroslav Klose. Seine Profikarriere begann der bescheidene Miro auf dem Betzenberg. Schnell wurde klar, dass der Junge weiß, wo das Tor steht. 1999 kam er zum FCK. Ab da ging es steil bergauf mit seiner Karriere. Heute blickt Miro Klose auf eine mehr als erfolgreiche Karriere zurück und gehört zu den erfolgreichsten deutschen Fußballspielern aller Zeiten. Der Stürmer erzielte sagenhafte 71 Länderspiel-Tore für die Nationalelf und somit zwei mehr als der »Bomber der Nation« Gerd Müller. Mit 137 Einsätzen steht Klose außerdem hinter Matthäus auf Platz zwei der Rekordspieler seines Landes.

2008 scheiterten Klose und seine Kollegen bei der EM erst im Finale an Spanien. 2002 wurde Miro Vizeweltmeister. Bei den Weltmeisterschaften 2006 und 2010 jeweils Dritter und als Höhepunkt konnte sich Klose 2014 mit der Nationalmannschaft den WM-Titel schnappen. Bei seinem letzten großen Turnier erzielte Miroslav Klose außerdem noch zwei Tore und konnte so den Brasilianer Ronaldo als Führenden der ewigen WM-Torschützenliste beerben.

GRUND 63

Weil es nicht nur an der Weser Europapokalwunder gibt

Wenn es eine Hitliste der, sagen wir, am häufigsten verwendeten Phrasen bei Europapokalübertragungen des ZDF geben würde, dann wäre »Das Wunder von der Weser« sicher ganz vorne mit dabei. Erstmals machte der Ausdruck im November 1987 die Runde, als Werder Bremen trotz einer 1:4-Niederlage bei Spartak Moskau mit einem 6:2 im Rückspiel noch das Achtelfinale des UEFA-Cups erreichte – und er sollte noch viele Male gebraucht werden. Doch Europapokalwunder gibt es nicht nur in Deutschlands kleinstem Stadtstaat, sondern auch in der Pfalz: Etwa im November 1999, als der FCK gegen Tottenham Hotspur schon wie der sichere Verlierer aussah.

»Die hier in der Westkurve glauben nicht mehr, dass ihr FCK dieses Spiel noch rumreißen kann«, kommentierte ZDF-Reporter Thomas Wark am 4. November 1999 im ZDF SPORT*extra* in der 88. Minute des Rückspiels auf dem Betzenberg. Er sollte sich ziemlich täuschen. Doch der Reihe nach: Nach dem lockeren Erstrundenspiel gegen die Schotten vom Kilmarnock FC erwischte der 1. FC Kaiserslautern in der zweiten Runde ein echtes Hammerlos: Es wartete der englische Spitzenclub Tottenham Hotspur mit dem späteren Lauterer Steffen Freund. Das Hinspiel in London verloren die Roten Teufel durch ein Elfmeter-Gegentor unglücklich mit 0:1 – eigentlich aber ein Ergebnis, mit dem man als Auswärtsteam leben kann.

Doch im Rückspiel kam der FCK trotz sehr offensiver Ausrichtung nur selten gefährlich vor das gegnerische Gehäuse – es dauerte bis zur in Kaiserslautern berühmt-berüchtigten Nachspielzeit, bis Thomas Warks Abgesang auf den Deutschen Meister von 1998 widerlegt werden sollte. Denn dann kam Youri Djorkaeff: Wir schreiben die 91. Minute, drei Minuten Nachspielzeit sind angezeigt, noch immer steht es 0:0. Der französische Weltmeister schnappt sich 35 Meter vor dem Tor den Ball, dribbelt durch die halbe Londoner Abwehr und steckt den Ball zu Andreas Buck durch, der schießt – 1:0! »Ich hab nicht mehr daran geglaubt«, ruft Wark, als doch noch die Verlängerung winkt. Die leichte Abseitsposition von Buck – egal.

Doch die Lauterer haben kaum noch eine Defensive auf dem Feld. Coach Otto Rehhagel hatte in der Schlussphase offensiv gewechselt, mit Hany Ramzy und Michael Schjønberg gleich zwei Verteidiger durch Angreifer ersetzt. Wie sollte der FCK eine 30-minütige Verlängerung ohne Gegentreffer überstehen? Die Lösung: Gar nicht! »Jetzt tobt der Betzenberg wieder, der vorher schon fast leer und ausgestorben wirkte«, berichtet Wark, und keine Minute nach dem Führungstreffer geht Djorkaeff wieder auf Reisen, legt erneut zu Buck, der passt in die Mitte und findet das Bein von Tottenham-Verteidiger Stephan Carr – 2:0! Thomas Wark am Mikrofon und Otto Rehhagel an der Bande rasten komplett aus. Spätestens jetzt sind alle FCK-Fans, die das Stadion bereits voreilig verlassen hatten, wieder zurück, bekommen gerade noch den Jubel über das entscheidende zweite Tor mit.

Kurz darauf pfeift der spanische Schiedsrichter Juan Ansuategui Roca die Begegnung ab, der FCK steht in der dritten Runde, wo dann leider die Endstation RC Lens heißt. Das Zweitrunden-Rückspiel gegen Tottenham aber, das werden alle FCK-Fans wohl nie vergessen – es war sozusagen das »Wunder von der Lauter«.

GRUND 64

Weil das Scouting-System beim FCK sympathisch fehlbar ist

Was haben sich manche Vereine nicht schon für Stars durch die Lappen gehen lassen! Frankreichs Fußballlegende Michel Platini etwa war den Verantwortlichen beim 1. FC Saarbrücken Mitte der 1970er-Jahre zu schmächtig, der blutjunge Brasilianer Ronaldo dem sparsamen VfB Stuttgart im Jahr 1994 zu teuer. Und Andrij Schewtschenko fiel gleich bei Werder Bremen *und* dem 1. FC Köln durch den Eignungstest. Kapitale Fehleinschätzungen, vor denen auch der FCK nicht gefeilt war – glücklicherweise nicht in dieser Größenordnung, sondern ein bis zwei Nummern kleiner. Drei Beispiele für die kreative Arbeit (oder Nichtarbeit?) der Lauterer Scouting-Abteilung in den 2000er-Jahren.

Etwa im Sommer 2003: Ciriaco Sforza fiel mit einem Achillessehnenriss monatelang aus. Also begab sich die Lauterer Führungsriege auf die Suche nach Ersatz und stieß dabei auf den Argentinier Esteban Cambiasso, der bei Real Madrid auf der Verkaufsliste stand. Zwei Millionen Euro verlangten die Spanier dem Vernehmen nach, zudem sollte ein Rückkaufsrecht vereinbart werden – heute eine gängige Praxis. Die Lauterer allerdings waren schon damals sehr knapp bei Kasse, schienen das Riesenpotenzial des Mittelfeldakteurs nicht erkannt zu haben und zögerten. Ein Fehler, Real sagte ab, Cambiasso wechselte ein Jahr später zu Inter Mailand. In seiner Bilanz stehen neben rund 315 Partien in der Serie A auch glatte 50 Länderspiele für Argentinien (Stand: Januar 2015). Bei den Roten Teufeln biss man sich in den Allerwertesten – galt Cambiasso unter Experten doch schon damals als zukünftiger Weltstar.

Vielleicht, aber nur vielleicht, hat ja auch der abgebende Verein eine Rolle beim unerklärlichen Zögern der Pfälzer gespielt. Schließlich hatte der FCK eineinhalb Jahre zuvor schon einmal beim Madrider Winterschlussverkauf zugeschlagen. Von der spanischen Resterampe wechselte Perica Ognjenović nach Kaiserslautern – und kam auf ganze zwei Einsätze. So etwas wie die späte Rache der Madrilenen für die 0:5-Schmach im UEFA-Cup von 1982? Merke: Nur, weil der Name »Real Madrid« in der Transferhistorie eines Spielers auftaucht, muss dieser noch lange nicht königliches Format besitzen. 46 Bundesligaminuten reichten aus, um die Nicht-Tauglichkeit des Serben zu erkennen.

Ein wenig länger dauerte es bei Azar Karadaş, der 2006 zugegeben »nur« Zweitklassigkeit unter Beweis zu stellen hatte. Aber auch das klappte nicht so wirklich, womöglich weil er monatelang auf der falschen Position eingesetzt wurde. Karadaş kam vom portugiesischen Spitzenclub Benfica Lissabon auf Leihbasis in die Pfalz, wo er als norwegischer Nationalstürmer den Angriff beleben sollte. Mitte der Saison verkündete Trainer Wolfgang Wolf wegen akuter Personalnot, dass Karadas von nun an als Innenverteidiger eingesetzt werde und diese Position in der Vergangenheit bereits regelmäßig gespielt habe. Was denn nun, Stürmer oder Verteidiger? Als Stefan Kuntz im Meisterjahr 1991 plötzlich als Libero auflief, hat das funktioniert – als Abwehrmann Azar Karadaş im Sturm der Roten Teufel herumirrte leider nicht. Die magere Bilanz: ein Tor in elf Einsätzen. Heute gilt er als einer der größten Fehleinkäufe der Ära Wolf. Ein Trost: Er war sicherlich nicht der einzige.

7. KAPITEL

WIR HABEN HERZBLUT!

**DIE FCK-FANS
SIND DIE SEELE DES VEREINS.
OHNE SIE LÄUFT NICHTS!**

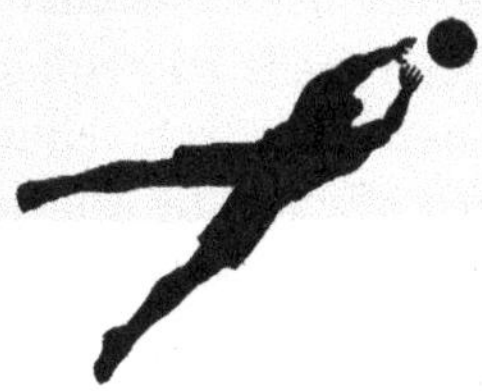

GRUND 65

Weil die Fans in Kaiserslautern »wilde Tiere« sind

Was wurde nicht schon alles geschrieben über den FCK, sein ruhmreiches Fritz-Walter-Stadion und seine frenetischen Fans. Wenn die Gegner vor einem Gastspiel in Kaiserslautern von »großem Respekt vor der Kulisse« sprechen, ist das nichts Außergewöhnliches, sondern Normalität. Selbst die Spieler und Trainer, die zuvor noch nie einen Fuß auf den heiligen Berg gesetzt haben, scheinen ganz genau zu wissen, was sie auf dem Betze erwartet.

Besonders hitzig und emotional ist die Stimmung bei Spielen gegen besondere Gegner. Waldhof Mannheim, Mainz 05, Eintracht Frankfurt, der Karlsruher SC oder der 1. FC Saarbrücken wären da an dieser Stelle zu nennen. Doch am lautesten sind die Pfiffe auf dem Betzenberg schon immer, wenn der Rekordmeister kommt: die Bayern. Warum die Abneigung des Lauterer Publikums gerade den Bayern gegenüber so groß ist? Das hat mehrere Gründe.

Auf der einen Seite stehen die einfachen Pfälzer Arbeiter in der Westkurve, auf der anderen Seite sitzt die noble Münchner Schickeria in der Loge. Bayern München steht für die Fans, nicht nur in Kaiserslautern seit jeher für Überheblichkeit, Arroganz und Kommerz. Besonders einer bekommt stets sein Fett weg: Der ehemalige Bayern-Manager und heutige Präsident Uli Hoeneß. Für viele ist er der Inbegriff der Überheblichkeit. Der, der, mit seiner großen Geldbörse wedelnd, den kleineren Vereinen der Liga die guten Spieler wegkauft. Die einen sprechen von Kommerz, die anderen von Wettbewerb.

Standesgemäß schlägt dem FC Bayern in Kaiserslautern also eine große Antipathie entgegen. Das beginnt nicht erst mit Anpfiff des Spiels und endet auch nicht mit dem Schlusspfiff. Am 16. März 2002 ist es mal wieder so weit. Der FCK empfängt Bayern München im

Fritz-Walter-Stadion. Ausverkauftes Haus. Die Stimmung kocht. Bereits im Vorfeld hatte es einige Verbalattacken gegeben. Unter anderem hatte der damalige rheinland-pfälzische Ministerpräsident Kurt Beck gegen das Engagement der Telekom bei den Bayern gepoltert. Der Deal mit dem Telekommunikationsunternehmen versprach den Bayern bis 2008 zusätzliche Einnahmen von geschätzten 120 Millionen Euro. Der bekennende FCK-Fan Kurt Beck sprach in einem Interview mit Faz.net von »Wettbewerbsverzerrung«.[29] Das hörte man bei den Bayern natürlich gar nicht gerne. Hoeneß kommentierte mit den Worten: »Politiker sollten sich aus der Wirtschaft raushalten. Die haben sowieso keine Ahnung.«[30] Es war also schon vor der Beginn ordentlich Feuer in der Partie.

Die sportliche Geschichte des Spiels ist schnell erzählt. In einem eher mäßigen Kick trennen sich die Roten Teufel und der FCB 0:0. Höhepunkt ist ein Foulelfmeter von Mario Basler in der ersten Halbzeit, den Bayern-Keeper Oliver Kahn parieren kann. Es ist kein Spiel für Fans von feiner Technik, sondern eher eins für Freunde von englischer Härte. Vor allem die FCK-Spieler scheinen sich von der hitzigen Atmosphäre auf dem Betzenberg anstecken zu lassen. Es folgt ein Foul nach dem anderen. Die Zuschauer pfeifen Schiedsrichter Torsten Koop bei jeder Entscheidung gegen den FCK gnadenlos aus. FCK-Trainer Andy Brehme trägt seinen Teil dazu bei, steht permanent an der Bande und gestikuliert wild in Richtung des Schiedsrichters. Irgendwann reicht es Uli Hoeneß, der zu dieser Zeit noch alle Spiele seiner Mannschaft von der Bank aus verfolgt. Er springt auf und spurtet fluchend auf den Lauterer Trainer und Ex-Bayern-Spieler Brehme zu. »Ich habe ihm gesagt, dass er sich zurückhalten soll.« Was er ihm wörtlich entgegengebrüllt hat, ist leider nicht überliefert.

Doch diese Szene wurde mehrfach von der SAT.1-Fußballsendung *ran* in der Rubrik »Funny Dubbings« synchronisiert. Dabei unterhalten sich Hoeneß und Brehme mal übers Wetter, mal über das Eiersuchen an Ostern. Herrlich!

Aber zurück zum Spiel. Es hagelt Gelbe Karten. Auf beiden Seiten jeweils drei Stück. Der Lauterer Grammozis sieht sogar Gelb-Rot. Selbst der sonst eher handzahme Ratinho schrammt nur haarscharf an einem Platzverweis vorbei. Für die Roten Teufel war das die normale Gangart bei einem Spiel gegen den haushohen Favoriten aus München. Für das Publikum genau das, was es auf dem Betzenberg sehen will. Kampf und Leidenschaft.

Der Fan-Hass auf die Bayern entlädt sich auch noch nach dem Spiel. Thorsten Fink bekommt auf dem Weg zum Mannschaftsbus eine unfreiwillige Bierdusche. Bei der Abfahrt vom Betzenberg wird der Bayern-Bus bespuckt und mit Schlägen traktiert, als er sich seinen Weg durch die Fanmassen bahnt. Im Anschluss an dieses denkwürdige Spiel folgt eine der wohl berühmtesten Hoeneß-Aussagen: »Was in Kaiserslautern in der ersten Halbzeit los war, war unerträglich. Die Verantwortlichen beim FCK müssen aufpassen. Wenn sie das nicht in den Griff kriegen, wird das im Chaos enden. Dann braucht sich keiner wundern, wenn irgendwann einmal 5.000 Leute auf den Platz rennen. Die Zuschauer benehmen sich teilweise wie Tiere.«[31] Rumms! Mit einem Schlag hatte sich Hoeneß auf der Unbeliebtheitsskala ins Unendliche katapultiert. Viele FCK-Fans nehmen ihm vor allem diese Aussage auch heute noch übel. Monate später folgte eine Entschuldigung im *kicker*. Hoeneß beteuert, dass die Mehrheit des Lauterer Publikums zweifellos »vernünftige Menschen« seien.

Wilde Tiere hin oder her, dieses Spiel und die Reaktionen darauf zeigen eines mal wieder ganz deutlich: In Kaiserslautern wird der Fußball gelebt! Die Fans versuchen alles, um ihren FCK zu unterstützen. Mit ihrer Leidenschaft können sie in gewissen Situationen den Unterschied ausmachen, der über Sieg oder Niederlage entscheidet. Und seien wir mal ehrlich – was wäre der Fußball, vor allem in Kaiserslautern, ohne Emotionen und Leidenschaft?

GRUND 66

Weil wir eine Fanfreundschaft mit dem richtigen Verein aus München haben

In Zeiten, in denen der Kommerz das Fußballgeschäft diktiert, in denen Stadien alle paar Jahre ihren Namen wechseln und Vereinstreue ein Fremdwort geworden scheint, da wirken Freundschaften zwischen Fans verschiedener Vereine beinahe ein bisschen anachronistisch. Die Lauterer hatten in den 1980er- und 1990er-Jahren einige davon, etwa zu den Anhängern von Werder Bremen und auch zu denen von Wattenscheid 09. Aber die einzige Fanfreundschaft, die ins neue Jahrtausend gerettet wurde, die besteht zu den Fans vom TSV 1860 München.

Wie es dazu kam, dass sich Kaiserslauterer und Sechziger-Fans lange Zeit so blendend verstanden, obwohl ihre Vereine einige Zeit auch in derselben Liga um Punkte kämpften, darüber gibt es viele Geschichten. Eine besagt, die Fanfreundschaft entstand im Jahr 1984, als beim Aufstiegsspiel zwischen dem FC Homburg und dem TSV 1860 München Homburger Hooligans die Gästefans angriffen – woraufhin Lauterer Anhänger die Löwen verteidigten. In anderen Quellen heißt es, erst in der Saison 1994/95, als die Sechziger nach langer Abstinenz wieder in die erste Bundesliga zurückkehrten, habe sich die Freundschaft so richtig manifestiert. Denn eigentlich verband die Löwen damals auch eine große Sympathie mit den Anhängern von Borussia Dortmund. Und wiederum andere erklären sich die Freundschaft mit den Löwen aus den Gemeinsamkeiten, die sich die beiden Clubs teilen: Volkstümlichkeit, Bodenständigkeit – und mit dem FC Bayern ein gemeinsamer Erzfeind.

Wo auch immer der Ursprung der Fanfreundschaft liegt, es ist schon beeindruckend, wenn im Gästeblock eines Spiels der Löwen in Mainz beinahe so viele Lautern-Schals zu sehen sind wie blau-weiße Fahnen. Und andersrum ist es sensationell, wenn der FCK bei Auswärtsfahrten in Augsburg, Regensburg oder Burghausen von frenetisch jubelnden Münchnern angefeuert wird. Natürlich ist aber auch an dieser Fanfreundschaft die Zeit nicht spurlos vorübergegangen und natürlich lebte sie auch von persönlichen Sympathien zwischen einzelnen Fans, die im Laufe der Jahre merklich abgekühlt sind. Aber dennoch verbindet den FCK mit den Löwen ein besonderes Band (das sich derzeit allerdings leider nicht mehr in Form eines offiziellen Freundschaftsschals ausdrückt).

Umso wichtiger ist es, dass sich Organisationen wie die Lauterer Faninitiative »Jetzt erst recht« und andere Fanclubs um die Freundschaft bemühen, sich aktiv zu den alten Kumpels aus der bayerischen Landeshauptstadt bekennen. Denn die Löwen sind ein Kultverein, der wie der FCK auch in die erste Bundesliga gehört – selbst in Zeiten, in denen das Ölgeld in München den Ton angibt und die 1860-Ultras kein gesteigertes Interesse mehr an einer Partnerschaft zeigen. Die meisten Fans der Sechziger wird das jedoch nicht verändern, und das ist auch gut so, denn: Tradition verbindet – Sechzig und der FCK!

GRUND 67

Weil beim FCK auch die Fans mal ein Spiel gewinnen

Es ist ja beileibe kein Geheimnis mehr, dass die Fans des 1. FC Kaiserslautern, na, sagen wir mal, speziell sind. Sie werden vom Gegner gehasst, gefürchtet und respektiert zugleich. Seit sich der FCK mehr und mehr zu einer Fahrstuhlmannschaft entwickelt hat und zwischen der ersten, der zweiten und mittlerweile sogar der dritten Liga pendelt, hat der Betzenberg zwar ein wenig an Mythos verloren. Doch noch immer haben die meisten Mannschaften bei ihren Gastspielen in Kaiserslautern ordentlich die Hosen voll. Zu Recht!

Das liegt zum einen natürlich an der Spielweise der Roten Teufel. In den Hochzeiten der 1950er- und 1970er-Jahre schaffte es kaum eine Mannschaft, Punkte aus Kaiserslautern zu entführen. Zu Hause spielt der FCK traditionell groß auf, gleicht technische oder spielerische Defizite mit unbändigem Kampf und Leidenschaft aus. Zum anderen, und das ist der entscheidende Faktor, liegt das jedoch am Publikum. Die Fans in Kaiserslautern sind spezialisiert darauf, auch noch die letzte kleine Reserve aus ihren Spielern herauszukitzeln.

Angepeitscht von der tobenden Westkurve, wird dann auch der in die Jahre gekommene Altprofi zum jungen Hüpfer und läuft die 100 Meter in unter zehn Sekunden, wenn es denn sein muss. Den Torhütern wachsen die Arme, wenn sie sich nach einem Schuss strecken, und die Stürmer dribbeln sich durch die halbe gegnerische Mannschaft auf dem Weg zum Tor. Diese spezielle Betze-Atmosphäre geht sogar so weit, dass auch die Fans mal ein Spiel gewinnen.

Das Publikum in Lautern hat ein ganz feines Gespür dafür, wann es gebraucht wird. Wenn es bei den Roten Teufeln mal nicht läuft, gewinnen eben die Fans das Spiel für ihre Mannschaft. In den entscheidenden Momenten ist die Kulisse voll da. Jede noch so kleine, gute Aktion der eigenen Mannschaft wird dann bejubelt wie der Gewinn der Deutschen Meisterschaft. Der Gegner wird allein schon beim Gedanken an eine Ballberührung mit der Lautstärke eines Orkans aus dem Stadion gepfiffen. Die Rentner in der ersten Reihe benutzen ihre Regenschirme, um den Gegner beim Einwurf zu ärgern, falls die Balljungen zuvor überhaupt einen Ball rausgerückt haben.

Der Schiedsrichter entscheidet gegen den FCK? Nicht mit dem Publikum. Dann wird er eben so lange bearbeitet, bis auch ihm nichts anderes übrig bleibt, als die Pfeife bei den zahlreichen Grätschen der Teufel stumm zu lassen. Elfmeter für den FCK gibt es in solchen Momenten dann auch gerne mal, wenn das Foul gar kein Foul war oder weit weg vom Strafraum stattfand. Und überhaupt, gespielt wird gefälligst so lange, bis der FCK gewonnen hat. Vier bis fünf Minuten Nachspielzeit sind auf dem Betzenberg keine Seltenheit.

Wichtig ist, dass der viel zitierte Funke von der Mannschaft auf dem Feld zu den Zuschauern auf den Rängen überspringt. Dann ist im Fritz-Walter-Stadion alles möglich. Das haben Siege über eigentlich haushoch überlegene Mannschaften wie den FC Barcelona oder Bayern München eindrucksvoll gezeigt.

GRUND 68

Weil beim FCK selbst US-Amerikaner zu Fußballfans werden

An und für sich sind Amerikaner sehr sportbegeisterte Menschen – solange die Sportarten American Football, Eishockey, Baseball oder Basketball heißen. Allesamt Disziplinen, die sich in ihren nordamerikanischen Profiligen durch ein gewisses Maß an Entertainment und einen Eventcharakter auszeichnen, den Fußball in Europa so ganz sicher nicht zu bieten hat. Dem Vernehmen (und regelmäßigen »Studien« der FIFA) nach steigt zwar die Popularität des Fußballs in den USA stetig an, doch bekommt man davon hierzulande wenig mit. Lediglich dann, wenn FIFA-Präsident Joseph Blatter mal wieder vorschlägt, die Halbzeitpause zu verlängern oder Werbeunterbrechungen während der 90 Minuten einzuführen. Die US-Werbetreibenden und -Zuschauer würden es ihm wohl danken.

Dass amerikanischer Fußball nicht mal dann wirklich erfolgreich ist, wenn Deutsche (siehe: Klinsmann, Jürgen) als Nationaltrainer angeheuert werden, zeigt das aktuelle Bild der US-Nationalmannschaft. Vielleicht auch ein Mitgrund: die mangelhaften Geografiekenntnisse des ein oder anderen (O-Ton eines Hostel-Besitzers in San Diego: »Oh, I love German Soccer – van Basten was great!«). Nein, erst wenn die Amis nach Deutschland kommen, lernen sie richtig, was Fußball als Sportart und als gesellschaftliches Element für die Menschen in Europa bedeuten kann – zum Beispiel in Kaiserslautern.

In Stadt und Umkreis leben nach wie vor Zehntausende Amerikaner; zumeist Angehörige der zivilen oder militärischen Streitkräfte, die in der Pfalz stationiert sind und für einige Jahre in der Region bleiben. Das Militärkrankenhaus in Landstuhl, die Air Base in Ramstein, die unzähligen Kasernen in »K-Town« – neben Wiesbaden und Heidelberg ist die Westpfalz eine der letzten amerikanischen Militärbastionen auf deutschem Boden. Und die Kaiserslautern Military Community (KMC) ist nach wie vor eine der größten außerhalb der Vereinigten Staaten.

Die Stadt Kaiserslautern profitiert davon – zumindest was die Trinkgelder für die Gastronomie und die Einsatzfrequenz der Polizeistreifen anbelangt, wie böse Zunge behaupten. Tatsächlich profitiert aber auch der 1. FC Kaiserslautern, wo man mittlerweile das Potenzial erkannt hat, das die große Zahl sportbegeisterter Amis für den Club mit sich bringt. Gezielt wird um amerikanische Stadionbesucher geworben, und sogar die Stadionzeitschrift wird seit einigen Jahren zumindest teilweise auf Englisch veröffentlicht.

Mit so manchem Erfolg: Zumindest in Einzelfällen verlieren Amerikaner ihr Herz tatsächlich an den wechselhaft erfolgreichen Fußballclub – und nicht an die eigentlich »uramerikanischen« Vereine Kaiserslautern Pikes (Football), Kaiserslautern Bears (Baseball) oder Saar-Pfalz Braves (Basketball). So auch Chris, der Mitte der 2000er als junger GI und Nachbar des Autors [*Fabian Müller – Anm. d. Autoren*] nach Kaiserslautern zog. Als er zwei Jahre später wieder zurück in seine Heimat North Carolina musste, war ihm schnell klar, welche drei Dinge er am meisten an Deutschland vermissen werde: »German Autobahnen, Rollläden – und den Betzenberg.«

GRUND 69

Weil der FCK bis heute den Rekord der meisten Auswärtsfans stellt

Die Fans des 1. FC Kaiserslautern sind traditionell sehr reisefreudig. Bei Auswärtsspielen der Roten Teufel ist der Gästeblock stets gut gefüllt, so war das auch am 15. Juni 1991. Mit dem kleinen, aber feinen Unterschied, dass der Gästeblock in diesem Fall beinahe das komplette Müngersdorfer Stadion in Köln war. Unfassbare 40.000 Schlachtenbummler aus der Pfalz feierten ein Heimspiel am Rhein. Zum Glück für die Lauterer hatte man in Köln vergessen, den Kartenverkauf rechtzeitig zu reglementieren. Die 15.000 FC-Fans dürften an diesem Tag nicht schlecht gestaunt haben.

Natürlich war halb Kaiserslautern nicht ohne Grund in die Domstadt gereist. Das Spiel in Köln war das letzte der Saison 1990/91. Dem FCK fehlte lediglich ein Punkt zum Gewinn der Deutschen Meisterschaft. Am Spieltag zuvor hätten die Jungs von Trainer Karl-Heinz Feldkamp bereits auf dem heimischen Betzenberg alles klarmachen können. Doch Borussia Mönchengladbach mimte den Spielverderber und versaute die geplante Aufstiegssause durch einen 3:2-Auswärtssieg.

Wer damit gerechnet hatte, dass der FCK sich in Köln mit einem 0:0 begnügen würde, wurde bereits nach fünf Minuten eines Besseren belehrt. Marco Haber erzielte mit einem Distanzhammer das 1:0 für die Teufel. Bernhard Winkler legte in der 14. Minute das 2:0 nach. Bereits jetzt feierten die mitgereisten FCK-Fans eine höllisch heiße Meister-Party auf den Rängen des Müngersdorfer Stadions. Zwar traf Frank Ordenewitz in der 34. Minute per Elfmeter zum 1:2 für Köln, doch das war eigentlich nur Nebensache. Noch vor der Pause erhöhten abermals Winkler und Tom Dooley auf 4:1 für den FCK. Es war klar: Hier würde nichts mehr anbrennen. Der FCK war unaufhaltsam auf dem Weg zur dritten Meisterschaft der Vereinsgeschichte. Der ersten nach den glorreichen Jahren der Walter-Elf.

Kurz nach Wiederanpfiff erzielte Frank Greiner, der 1995 zum FCK wechseln sollte, das 2:4. Das interessierte zu diesem Zeitpunkt allerdings nur noch die Statistiker. Marco Haber mit seinem zweiten Tor und Markus Schupp sorgten für den 6:2-Endstand aus Lauterer Sicht. Als Schupp sein Tor in der 90. Minute erzielte, hielt die FCK-Fans schon lange nichts mehr auf ihren Plätzen. Sie hatten sich bereits rundherum um das Spielfeld versammelt. Szenen wie man sie eigentlich nur noch aus den Zeiten Fritz Walters kannte. Das Spiel stand deshalb sogar kurzzeitig vor einem Abbruch – das Relegationsspiel 2011/12 zwischen Düsseldorf und Hertha BSC lässt grüßen. Doch Schiedsrichter Manfred Harder behielt einen kühlen Kopf und ließ die Partie zu Ende spielen.

Was folgte, war eine riesengroße Party von Köln bis nach Kaiserslautern. Die 40.000 FCK-Fans im Stadion tanzten auf dem Rasen, daheim in der Pfalz mussten die Wirte auch wirklich das allerletzte Bierfass aus dem Keller holen, um den Durst der Menschen zu stillen. In Kaiserslautern ist das mit dem Fußball eben anders. Hier steht und fällt alles mit den Erfolgen des FCK. Eine ganze Region leidet und freut sich mit diesem Verein. Und wenn ebendieser Verein Deutscher Meister ist, dann ist die ganze Region Deutscher Meister. Hier wird das viel zitierte Wir-Gefühl gelebt!

40.000 Fans bei einem Auswärtsspiel in der Bundesliga – dieser Rekord besteht wohl für die Ewigkeit. Alle Fans, die an diesem Tag in Köln dabei waren, werden dieses außergewöhnliche Erlebnis ihr Leben lang nicht vergessen.

GRUND 70

Weil sogar ehemalige FCK-Hasser inzwischen dem Herzblut-Fieber verfallen sind

Ich bin eine Frau. Und ja, ich habe Herzblut. Wer mich kennt, der weiß, was diese Aussage bedeutet. Ich habe es geschafft, volle drei Jahre an einem Verkaufsstand in der Westkurve zu arbeiten, ohne auch nur einen Funken Interesse für diesen Sport oder diese Mannschaft zu entwickeln. Gegen wen der FCK spielte, erfuhr ich meistens erst nach den acht Stunden Arbeit auf dem Betzenberg – zu Hause, eher unfreiwillig.

Ja, ich weiß, es ist für echte Lauterer Fans unvorstellbar, dass man in seiner Pause lieber im Personalraum sitzt, als die wenigen Treppen hochzulaufen, um dort das Spiel zu verfolgen. Es war aber so, drei Jahre lang. Die meisten Fans empfand ich als verrückt, besoffen und ungehobelt. Die Spieler sind eindeutig überbezahlt. Und dann noch die ganzen Frauen, die ernsthaft mit ihren Männern dort waren? Da wäre mir aber sicher etwas Sinnvolleres eingefallen als Frau. Schlafen zum Beispiel.

Doch dann kam Sebastian. Niemals wollte ich einen Fußballfan als Freund. Und dann auch noch einen, der ständig auf den Betze rennt, mit seinen Freunden kaum ein anderes Thema hat und dazu noch einen FCK-Fanclub leitet? Oh Gott, *niemals*! Aber wo die Liebe hinfällt …

Ich konnte kein schlechtes Wort mehr über diesen Verein verlieren – dann gab es sofort Stress. Also musste ich mich wohl oder übel mit dieser Tatsache anfreunden. Ich kaufte also Betze-Hausschuhe für ihn oder lud Bezahlkarten auf und sicherte somit den Frieden zwischen uns.

Irgendwann wollte ich es dann aber doch wissen. Was genau machte diese Faszination aus? Warum ist Sebastian so wie Tausende andere so verrückt nach diesem Verein? Ich musste zwar ein wenig betteln, aber dann nahm er mich mit. Zum alles entscheidenden Spiel in der Saison 2012/13 – Relegation gegen Hoffenheim auf dem Betzenberg. So wie die ganzen anderen Frauen, die ich immer belächelt hatte, machte ich mich also mit ihm auf den Weg. Im Betze-Trikot; geliehen natürlich – ich hatte ja keins.

Und da standen wir dann. Mitten in der Westkurve. Sebastian, seine Kumpels – und ich. Ein bisschen fühlte ich mich wie eine Verräterin unter all diesen angespannten Fans. Auch während des Spiels fand ich etwas anderes viel interessanter als das Spiel selbst: die Fans. So viele Emotionen, so viel Einsatz in einer so wahnsinnigen Lautstärke. Als immer klarer wurde, dass der Aufstieg nicht mehr zu schaffen ist, wurden die Fans nicht ruhiger. Sie beschwerten sich nicht. Sie feuerten ihre Mannschaft einfach immer lauter und lauter an. Überwältigend! Das war also mit »Herzblut« und »Zwölfter Mann« gemeint. Irgendwann konnte ich nicht anders, ich musste einfach mitfiebern und mitsingen. So laut wie ich konnte. Sebastian grinste. Das muss wohl ein seltsames Bild gewesen sein.

Doch so richtig überzeugt von diesen Fans war ich eigentlich erst, als das Spiel aus war. Und klar war, dass der FCK mindestens für ein weiteres Jahr nicht in der ersten Bundesliga spielen wird. Aber es ging niemand. Alle standen sie da und sangen im Chor *You'll never walk alone*, während die Spieler niedergeschlagen ihre Runde um den Platz drehten. So viele unterschiedliche Menschen, Männer, Frauen, Rentner, Kinder. Und alle mit der gleichen Leidenschaft. Niemals hat mich etwas so berührt wie die Stimmung in dieser Fankurve in den Minuten nach dem Spiel. Plötzlich war ich den Tränen nahe. Ich! Beim Fußball! Und ich glaube, auch ohne Fachwissen über Fußball kann ich nun eindeutig sagen, dass wir der beste Verein sind. Denn solche Fans – die gibt es nur auf dem Betzenberg.

An dieser Stelle ein herzliches Dankeschön an die Gastautorin und langjährige FCK-Hasserin Lisa Weisbrod.

GRUND 71

Weil Rassismus beim FCK keinen Platz hat

Die Zeiten, in denen die Nazis in Deutschland das Sagen hatten, sind zum Glück schon lange vorbei. Leider gibt es aber auch noch heute einige Unverbesserliche, die den Fußball als Bühne für ihr braunes Gedankengut suchen. Diese Chaoten gibt es, wenn auch meist in unbedeutend kleinen Gruppen, beinahe in jeder Stadt eines Bundesligavereins. So natürlich auch in Kaiserslautern.

2011 verpflichtete der FCK zum ersten Mal in seiner Geschichte zwei jüdische Spieler: Itay Shechter und Gil Vermouth. Die Zeiten, in denen nur Deutsche in der Bundesliga aufliefen, sind schon lange vorbei. Beim FCK haben ausländische Spieler eine lange und ruhmreiche Tradition. Denken wir nur mal an den schwedischen Torwarthühnen Ronnie Hellström, die brasilianische Zaubermaus Ratinho oder den tschechischen Weltklasse-Libero Miroslav Kadlec. Für die FCK-Fans spielt es keine Rolle, wo ein Spieler herkommt – solange er alles für seinen Verein gibt. Im Februar 2012 kam es allerdings zu unschönen Szenen auf dem Betzenberg.

Damals steckte der FCK in einem großen Formtief und hatte gerade im Derby gegen Mainz 05 eine 0:4-Klatsche eingesteckt. Um gegen die schlechte Leistung aus dem Spiel gegen den Rivalen aus der rheinland-pfälzischen Landeshauptstadt zu protestieren, kamen einige Anhänger am Tag danach zum Training. Dann geschah etwas, was jeden richtigen FCK-Fan fassungslos macht. Eine kleine Gruppe von »Fans« beleidigte den Israeli Itay Shechter mehrfach mit antisemitischen Parolen, zeigte den verbotenen Hitlergruß. Der Vorfall sorgte für großes Aufsehen in Deutschland. Für den FCK kamen diese Negativschlagzeilen zum denkbar schlechtesten Zeitpunkt. Der Tabellen-17. hatte damals wahrlich andere Sorgen.

Die Vereinsverantwortlichen distanzierten sich in aller Deutlichkeit von den verblödeten Chaoten. Es handelte sich dabei offenbar um eine Gruppe einschlägig bekannter Hooligans, die allesamt bereits mit Stadionverboten belegt waren. Aber was noch viel entscheidender war: Auch die FCK-Fans zeigten, dass Nazis in ihren Reihen keinen Platz haben. Schon beim darauffolgenden Heimspiel gegen Wolfsburg hallten zahlreiche Shechter-Sprechchöre durch das Stadion, und überall waren jüdische Flaggen zu sehen. Außerdem wurde im Fritz-Walter-Stadion eine ganz spezielle FCK-Fahne gehisst. Diese zeigte unter dem Wappen die Flaggen aller Herkunftsländer der Lauterer Spieler. Kurze Zeit später organisierte das Fanprojekt die Aktionswochen gegen Rassismus. In Ausstellungen und Vorträgen konnten sich interessierte Fans zum Beispiel zeigen lassen, wie man Nazis an ihrer Kleidung erkennt.

Für das couragierte Engagement gegen Rechts wurde das Fanprojekt Kaiserslautern noch im selben Jahr vom Deutschen Fußball-Bund mit dem Julius-Hirsch-Preis ausgezeichnet, mit dem der DFB jedes Jahr das Engagement seiner Vereinsmitglieder und Fans für Toleranz, Freiheit und Menschlichkeit würdigt. Der Namensgeber des Preises, Julius Hirsch, war ein deutscher Nationalspieler jüdischen Glaubens. Er wurde während des Zweiten Weltkriegs vermutlich im Konzentrationslager Auschwitz von den Nationalsozialisten ermordet. Aus den Beschimpfungen gegenüber Itay Shechter kann man im Endeffekt zwei Lehren ziehen. Erstens: Leider gibt es unter uns noch immer Menschen, die einer nicht tolerierbaren braunen Ideologie nacheifern. Und zweitens: Rassismus hat beim FCK definitiv keinen Platz!

GRUND 72

Weil die FCK-Fans ihre Mannschaft selbst nach einer Niederlage feiern

Die Zweitliga-Saison 2012/13 verlief durchwachsen für den 1. FC Kaiserslautern. Auf starke Auftritte zu Hause folgten immer wieder Trauerspiele auswärts. Hertha BSC und Eintracht Braunschweig marschierten auf den ersten beiden Plätzen durch in Richtung Bundesliga. Bis zum Schluss lieferten sich die Roten Teufel mit dem 1. FC Köln einen Kampf um Platz drei, den Relegationsplatz. Es gelang dem FCK schließlich, die Relegation zu sichern. Dort wartete die TSG 1899 Hoffenheim.

Der sportliche Teil dieser beiden Spiele ist – leider – schnell erzählt. Der FCK bemühte sich, kämpfte und gab sprichwörtlich alles. Doch am Ende war Dietmar Hopps Millionentruppe spielerisch einfach besser. Das Hinspiel verloren die Teufel mit 1:3 in Hoffenheim, vier Tage später mussten sie sich auf dem Betzenberg mit 1:2 geschlagen geben. Die Enttäuschung war natürlich groß. Nach dem Schlusspfiff sackten einige Spieler völlig erschöpft zu Boden. Es flossen Tränen, auf dem Rasen und auf den Rängen. Dass die Hoffenheimer ihren Klassenerhalt auf dem heiligen Rasen des Fritz-Walter-Stadions feierten, interessierte in diesem Moment wirklich niemanden. In diesem so bitteren Augenblick schickte sich die Westkurve ein weiteres Mal in ihrer ruhmreichen Geschichte an, die Kurve auf der Gänsehaut-Skala bis hinauf in den Himmel zu ihrem Fritz zu treiben.

Bereits 20 Minuten vor dem Schlusspfiff, als klar war, dass der FCK dieses Spiel nicht mehr gewinnen würde, rückten die Fans zusammen. Sie wurden zu der vielfach beschworenen, stimmgewaltigen Wand hinter ihrer Mannschaft. Eine Wand, an die sich die Spieler des FCK bedenkenlos anlehnen konnten. Natürlich waren alle Fans traurig, dass der direkte Wiederaufstieg nicht geschafft wurde. Aber noch viel mehr waren sie stolz auf ihre Mannschaft und auf das, was sie auf dem Platz gezeigt hatte. Selbst Fans, die die großen Spiele gegen den FC Barcelona, Real Madrid oder Bayern München hautnah in der Westkurve miterlebt hatten, berichteten im Anschluss, sie hätten *You'll never walk alone* oder *Olé Rot-Weiß* noch nie so laut gehört.

Jeder einzelne Schal der Westkurve wurde in diesem Moment voller Stolz nach oben gehalten. Die Kehle eines jeden Zuschauers schmetterte voller Inbrunst eine Lobeshymne nach der anderen auf ihren geliebten FCK. Wenn ein Fan ein solches Ereignis durch die Vereinsbrille betrachtet, neigt er gerne dazu, zu übertreiben. Doch dass der Betzenberg an diesem Abend, dem 27. Mai 2013, seinen gewaltigen Mythos ein weiteres Mal unterstrich, das konnte ganz Deutschland sehen, hören und in den Tagen danach auch lesen.

Die *Berliner Zeitung* etwa schrieb: »In der Tat war es eindrucksvoll, wie ekstatisch die legendäre Westkurve ihre gescheiterten Helden feierte. Noch fast eine halbe Stunde nach dem Schlusspfiff und dem Scheitern des Projekts direkter Wiederaufstieg herrschte eine Gänsehautstimmung im Fritz-Walter-Stadion, als wären die nahezu chancenlosen Verlierer die Sieger.«[32]

Von überall aus Deutschland erreichten den FCK Sympathiebekundungen von Fans anderer Vereine, von Journalisten oder auch von Offiziellen. Sogar die DFL schickte dem FCK ein Schreiben mit den Worten: »Größten Respekt zollen wir Ihren Fans für ihr Verhalten nach dem entscheidenden Heimspiel im Fritz-Walter-Stadion. Auch uns als neutrale Beobachter und Zuschauer hat es ergriffen und erfreut, wie nahe Mannschaft und Fans trotz der Niederlage zusammengerückt sind und ein ergreifend emotionales Stadionerlebnis zelebriert haben.«[33]

Dass die Westkurve ihre brachiale Lautstärke voll entfaltet hatte, beeindruckte auch den SPIEGEL: »Während Weis sprach, hörte man aus dem Stadioninneren noch die FCK-Fans, die ihre Spieler trotz der Niederlage lange nach Abpfiff in etwa der Lautstärke feierten, die sie vom Anpfiff an vorgelegt hatten: Wenn viele Zuschauer pfeifen, es also ein ›Pfeifkonzert‹ gibt, setzt man als Journalist ja gerne einmal das Wort ›gellend‹ davor. Was dieses Wort wirklich bedeutet, erlebte man am Montag. Da pfiffen die Zuschauer gellend, also in einem Dezibelbereich, in dem sich in der Nähe von Flughäfen Bürgerinitiativen gründen und sich Kinder mit schmerzverzerrten Gesichtern die Ohren zuhalten, jedes Mal, wenn ein Hoffenheimer Spieler den Ball berührte. Erwachsene hatten am Morgen danach ein von Rockkonzerten bekanntes Pfeifen im Ohr.«[34]

Torwartlegende Gerry Ehrmann, fasste das, was an diesem Abend in Kaiserslautern geschehen war nach dem Spiel passend in einem Satz zusammen: »Hier bei uns sieht man, dass es nicht nur ums Drecksgeld geht, sondern um viel mehr«.[35] Dem ist nichts hinzuzufügen!

GRUND 73

Weil es schon genug Bayern-Fans gibt

Seien wir mal ehrlich. Bayern-Fan sein kann jeder. Diese Sorte Fans gibt es wie Sand am Meer, überall in Deutschland. Sogar auf der ganzen Welt. Aber jetzt mal unter uns: Wer will schon Bayern-Fan sein? Oder anders gefragt: Warum sollte man überhaupt diesen Schnösel-Club unterstützen?

Fan des erfolgreichsten deutschen Vereins zu sein, macht das Leben leicht. Titel sind garantiert. In der Regel mindestens einer pro Saison. Wer Fan des FCB ist, hat quasi immer etwas zu feiern. Das Starensemble lockt mit seinen Titeln und Rekorden immer mehr sogenannter Erfolgsfans an. Also Fans, die nicht wegen der Mannschaft, sondern wegen des Erfolgs ins Stadion kommen.

Spiele werden von den Bayern wie am Fließband gewonnen. Sollte es die Mannschaft dann doch mal wagen zu verlieren, wird sie gnadenlos ausgepfiffen. Fan der Bayern zu sein hat weniger mit dem Sport als dem Event Fußball zu tun. Es ist einfach chic, sich bei einem Spiel in der Allianz Arena blicken zu lassen. Bei Freunden, die Fan eines anderen Vereins sind, kann man damit angeben, dass die Nationalelf quasi nur aus Bayern-Kickern besteht.

Was ein richtiger Fan ist? Der sucht sich nicht etwa einen Verein nach dem Kriterium »Erfolg« aus. Die Liebe zum Club bekommt man in die Wiege gelegt. Ganz besonders in Kaiserslautern. Die Roten Teufel haben ihre Fans in ihrer Geschichte schon oft genug leiden lassen. Die bisher drei Abstiege aus der Bundesliga haben Wunden hinterlassen. Doch entscheidend ist nicht die Stunde des Triumphs, sondern der Moment der Niederlage.

Die Fans in Kaiserslautern stehen hinter ihrer Mannschaft. Ganz egal in welcher Liga, ganz egal in welchem Stadion, ganz egal an welchem Tag und zu welcher Uhrzeit. Sie leiden, hoffen und bangen mit ihren Roten Teufeln. Siege stehen beim FCK definitiv nicht immer auf der Tagesordnung und auch nicht an erster Stelle. Wichtig sind Dinge wie Leidenschaft, Kampf und Siegeswille. Das ist es, was die Menschen in Kaiserslautern von den Spielern im roten Trikot sehen wollen. Wer sich den Arsch aufreißt, darf auch verlieren. Hauptsache, man kann hinterher behaupten, alles gegeben zu haben.

Umso schöner ist es natürlich, wenn die Lauterer dann doch gewinnen, und umso besser, wenn der Verlierer Bayern München heißt. Die Rivalität zwischen beiden Vereinen und Fanlagern ist gewaltig. Auf der einen Seite der Verein mit dem dicken Geldbeutel aus der Millionenmetropole München. Auf der anderen Seite der kleine, notorisch klamme Provinzverein aus der Pfalz, aus der Stadt mit knapp 100.000 Einwohnern. Die Unterschiede könnten größer nicht sein.

So freuen sich also die Schlachtenbummler in Kaiserslautern schon jetzt auf das nächste heiße Duell mit den Bayern auf dem Betzenberg. Dann werden sie wieder alles daransetzen, ihre Teufel nach vorne zu peitschen und zum Überraschungssieg des Außenseiters zu brüllen. Das wäre dann ein weiteres Kapitel aus der Reihe »David schlägt Goliath«.

GRUND 74

Weil die FCK-Fans ein Herz für Amateurfußballer haben

In den letzten Jahren hielt sich der FCK in der ersten Runde des DFB-Pokals immer einigermaßen schadlos – anders als andere Proficlubs, die ihren Traum von Berlin immer wieder aufs Neue schon früh begraben mussten. Seit der letzten Erstrunden-Niederlage gegen Carl Zeiss Jena im Sommer 2008 zogen die Roten Teufel allerdings einige in mehrerer Hinsicht unbequeme Gegner aus dem Lostopf, nämlich Eintracht Braunschweig, den VfL Osnabrück, Dynamo Berlin und Hansa Rostock – enge Spiele und Fanauseinandersetzungen garantiert.

Umso schöner war da das Fußballfest, das die Roten Teufel in der ersten Runde der Pokal-Saison 2013/14 gemeinsam mit der Neckarsulmer Sport Union (NSU) feiern konnten. Gegen den niederklassigsten Verein im Wettbewerb, der nur wegen des Pokal-Ausschlusses von Dynamo Dresden in die erste Hauptrunde gerutscht war, hatten die Lauterer leichtes Spiel und behielten mit 7:0 die Oberhand.

Aber die FCK-Spieler blieben an diesem Tag nicht der einzige Sieger: Als Gewinner fühlen konnten sich auch die Akteure des Verbandsligisten und die Fans der Roten Teufel. Schon Tage vor dem Aufeinandertreffen präsentierten sich die Baden-Württemberger von ihrer besten Seite. Anstatt enttäuscht darüber zu sein, nicht Bayern, Dortmund oder Stuttgart aus dem Lostopf gezogen zu haben, freute man sich in Neckarsulm wechselweise über das »Spiel des Jahrzehnts«, den »DFB-Pokal-Hit« und den »FCK-Kracher« – das zu hören tut als Lautern-Fan auch mal gut. Vor dem Anpfiff in Heilbronn folgte dann die nächste nette Geste: Aus den Lautsprechern des Frankenstadions ertönte das *Betzelied*, die Lauterer Spieler und Anhänger wurden freundlich begrüßt. Und wie heißt es so schön: Wie du mir, so ich dir.

Nach dem Abpfiff gingen die NSU-Spieler in ihre Kurve, um sich für die Unterstützung zu bedanken. Den lautesten Beifall und Jubel erhielten die Amateure aber dann von den FCK-Anhängern, die jeden einzelnen Akteur der Heimmannschaft frenetisch feierten, mit Wasser erfrischten und sogar nach den Trikots der überraschten Jungs fragten. Für die Neckarsulmer Sportunion war das das eigentliche Highlight des Spiels. Auf der Website der NSU heißt es deswegen:

»Liebe FCK-Fans, dieses Gespür, die Leistung unserer Jungs auf diese Art und Weise zu honorieren, zeugt von wahrer Größe. Ihr habt jedem einzelnen Neckarsulmer Akteur ein Erlebnis beschert, das er seinen Enkelkindern noch erzählen wird. Ihr habt dafür gesorgt, dass sich unsere Schaafs, Romanos, Gerlachs oder Neuperts zehn Minuten lang wie Bundesligastars fühlen durften. Ihr habt ein friedliches und respektvolles Miteinander am Samstagnachmittag vorgelebt. Und dafür sind wir alle Euch unendlich dankbar! Ihr seid unglaublich! Wir werden Euch schon bald auf dem Betzenberg besuchen – versprochen. Wir wünschen Euch so, dass Euer Team in die 1. Bundesliga aufsteigt, denn Ihr, liebe FCK-Fans, seid erstligareif, nein, ihr seid Champions-League-reif! Der 1. FC Kaiserslautern kann sich glücklich schätzen, über eine solche Fankultur zu verfügen. Ich bin mir sicher, dass die Roten Teufel jede Menge neuer FCK-Fans im gesamten Unterland zurückgelassen haben.«

Bei aller Rivalität und allem Ehrgeiz: Darum geht es doch eigentlich beim Sport. Um ein friedliches, faires Miteinander, aus dem der Bessere am Ende als Sieger hervorgehen soll. Leider kommt es im Profi- wie im Amateurfußball viel zu selten zu solchen Highlights auf und neben dem Platz. Und daher gebührt der Neckarsulmer

Sportunion und den FCK-Fans für diesen Pokaltag Anfang August ganz besonderer Respekt.

GRUND 75

Weil sogar der Ex-Ministerpräsident FCK-Fan ist

Wer kennt sie nicht, die sogenannten »Edelfans«? Erinnern wir uns doch nur einmal an die großen, internationalen Fußball-Turniere der letzten Jahre und an Angela Merkels Jubelorgien bei den Siegen der Deutschen Nationalmannschaft. Die Bundeskanzlerin ist ein gern gesehener Gast auf der Tribüne und sogar in der Kabine. Auch auf Vereinsebene stehen Prominente und Politiker zu ihrer Leidenschaft. Altbundeskanzler Gerhard Schröder ist zum Beispiel Fan von Hannover 96. Schon mehrfach war auch er bei Heimspielen der Hannoveraner im Stadion. Mit Fanschal versteht sich.

Natürlich gibt es auch bekannte FCK-Fans. Zum Beispiel die Moderatorin Jessica Kastrop. Oder der Kommentator Marcel Reif. Er wuchs in Kaiserslautern auf und trug in der Jugend sogar einige Male das Trikot der Roten Teufel.

Der wohl bekannteste FCK-Fan ist allerdings kein Geringerer als Kurt Beck. Von 1994 bis 2013 war der SPD-Mann Ministerpräsident des Landes Rheinland-Pfalz. Aus seiner Zuneigung zu den Roten Teufeln machte er nie ein Geheimnis. Regelmäßig saß und sitzt Kurt Beck auch heute noch gemeinsam mit seiner Frau Roswitha auf der Ehrentribüne des Fritz-Walter-Stadions. Das wissen auch die Fans des Lokalrivalen aus Mainz. Bei der Eröffnung der neuen Mainzer Arena 2011 wurde Beck zur Begrüßung kräftig ausgepfiffen. Natürlich hatte Beck, als damaliger Ministerpräsident mit Arbeitssitz in der Landeshauptstadt Mainz, zu dieser Zeit auch eine Dauerkarte für die 05er. Als Reaktion auf die Pfiffe gab er diese zurück. »Leider stört sich ein lautstarker Teil der Mainzer Fans offensichtlich daran, dass ich seit frühester Jugend ein begeisterter Anhänger des 1. FC Kaiserslautern bin. Das bedauere ich, aber ich habe es zur Kenntnis genommen und meine Konsequenzen daraus gezogen«[36], wird Beck anschließend in der BILD zitiert.

Das war nicht das erste und auch nicht das einzige Mal, dass Kurt Beck sich öffentlich zum FCK bekannte oder für seinen Lieblingsverein in die Bresche sprang. Seine rot-gelbe Landesregierung setzte sich 2003 dafür ein, dass der FCK das Fritz-Walter-Stadion für 56 Millionen Euro an eine städtische Stadiongesellschaft verkaufen konnte. Der Verein wurde so vor der Pleite gerettet und war fortan Mieter seines eigenen Stadions. Immer wieder wurde die Stadionmiete gestundet, die Stadiongesellschaft konnte so nicht kostendeckend arbeiten. Die Stadt Kaiserslautern musste als Gesellschafterin die finanziellen Verluste der Stadiongesellschaft auffangen. Genau das werfen Kritiker Kurt Beck und seiner damaligen Landesregierung vor. Die FCK-Fans hingegen sind ihm dankbar dafür, dass er sich für den Erhalt ihres so geliebten Vereins einsetzte.

Doch nicht nur politische Entscheidungen Becks, in Bezug auf den 1. FCK, wurden kritisiert. Zwischen dem ehemaligen Manager und heutigen Präsidenten des FC Bayern München, Uli Hoeneß, und ihm existiert eine quasi traditionelle Fehde. Beispiele? Den Mega-Deal zwischen dem FCB und der Telekom (geschätzte 120 Millionen Euro zwischen 2002 und 2008) bezeichnete Kurt Beck als Wettbewerbsverzerrung. Hoeneß konterte damit, dass Politiker sich aus der Wirtschaft raushalten sollten, da sie sowieso keine Ahnung hätten.

Auch Hoeneß ließ seinerseits keine Gelegenheit ungenutzt, um Kurt Beck auf den Schlips zu treten. Beim Neujahrsempfang eines Sponsors 2008 sagte Hoeneß über Beck: »Der ist furchtbar. Unvorstellbar, was da bei den Heimspielen des 1. FC Kaiserslautern auf der Tribüne abging. Beck und seine Frau haben alles beleidigt, was aus München kam. Jetzt spielen die Gott sei Dank in der zweiten

Liga.«[37] Diesen Vorwurf wies ein Regierungssprecher als unbegründet zurück und erklärte die Aussagen mit Hoeneß' offensichtlicher Sympathie für die CSU. Hoeneß sei »schwarz wie früher die Trikots der Schiedsrichter«[38]. Der damalige Lautern-Boss, Erwin Göbel, verteidigte den Landesvater. Kurt Beck sei »emotional dabei, aber nie beleidigend«.[39]

Das ist es auch, was Kurt Beck für viele FCK-Fans so sympathisch macht. Trotz aller Etikette in der sonst so strengen Politiklandschaft ließ er sich seine Leidenschaft für seinen Lieblingsverein nie verbieten und stand bei jeder Gelegenheit öffentlich dazu. Einen Ministerpräsidenten als Fan zu haben, schadet sicher keinem Verein. Schon gar nicht dem 1. FC Kaiserslautern.

8. KAPITEL

MYTHOS BETZENBERG.

WAS DAS FRITZ-WALTER-STADION SO EINZIGARTIG MACHT.

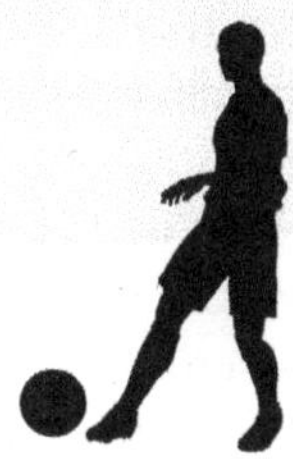

GRUND 76

Weil wir das Betzelied haben

Sie ist oft ein Streitpunkt, aber genauso häufig auch ein absoluter Identifikationsfaktor für die Fußballfans: die Stadionhymne. Während manch ein »Traditionsverein« ein Möchtegern-kultiges Liedchen komponieren lässt (Grüße an den *Stolz des Kraichgaus*), während mancher Großclub bekannte Interpreten anheuert (siehe *Hamburg, meine Perle* von Lotto King Karl oder der bayerische *Stern des Südens* von Willy Astor), gehört der 1. FC Kaiserslautern in dieser Hinsicht zu einer aussterbenden Spezies: zu den Vereinen, die noch auf echt traditionelles Liedgut zählen.

Die Frankfurter Eintracht, den SC Freiburg und die Kaiserslauterer Teufel verbindet neben ihrer Herkunft aus dem Südwesten zugegeben nicht allzu viel. In einem Punkt sind sich die Rivalen aber einig – ihre Stadionhymne ist ein echter Klassiker! Bei den Hessen ist es der Titel *Im Herzen von Europa* (der spätestens seit der EU-Osterweiterung im Jahr 2004 hätte umgeschrieben werden müssen), erhaben intoniert vom Polizeichor Frankfurt. In Freiburg gilt seit jeher das *Badner-Lied* als Standard, inklusive feinster Lokal-Dialektik. Und in der Pfalz schallt seit Jahr und Tag das *Betzelied* aus den Lautsprechern des Fritz-Walter-Stadions. Diesen drei Titeln gemein ist die Reaktion der Gästefans, die zumindest beim erstmaligen Besuch des Stadions wohlwollend-mitleidig-provinziell-belächelnd ausfällt.

Dabei ist die Geschichte der Lauterer Hymne, die eigentlich ganz banal *Olé Olé, Olé Ola* heißt, eine ganz besondere: Komponiert und getextet hat den Hit der Musiker Horst Schneider damals im Jahr 1978. Schneider war gut mit Fritz Walter bekannt, der sogar zum Text des Liedes über »seinen« 1. FC Kaiserslautern beigetragen haben soll – was den Song natürlich für alle Fans auf Jahrzehnte hinaus unantastbar macht. Fast jeder FCK-Anhänger kann zumindest die erste Strophe mitsingen und tut das auch, wenn der Stadion-DJ wenige Minuten vor dem Anpfiff die Musik anschmeißt.

Ein Running Gag, der, egal in welcher Liga, wohl nie aussterben wird, ist die Antwort der Fans auf die Zeile »Jeder Club ist uns willkommen, jede Mannschaft gern geseh'n« – dann legt die Musik eine kurze Pause ein, damit die Fans wie aus einem Hals rufen können: »Außer Bayern!« Und eine ganz besondere Bedeutung kommt auch der dritten Strophe zu, die in den letzten Jahren oft die meistgesungene im Fanblock ist – leider. Denn dort heißt es: »Läuft im Spiel mal nichts zusammen, / und es will und will nichts geh'n, / so woll'n wir doch geschlossen, / hinter uns'rer Mannschaft steh'n.« Spätestens wenn die Westkurve diese Zeilen anstimmt, sollten die Spieler auf dem Feld wissen, was die Stunde geschlagen hat – und noch einmal alles in die Waagschale werfen. Damit es auch bald wieder heißt: »Die Roten Teufel sind ganz wunderbar.«

GRUND 77

Weil wir in Kaiserslautern noch ein richtiges Maskottchen haben

In Kaiserslautern ist er allgegenwärtig: der Teufel. Nicht nur die Mannschaft trägt, völlig zu Recht, den Spitznamen »Rote Teufel«. Auch unser Maskottchen, der legendäre Betzi, ist ein Teufel. Gefährlich, böse, angsteinflößend. So wie sich das eben für eine gestandene Bundesliga-Mannschaft gehört.

Kein Elch Hoffi, wie beim »Traditionsverein« aus Hoffenheim. Aber das liegt wahrscheinlich daran, dass selbst die A-Klasse damals beim Elchtest eine bessere Performance geboten hat, als der Hoffenheim-Block es bei einem Auswärtsspiel tut. Auch keine blaue Maus namens Bobbie Bolzer, die ihren Frühstücksspeck in Bochum verspeist. Schon klar, liebe Bochumer, eine graue Maus wäre natürlich zu passend gewesen. Mal im Ernst, was soll das? Hat die Maus in den 1990ern zu viel auf die Beats der Schlümpfe getanzt oder einfach nur in der Mäuse-Schule zu oft an der Patrone ihres Füllers genagt? Hättet ihr mal lieber den Grönemeyer als (offizielles) Maskottchen verewigt.

Aber im Ruhrpott hat man es eh nicht so mit der passenden Auswahl des Maskottchens. Oder warum fliegt in Dortmund die Biene Emma durchs Stadion? Um den Gegner mit Blütenstaub zu betäuben? Oder um gemeinsam mit Flip dem Grashüpfer durch den Strafraum zu springen?

Nein, in Kaiserslautern müssen wir uns kein neumodisches, farbenfrohes Tier ausdenken. Bei uns im Stadion heißen wir die Gegner willkommen in der Hölle. Die Stimmung ist teuflisch gut und die Spielweise der Mannschaft ist es, meistens jedenfalls, auch. So haben wir es noch fast immer geschafft, den Bayern die Lederhosen auszuziehen, den Mainzern den Narhalla-Marsch zu blasen oder sogar den ruhmreichen FC Barcelona vorzuführen. Mit dem Dreizack in der Hand jagt unser Teufel sie alle vom Betzenberg – jawoll!

Übrigens: Betzi bescherte dem 1. FC Kaiserslautern sogar schon einen Titel, auch wenn dieser bislang noch nicht den Weg auf den Vereinsbriefkopf gefunden hat: Im ZDF-*Fernsehgarten* sicherte sich der Teufel im Jahr 2011 die Ehren und Würden des deutschen »Maskottchen Champs«. Nach mehreren »lustigen« Wettkämpfen setzte sich Betzi gegen die geballte Konkurrenz durch – und triumphierte am Ende vor dem Leverkusener Original Brian the Lion und dem Schalker Knappen Erwin.

GRUND 78

Weil der FCK die einzigartigen »Crunchips-Girls« hatte

Hauptsponsoren hat der FCK schon viele gehabt – etwa den Spirituosenhersteller Campari, die Karlsberg-Brauerei oder das japanische Elektronikunternehmen OKI. Aber erst die Firma Bahlsen kam 1996 auf die Idee, ihre Partnerschaft mit den Roten Teufeln nicht nur auf den Banden und den Trikots der Spieler sichtbar zu machen – und schuf ganz nach amerikanischem Vorbild eine der ersten Cheerleader-Gruppen der Bundesligageschichte. FCK-Fans der 1990er-Jahre werden sie immer in Erinnerung behalten: die legendären »Crunchips-Girls«.

Seit der Saison 1995/96 gehörte Bahlsen zu den Unterstützern des 1. FC Kaiserslautern, Anfang 1996 wurde das Unternehmen aus Hannover schließlich sogar Hauptsponsor, und die Marke Crunchips löste auf den Jerseys das sieben Jahre lang zu sehende OKI ab. Für viele war es das endgültige Ende der glorreichen (OKI-)Ära; mit dem Pokalsieg 1990, dem Meistertitel 1991 und der Vizemeisterschaft 1994. Nachfolger Crunchips hatte anfangs einen schweren Stand, was sicherlich auch mit den enttäuschenden Leistungen der Lauterer Spieler zusammenhing. Die Folge: Abstieg in Liga zwei.

Doch dann fiel den Marketingverantwortlichen von Bahlsen etwas ganz Besonderes ein, was sie sich allem Anschein nach in den Vereinigten Staaten abgeguckt hatten. Das Unternehmen sponserte schließlich nicht nur den FCK, sondern auch die beiden American-Football-Teams Düsseldorf Rhein Fire und Frankfurt Galaxy in der NFL Europe. Bei beiden Clubs sorgten vor dem Anpfiff und während der Spielunterbrechungen Cheerleader für Action. Und, so dachten sich die Verantwortlichen, was beim American Football funktioniert, klappt doch sicher auch beim »richtigen« Fußball! Gesagt, getan, ab der Saison 1996/97 sorgten vor der Lauterer Kurve die »Crunchips-Girls« für mächtig Stimmung – eine Cheerleader-

Gruppe mit stark verkürzten und sehr taillierten FCK-Trikots sowie den obligatorischen roten Pompons.

Die Reaktionen waren geteilter Natur: Manche rieben sich verwundert die Augen, andere verteufelten die fortschreitende Amerikanisierung des Fußballs, und wieder andere denken noch heute wehmütig an die Auftritte der Mädels zurück. Anfangs machte es sich Bahlsen sehr einfach und ließ die Cheerleader der Frankfurt Galaxy samstagmittags auch noch auf dem Betzenberg auflaufen – ein Städtetausch, auf den eigentlich Hochverrat steht! Später sattelte man bei Crunchips um und schenkte regionalen Tänzerinnen das Vertrauen. Von da an stellte die Casimirgarde des Karnevalsvereins Kaiserslautern (KVK) die Cheerleader.

Bahlsen zeigte sich später übrigens als generöser Partner, denn als der FCK nach Aufstieg, Meisterschaft und Champions League zu den aufstrebenden Vereinen der späten 1990er-Jahre zählte, trat der bisherige Hauptsponsor ins zweite Glied zurück. Man wolle dem »beabsichtigten zukünftigen Erfolg des 1. FCK nicht im Wege stehen und diesen unterstützen, auch deutlich höhere Sponsoreneinnahmen zu realisieren«, hieß es damals in der Marketingfachzeitung *Horizont*. Heute muss man dazu sagen: Na ja. Damit waren zwar auch die »Crunchips-Girls« Geschichte, aber der Sponsor bleibt sicher bei allen FCK-Fans für ewig in Erinnerung – hängt doch bei fast jedem Lauterer ein 1998er Meistertrikot im Schrank.

GRUND 79

Weil unser Stadion nicht nach einer Versicherung benannt ist

»Der Verein führt als eingetragener Verein den Namen 1. Fußballclub Kaiserslautern e. V. (1. FCK) und hat seinen Sitz in Kaiserslautern. Seine Farben sind Rot/Weiß. Das Stadion trägt den Namen

Fritz-Walter-Stadion.« So steht es in Artikel 1 der Vereinssatzung des 1. FC Kaiserslautern. Seit dem 2. November 1989 ist das Stadion auf dem Betzenberg nach dem berühmtesten Sohn der Stadt Kaiserslautern benannt: Fritz Walter. Anlass war der 65. Geburtstag Fritz Walters zwei Tage zuvor.

So gut wie jeder einstige Fußballtempel Deutschlands hat mittlerweile an Glanz verloren. Warum? Weil »Stadion« heutzutage nicht mehr »Stadion«, sondern »Arena« heißt. Und weil aus traditionsreichen Plätzen wie dem Westfalenstadion in Dortmund, dem Waldstadion in Frankfurt, dem Neckarstadion in Stuttgart, dem Ulrich-Haberland-Stadion in Leverkusen oder dem Niedersachsenstadion in Hannover Arenen der Banken, Automobilhersteller, Pharmakonzerne und Finanzdienstleister geworden sind. Einige letzte Überlebende der Kommerzialisierung des Profifußballs sind das Weserstadion in Bremen, das Millerntor-Stadion in Hamburg (St. Pauli), das Olympiastadion (Hertha BSC) und die alte Försterei (Union) in Berlin – und eben das Fritz-Walter-Stadion in Kaiserslautern.

In Kaiserslautern wehrt man sich noch immer erfolgreich gegen den Verkauf der Namensrechte des Stadions. Für die Fans ist Fritz Walter nach wie vor ein unantastbares Idol, eine Identifikationsfigur, ein unabdingbares Stück ihrer Vereinsgeschichte. Ebendiese Identifikation mit dem Verein und dessen ursprünglichen Werten wird in Kaiserslautern noch viel stärker gelebt als in anderen Städten. Kameradschaft, Wille, Leidenschaft – all das wird mit dem Namen Fritz Walters verbunden.

Würde die Vereinsführung des FCK den Stadionnamen verkaufen – die Fans würden es als Hochverrat allererster Güte betrachten. Mehr noch: als Verkauf der eigenen Seele! Nicht umsonst tragen die Fans der Roten Teufel T-Shirts mit den Aufschriften »Stadionname erhalten, Tradition bewahren«, oder besingen bei jedem ersten Regentropfen auf dem Platz aus vollen Kehlen das »Fritz-Walter-Wetter«.

Dieser Mann lebt weiter. In den Erinnerungen und Geschichten der »Alten«, die auf ihren Betzenberg pilgern, solange ihre Füße sie tragen können. In den Geschichtsbüchern, die vom »Wunder von Bern« schreiben, das ein ganzes Land in Aufschwung versetzt und dabei geholfen hat, es auf seinen Grundmauern wieder aufzurichten. An jedem Stammtisch in Kaiserslautern, bei dem sich wieder einmal alles um Fußball und die glorreichen alten Zeiten des FCK dreht. Auf jedem Schoß eines Großvaters, der seinem Enkel mit Tränen in den Augen und vergilbtem Fotoalbum in der Hand von der Walter-Elf erzählt. An jedem Wochenende in der Lauterer Fankurve. In den Herzen aller FCK-Fans. Und hoffentlich für immer im Namen *seines* Stadions. Für immer Fritz-Walter-Stadion!

GRUND 80

Weil der Betzenberg zu Recht als Hölle bezeichnet wird

Es gibt so einige Fußballtempel auf dieser Welt, zum Beispiel das Camp Nou in Barcelona mit seinen fast 100.000 Plätzen oder das Westfalenstadion in Dortmund mit seiner berühmten steilen Südkurve. In diesen Stadien wird Fußball gelebt, gefeiert, zelebriert. So auch auf dem Betzenberg in Kaiserslautern.

Seit jeher umgibt das Stadion, das den Namen Fritz Walters trägt, ein besonderer Mythos. Die Ehrfurcht der Gegner ist noch heute zu spüren. Keine Mannschaft spielt gerne in Kaiserslautern. Auch nicht die großen Bayern, die in den 1980er-Jahren die Punkte laut Aussage Paul Breitners besser per Post geschickt hätten, um sich den Spießrutenlauf durch die feindselige Pfälzer Menge zu ersparen.

Schon die Anfahrt auf den Betzenberg ist etwas Besonderes. Hoch oben über der Stadt thront das Stadion. Auch wenn man eigentlich davon ausgehen sollte, dass man zur Hölle hinabsteigen muss. In Kaiserslautern muss man sozusagen also die Hölle besteigen.

Was den Betzenberg aber tatsächlich zur Hölle macht, ist nicht nur sein Erscheinungsbild oder seine Lage: Es sind die Fans. Sinnbild für den »Betze« als Hölle ist eindeutig das Spiel gegen den FC Barcelona 1991. Unzählige bengalische Feuer tauchten die berühmte Westkurve damals in ein teuflisches Rot. Gepaart mit der brachialen Lautstärke der Fangesänge und der hämmernden Trommelschläge machte die Kulisse das Bild der Hölle perfekt. Und der Betzenberg ist tatsächlich noch immer die Hölle für jeden Gegner.

Wie in kaum einem anderen Stadion stehen die Fans hier wie ein zwölfter Mann hinter ihrer Mannschaft. Jeder Ballgewinn, jede Grätsche des eigenen Teams wird frenetisch bejubelt. Im Gegenzug müssen die gegnerischen Spieler aufpassen, dass ihnen bei eigenem Ballbesitz nicht das Trommelfell platzt – so laut werden sie von den Betze-Jüngern ausgepfiffen! Ein Stadionbesuch in Kaiserslautern ist für die Gegner stets eine unangenehme Sache. So etwas wie ein Zahnarztbesuch, eine Steuererklärung oder eben ein Besuch in der Hölle – man kann sich einfach Schöneres vorstellen. Es kann schon mal vorkommen, dass sich die Fans wie »wilde Tiere« benehmen. Der eine oder andere Bierbecher wurde dabei schon auf des Gegners Haupt ausgeleert. Es wird auch gemunkelt, dass ein Fußballspiel in Kaiserslautern nicht immer 90 Minuten dauert, sondern eben so lange, bis der FCK gewonnen hat.

Heutzutage sind bengalische Feuer oder Rauchpulver in Stadien strengstens verboten. Trotzdem wird immer mal wieder ein »Bengalo« oder ein Päckchen mit Rauchpulver gezündet. Dazu ertönt aus dem Fanblock dann standesgemäß, wie damals gegen Barcelona: »Und so sieht die Hölle aus«.

GRUND 81

Weil man im Stadion auch Pfälzer (Pferde-)Spezialitäten bekommt

Der Aufschrei in Politik und Bevölkerung war riesig. Anfang 2013 wurde bekannt, dass in verschiedenen europäischen Ländern Lebensmittel falsch deklariert worden sind und statt Rind- tatsächlich Pferdefleisch enthielten – igitt! Abgesehen davon, dass diese falsche Kennzeichnung sehr wohl ein Skandal ist, stieß die Ekel-Einstellung vieler Deutscher in der Pfalz häufig nur auf ein müdes Lächeln. Schließlich gehört Pferdefleisch in der Region und auf dem Betzenberg zum täglichen Brötchen wie die »Dubbe« zum Schorleglas.

Regionale Produkte bieten die meisten Bundesligisten in ihren Arenen an, auch wenn lokale Caterer mehr und mehr von Großkonzernen aus den Stadien verdrängt werden. In Frankfurt gibt es den berüchtigten Äppelwoi, in München die klassische Leberkäs'-Semmel – und in Kaiserslautern eben Pferdefleisch. Das ist einzigartig in Deutschland und sorgt bei manchen Auswärtsfans nur für befremdliches Kopfschütteln. Der Genuss von anachronistischen Produkten wie Pferdefleisch ist schließlich nur ein weiteres Mosaiksteinchen in der weit verbreiteten Meinung, bei den Pfälzern handele es sich um ein Volk von Bauern und Hinterwäldlern.

Dass es eben ganz anders ist, wissen dabei viele nicht: Kein Fleisch ist so fettarm wie das vom Pferd, und kein Fleisch enthält nachweislich mehr Eiweiß. Außerdem beinhaltet es wichtige B-Vitamine, Spurenelemente und Mineralstoffe wie Eisen, Zink und Kalium. Das zeigt: Wer Pferdefleisch isst, ernährt sich bewusst und lebt gesünder. Das ist auch den Betzegängern bekannt; sie kaufen ihre Stadionwurst, ihre Fohlenfrikadelle oder andere lokale Spezialitäten regelmäßig beim Stand der Metzgerei Härting, die neben Schwein auch ein großes Angebot an Pferdefleisch führt.

Die Metzgerei betreibt übrigens zurzeit drei Filialen in der Kaiserslauterer Innenstadt und ist mit ihrem Imbissstand auf diversen Wochenmärkten vertreten. Wer Pferdefleisch also noch nicht probiert hat, sollte das schleunigst nachholen – und dabei nicht auf den nächsten Pferdefleischskandal rund um Tiefkühl-Lasagne und Co. warten. In diesem Sinne: Howdy, Folks!

GRUND 82

Weil der Betzenberg der höchste Fußballberg der Liga ist

Moderne Fußballstadien heißen heutzutage nicht mehr Stadien, sondern Arenen. Und ebendiese Arenen werden mittlerweile meistens außerhalb des Stadtzentrums gebaut. Am besten direkt an der Autobahn, um eine gute Verkehrsanbindung zu gewährleisten – siehe Hoffenheim, München und Co. Doch in Kaiserslautern sieht die Sache ganz anders aus.

Das Fritz-Walter-Stadion steht nicht irgendwo außerhalb direkt an einer Autobahnausfahrt, sondern quasi mitten in der Stadt. Auf Deutschlands höchstem Fußballberg – dem Betzenberg. Auf knapp 290 Metern Höhe thront der »Betze« über der Stadt. Und die liegt ihrem Stadion auf dem Berg nicht nur bildlich gesprochen zu Füßen. Imposant ist dieser Anblick vor allem bei Nacht, wenn das hell beleuchtete Stadion über das schlafende Kaiserslautern zu wachen scheint. Egal, aus welcher Richtung man nach Kaiserslautern kommt, oder wo man sich gerade in der Stadt befindet: Von fast überall kann man einen Blick auf das Stadion hoch oben auf dem Betzenberg werfen.

Wer von sich behaupten möchte, den »Betze« wirklich erlebt zu haben, der muss dieses Stadion zu Fuß erklimmen. Nicht selten kann man fluchende Fans gegnerischer Mannschaften beim Aufstieg beobachten. Und nicht selten sieht man die Erleichterung in ihren Gesichtern, wenn sie die letzte Stufe auf dem Weg hinauf erklommen haben und sich, nach Luft schnappend, die Schweißperlen von der Stirn wischen. Die Spieler absolvieren ihr Aufwärmprogramm auf dem Rasen – die Fans auf dem Weg in die Kurve. Nicht erst einmal wurden FCK-Spieler in der Vergangenheit von ihren Trainern immer und immer wieder die Stufen zum Stadion hinauf- und hinuntergejagt, wenn sie am Tag zuvor auf dem Rasen versagt hatten.

Natürlich gibt es Stadien in Deutschland, die bequemer zu erreichen sind. Auch größere und modernere Fußballtempel bietet das Land. Doch kein anderes Stadion liegt so hoch wie das Fritz-Walter-Stadion auf dem Betzenberg, auch nicht der Mönchengladbacher Bökelberg. Die Luft dort oben wird für die Gegner traditionell sehr dünn, nicht nur aufgrund der Höhe. Gepaart mit der unvergleichlich frenetischen Stimmung ist dies eine Tatsache mehr, die diesen Verein zu etwas ganz Besonderem macht – zur wortwörtlichen Spitze Fußballdeutschlands.

GRUND 83

Weil unser Stadionsprecher nicht nur in Kaiserslautern eine Bank ist

Seit 1996 schon fährt Horst Schömbs in der Regel alle zwei Wochen die rund 80 Kilometer von Bingen nach Kaiserslautern, und er tut es aus einem sehr guten Grund: Der Mittfünfziger ist der Stadionsprecher im Fritz-Walter-Stadion und als solcher mittlerweile eine richtige Institution. Ehrgeizige Co-Moderatoren hat er schon viele überlebt, genauso wie den Stadionumbau und die Diskussion, wer bei der WM 2006 im Kaiserslauterer Stadion moderieren sollte: natürlich Horst Schömbs.

Dabei verbindet Schömbs eine besondere Beziehung zum rivalisierenden FSV Mainz 05 – war er doch von 1991 bis 1994 an der Seite des Immer-noch-Mainzers Klaus Hafner Moderator im alten Bruchwegstadion. Ein Umstand, den ihm die Lauterer Anhänger allerdings genauso wenig übel nehmen wie seinen Berufsort: Schömbs arbeitete bei einer Mainzer Bank und damit ebenfalls im »Feindesland«. Doch der Rheinhesse, der seine Karriere als Spieler (bescheiden) wie als Sprecher (erfolgreich) bei der SpVgg Ingelheim begann, identifiziert sich klar mit den Betze-Buben – und hat nicht nur deswegen bei den FCK-Fans einen Stein im Brett.

Beinahe hätte Schömbs in der Saison 2005/06 sogar den zweiten Lauterer Bundesligaabstieg verhindert, wie er der *Allgemeinen Zeitung* erzählte: Trotz der klaren Ansage, dass während der Partie am vorletzten Spieltag gegen Bayern München keine Zwischenstände durchgegeben werden sollten, griff sich Schömbs das Mikro – und gratulierte den Bayern wegen des Ergebnisses im Parallelspiel zwischen Hertha BSC und dem Hamburger SV (4:2) indirekt zur Meisterschaft. Daraufhin schalteten die Bayern einen Gang zurück. Der FCK hielt den 1:1-Zwischenstand, hatte das erhoffte Abstiegsendspiel in Wolfsburg erreicht und konnte sich noch aus eigener Kraft retten. Wie man heute weiß, leider vergebens.

GRUND 84

Weil auch Frauen im Stadion auf ihre Kosten kommen

Liebe Frauen, es tut uns leid, aber was gesagt werden muss, muss gesagt werden. Ganz ehrlich, eigentlich wissen wir doch alle, warum ihr mit uns Männern auf den Betzenberg gehen wollt. Nein, ihr wollt sicher nicht zwischen Tausenden brüllenden Männern stehen und im Jubel angerempelt werden. Ihr wollt auch kein Bier trinken oder über 90 Minuten in der Kälte stehen, während ihr zu Hause sogar trotz Fußbodenheizung kalte Füße bekommt. Ebenso könnt ihr auf einen weiteren Versuch, endlich zu verstehen, was Abseits ist, ganz sicher verzichten.

Wenn also alle diese Gründe nicht zutreffen und auch keine Frauenzeitschrift erklärt hat, dass die Farben Rot-Weiß in dieser Saison der absolute Modetrend sind, dann kann es doch wirklich nur noch einen Grund geben, warum ihr mit uns in der Westkurve stehen wollt …

Die heißen Spieler des 1. FCK! Alles, was ihr sehen wollt, sind schön durchtrainierte Fußballerkörper, nach denen ihr schmachten könnt. Und dabei ist es euch doch relativ egal, was die dort unten auf dem Platz wirklich leisten.

Das war schon immer so, und das wird auch immer so bleiben. Für jede ist einer dabei. Egal, ob früher Michael Ballack oder nach ihm Björn Runström, Marius Müller und Co.. Auch für die jüngere Generation gibt es also genug zu sehen.

Ihr freut euch eben mehr über einen Trikottausch als über ein Tor. Und warum man für das Trikotausziehen bei einem Torjubel die Gelbe Karte bekommt, könnt ihr wirklich nicht nachvollziehen. Aber diese Unwissenheit stört uns männliche Fans nicht. Denn schließlich schwärmen die Mädels auf dem Betzenberg irgendwann nur noch für den Fan direkt neben ihnen.

GRUND 85

Weil der Betzenberg ein gutes Pflaster für die deutsche Nationalelf ist

Klar: Die bedeutendsten Länderspiele, die je auf dem Betzenberg stattfanden, sind die fünf Partien während der Fußballweltmeisterschaft 2006. Fans aus aller Herren Länder feierten in der Pfalz ein Fußballfest, an das man sich noch in vielen Jahren erinnern wird – die Atmosphäre im Stadion und in der Stadt war einfach unbeschreiblich. Davon profitierte auch schon mehrfach die deutsche Nationalmannschaft. Sie ging bei zehn Spielen im Fritz-Walter-Stadion bislang erst einmal als Verlierer vom Feld.

Es war so etwas wie die Revanche für das Wunder von Bern: Am 6. Juni 2004, 49 Jahre und elf Monate nach dem Finale der Weltmeisterschaft in der Schweiz, trafen Deutschland und Ungarn wieder aufeinander – wo, wenn nicht in Kaiserslautern? Standen damals doch fünf Rote Teufel in der Startelf von Trainer Sepp Herberger, und auch beim erneuten Aufeinandertreffen war mit Miroslav Klose zumindest ein Pfälzer mit dabei. Er hatte allerdings das Nachsehen: Sándor Torghelle traf zweimal für das Team von Coach Lothar Matthäus (!), Ungarn siegte mit 2:0. Im Übrigen: Zu ihrem ersten Länderspieleinsatz kamen damals ein gewisser Bastian Schweinsteiger und ein blutjunger Lukas Podolski – die älteren Leser werden sich erinnern. Aber abgesehen von der Pleite gegen die Ungarn ging die deutsche Auswahl in Kaiserslautern noch nie baden. Gleich zweimal empfing man die Schweiz, 1988 siegte Deutschland mit 1:0, im Jahr 2000 trennte man sich schiedlich-friedlich mit 1:1. 2002 gegen Israel (7:0, drei Tore durch Klose), 2011 gegen Kasachstan (4:0) und 2017 gegen Aserbaidschan (5:1) gewann Deutschland deutlich, 2008 gegen Weißrussland (2:2), 2013 gegen Paraguay (3:3) und 2015 gegen Australien (2:2) tat sich das Nationalteam schwer. Und einmal mussten die Deutschen richtig zittern, als in der Qualifikation für die EURO 1996 gegen Albanien ein Sieg her musste – am Ende hieß es knapp 2:1.

Obwohl Kaiserslautern sich beinahe als Austragungsort für die Weltmeisterschaft 1974 beworben hätte, dauerte es bis ins Jahr 1988, ehe der DFB das Fritz-Walter-Stadion als Länderspielort in Betracht zog – sicherlich auch, weil erst Ende der 1970er und Mitte der 1980er wichtige Renovierungen durchgeführt wurden. Seitdem kehrt die Nationalelf aber regelmäßig in der Pfalz ein. Übrigens ist Kaiserslautern auch für die Damen-Auswahl ein gutes

Pflaster: 1995 fand hier das EM-Finale gegen Schweden statt, das die Deutschen (man möchte fast sagen: natürlich) mit 3:2 für sich entschieden. Von daher: Deutsche Nationalteams und Kaiserslautern? Immer wieder gerne!

GRUND 86

Weil der FCK die meisten Zuschauer aller zweiten Ligen hatte

Heimspiele auf dem Betzenberg sind traditionell gut besucht. Es gibt kaum einen Lauterer, der noch nie im Stadion war. Falls es doch mal vorkommt, dass sich jemand zum ersten Mal auf den heiligen Berg verirrt, wird es sicher nicht das letzte Mal gewesen sein. Der Betze-Virus ist extrem ansteckend und befällt einen schneller als man glaubt. Natürlich gibt es in Deutschland einige Stadien, die ein deutlich größeres Fassungsvermögen haben. Die besten Beispiele dafür sind das Westfalenstadion in Dortmund mit über 80.000 oder das Olympiastadion in Berlin mit mehr als 74.000 Plätzen. Doch geht es um den Zuschauerschnitt, stand der FCK in einer Spielzeit europaweit auf Platz eins.

In der Saison 2008/09 spielte der FCK in der zweiten Bundesliga. Zu den 17 Heimspielen im Fritz-Walter-Stadion kamen im Schnitt mehr als 34.000 Zuschauer. Damit war der FCK in dem besagten Jahr der Verein mit den meisten Zuschauern aller Zweitligisten Europas. Zugegeben: Diesen Umstand verdankten die Roten Teufel auch der Tatsache, dass Vereine mit einem höheren Zuschauerschnitt wie zum Beispiel Borussia Mönchengladbach oder der SSC Neapel in der Zwischenzeit wieder aufgestiegen waren. Doch das ist nicht der Punkt.

Die Tatsache, dass der FCK es in der Saison 2008/09 geschafft hat, die meisten Zuschauer Europas zu Spielen einer zweiten Liga zu locken, ist beeindruckend. Das zeigt zum einen, dass die zweite Bundesliga eine der stärksten und attraktivsten überhaupt ist. Aber, und das ist noch viel entscheidender, es zeigt auch, dass es für die Fans in Kaiserslautern keine Rolle spielt, in welcher Liga ihr Verein gerade kickt.

Natürlich möchte jeder in Kaiserslautern wieder zurück in die erste Liga. Natürlich wollen alle Fans lieber Bayern und Dortmund statt Greuther Fürth und Sandhausen im Fritz-Walter-Stadion sehen. Natürlich ist die Enttäuschung riesig, wenn der Aufstieg am Ende der Saison, mal wieder, nicht geklappt hat.

Doch egal, was die Tabelle letztendlich zeigt, die Fans waren, sind und bleiben ihrem FCK treu. Wichtig ist, dass die Einstellung stimmt. Wer bis zum Schluss kämpft und alles gibt, der darf auch verlieren. Der Wille muss erkennbar sein, das Feuer in den Augen der Spieler brennen. Dafür kommen die Menschen ins Stadion. Dafür opfern sie den Großteil ihrer Freizeit und ihres Geldes. Das ist es, was für sie den FCK ausmacht. Ein Gefühl des Zusammenhalts, der bedingungslosen Unterstützung über alle konventionellen Grenzen hinaus. Das ist der Schlüssel zum Erfolg. Denn die Schlachtenbummler auf dem Betzenberg wissen genau: Nur wenn sie auch gegen den 1. FC 08/15 Namenlos hinter ihrem Verein stehen und ihn bedingungslos unterstützen, kann der Funke von den Rängen auf den Platz überspringen und so den Glauben an eine sportlich positive Zukunft am Leben erhalten.

GRUND 87

Weil das Fritz-Walter-Stadion eines der grünsten in Deutschland ist

Vieles am Fritz-Walter-Stadion ist außergewöhnlich, etwa seine besondere Lage. Hoch oben auf dem Betzenberg thront es über der

Stadt, empfängt seine Besucher nicht wie neu gebaute Arenen schon an der Autobahn. Wem nach einem Spaziergang im schönen Pfälzer Wald zumute ist, der braucht nur wenige Schritte zu gehen und steht mitten im Grün.

Doch es ist nicht nur die Nähe zum Wald, die das Stadion zu einem der grünsten der Republik macht. Der Energieverbrauch eines Bundesliga-Stadions ist enorm. Zig Fritteusen, Monitore und Flutlichtbirnen wollen mit Strom gefüttert werden. Um die Kosten für Energie so gering wie möglich zu halten, nutzt der FCK die große Fläche seines Stadiondachs.

Fünf Millionen Euro investierte die Stadiongesellschaft in eine eigene Photovoltaikanlage für das Fritz-Walter-Stadion, die 2010 offiziell ans Netz ging. Mit rund 10.000 Quadratmetern Kollektorfläche verfügt der FCK somit über die zweitgrößte Anlage dieser Art auf einem Stadiondach. Nur der SV Werder Bremen hat in Deutschland in dieser Statistik die Nase vorn.

Mit der Photovoltaikanlage auf dem Dach des Kaiserslauterer Fußballtempels können jährlich über 800 Tonnen Kohlendioxid eingespart werden. Der Strombedarf von rund 450 Haushalten wird dadurch mit alternativer Energie gedeckt. Ein wichtiger Beitrag zum Umweltschutz.

9. KAPITEL

DO SIMMER DEHÄM!

DIE PFALZ UND DER FCK GEHÖREN ZUSAMMEN WIE SAUMAGEN UND WEIN

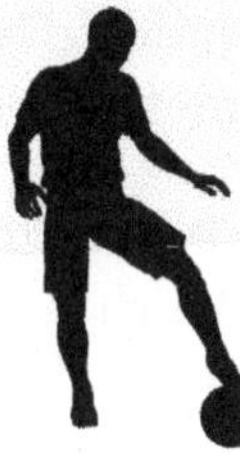

GRUND 88

Weil wir stolz darauf sind, ein Provinzverein zu sein

Kaiserslautern möchte eine Großstadt sein – zumindest auf dem Papier. Damit die magische Hürde von 100.000 Einwohnern genommen wird, lassen sich die Verantwortlichen der Stadt immer mal wieder etwas einfallen. Da werden dann mal eben einige umliegende Gemeinden mit in das Einzugsgebiet der Stadt gerechnet, und schon passt das. Laut Zensus 2011 lebten in der Stadt Kaiserslautern noch etwa 96.000 Menschen, also etwas weniger als die erforderlichen 100.000. Doch Anfang 2017 vermeldete die Stadt in einer offiziellen Pressemitteilung »Kaiserslautern ist wieder Großstadt!«. 100.569 Menschen waren zu diesem Zeitpunkt in der Stadt gemeldet. Doch auch, wenn wir auf dem Papier wieder eine Großstadt sind, geht es bei uns doch recht provinziell zu. Genau das ist es, was Stadt und Verein so sympathisch macht.

Bei uns in der Provinz geht alles viel gediegener zu als in den hektischen Metropolen der Republik. In Kaiserslautern kennt jeder jeden. In der Westkurve stehen Nachbarn Seite an Seite, Banker stoßen mit ihren Kunden auf den FCK an. Mit Bier aus Plastikbechern. Die Pferdewurst im Stadion kommt vom Metzger, bei dem viele auch unter der Woche einkaufen, und der Chef läutet ganz offiziell den vorzeitigen Feierabend für alle ein, damit auch ja keiner den Anstoß verpasst. Ganz egal, wo man hingeht, der FCK ist überall in der Stadt allgegenwärtig. Beim Bäcker um die Ecke genauso wie am Stammtisch in der Kneipe. So wie es bei einer EM oder WM 80 Millionen Bundestrainer gibt, gibt es in Kaiserslautern knapp 100.000 Betze-Trainer. Verlieren die Roten Teufel, ist die Stimmung in der gesamten Stadt mies.

Glaubt irgendjemand ernsthaft, dass eine Niederlage des FC Hollywood die Schickeria in München davon abhält, ihren Champagner zu schlürfen? Oder dass die Banker in Frankfurt ihre Aktienkurse aus den Augen lassen, nachdem die Eintracht mal wieder abgestiegen ist? Sicherlich nicht. In Kaiserslautern lebt und leidet eine ganze Region mit dem 1. FCK. Hier muss man sich nicht wie in Berlin Sorgen darüber machen, durch das Viertel des verhassten Rivalen zu laufen. In Kaiserslautern und weit über die Stadtgrenzen hinaus gibt es nur einen Verein. Jahrelang war Kaiserslautern die kleinste Bundesligastadt, bis irgendwann ein Verein aus Hoffenheim mit viel, viel Geld in die oberste deutsche Spielklasse katapultiert wurde.

Es gibt bei uns keinen Flughafen, keine U-Bahn und keinen Freizeitpark. Wir haben nicht die Qual der Wahl, wenn es am Wochenende darum geht, in welchen Club oder welche Kneipe wir ziehen wollen. Auch ein Rotlichtviertel sucht man in Lautern vergebens. Was man jedoch nicht vergebens sucht, ist das Wir-Gefühl. Wir, die oft zitierten Pfälzer Bauern, stehen zu unseren Wurzeln in unserer Heimat. Wir sind eben stolz darauf, ein Provinzverein zu sein!

GRUND 89

Weil der FCK weit über die Grenzen der Pfalz hinaus bekannt ist

Ohne Zweifel, in der Pfalz kennt jedes Kind den 1. FC Kaiserslautern. Wie sollte man auch als Pfälzer am traditionsreichen FCK vorbeikommen? Entweder bekommt man die Liebe zu den Roten Teufeln direkt in die Wiege gelegt, oder man wird spätestens dann zum FCK-Fan, wenn montags in der Schule alle von ihren Erlebnissen auf dem Betzenberg berichten und man selbst nicht mitreden kann. In der Pfalz ist die Sache also völlig klar: Es gibt den FCK – und sonst nichts. Doch wer jetzt glaubt, im Fanblock der Roten Teufel wird nur Pfälzer Dialekt gesprochen, liegt falsch.

Sein Ruf eilt dem FCK voraus, schon seit Jahren. Als die Walter-Elf in den 1950er-Jahren zweimal Deutscher Meister wurde, verloren viele ihr Herz an den FCK. Nicht nur Pfälzer. Dass der FCK 1998 als Aufsteiger sensationell Deutscher Meister wurde, hat sicher auch seinen Teil dazu beigetragen.

Schaut man heute auf den Pausenhof oder in den Sportunterricht einer Schule, sieht man oft die Trikots der Mannschaften, die gerade die großen Titel gewonnen haben. Kleine Reuses, Götzes und Draxlers wohin man schaut. Hätte es bereits in den 1950ern ein ähnliches Merchandising gegeben – jeder Junge in Deutschland hätte ein Fritz-Walter-Trikot getragen. Auch wenn sie kein Trikot hatten, ihre Bewunderung für die Roten Teufel gaben sie an ihre Nachkommen weiter. Wirft man heute einen Blick auf die Verteilung der FCK-Fanclubs, wird dieses Ausmaß deutlich.

FCK-Fanclubs gibt es wirklich überall. Berlin, München, Dortmund. Überall in Deutschland drücken sie den Roten Teufeln die Daumen. Ob nun von der Familie infiziert oder später im Stadion selbst angesteckt.

Dazu passt eine kleine Geschichte aus dem Jahr 2011. Zu dieser Zeit studierte ich [Sebastian Zobel – Anm. d. Autoren] in Hamburg. Weit weg von der Heimat. Gut 600 Kilometer trennten mich von meinem geliebten Betzenberg. Deshalb die Dauerkarte für die Westkurve abgeben? Niemals! Dann wird eben jedes zweite Wochenende gependelt. Aber wenn ich schon so weit weg von zu Hause bin, kann ich auch mal ein Auswärtsspiel mitnehmen, das ich sonst aufgrund der großen Entfernung wohl ausgelassen hätte.

Am 23. Spieltag der Saison 2010/11 gastierte der FCK bei Hannover 96. Mit dem Zug ist Hannover von Hamburg aus bequem zu erreichen. Aber allein auf ein Auswärtsspiel fahren? Es dauerte keine fünf Minuten, und schon hatte ich über das Internet einen Fanclub in Hamburg gefunden. Einige nette Mails später fand ich mich am Hamburger Hauptbahnhof wieder. Umringt von FCK-Fans. Ein unbeschreibliches Gefühl. Ich wusste, dass der FCK seine

Fans überall hat, aber es selbst zu erleben war einfach der Wahnsinn! Und es wurde sogar noch besser.

Auf dem Weg nach Hannover hielt der Zug immer wieder in kleinen Orten, von denen ich noch nie zuvor etwas gehört hatte. Verwundert rieb ich mir die Augen. Standen da wirklich FCK-Fans am Gleis? Tatsächlich! Mit jedem Halt wurden es mehr. Das Abteil füllte sich und der Zug war jetzt fest in Lauterer Hand. Rote Schals und Trikots, wohin man blickte. Ich saß irgendwo zwischen Hamburg und Hannover in einem Zug, lag fremden Menschen in den Armen und sang aus voller Kehle das *Betzelied*. Beim Gedanken an diesen Tag bekomme ich heute noch feuchte Augen.

Im Stadion angekommen, gaben wir alles, um unseren FCK zum Sieg zu schreien. Doch es nutzte nichts. Hannover gewann souverän mit 3:0. Aber das war Nebensache. Ich habe an diesem Tag viele neue Freundschaften geschlossen und erlebt, wie gewaltig der Mythos unseres Vereins das gesamte Land überstrahlt.

Zurück zu den Fanclubs. Treue FCK-Anhänger gibt es also überall in Deutschland. Aber nicht nur das. Es gibt sie sogar überall auf der Welt. Das merkt man bei einem Blick auf die Liste der offiziell eingetragenen und vom Verein anerkannten Fanclubs. Belgien, Bulgarien, Schweiz und sogar Australien! Überall dort gibt es Menschen, die mit dem Betze-Virus infiziert sind. Vielleicht, weil ihre Vorfahren einst in der Pfalz lebten und die Liebe zum FCK gemeinsam mit ihnen auswanderte. Vielleicht auch, weil ihr Lieblingsspieler irgendwann mal das Trikot der Teufel trug und sie der Betze dabei in seinen Bann zog. Vielleicht auch nur, weil sie auf YouTube mal ein Video von einem besonders schönen Tor oder der faszinierenden Westkurve gesehen haben.

Es gibt mehr als die 111 Gründe in diesem Buch, den FCK zu lieben. Warum man Fan der Roten Teufel ist, spielt letztlich aber keine Rolle. Wichtig ist nur, dass die Farben und Werte des FCK überall auf der Welt hochgehalten werden. Denn einmal damit infiziert, lässt einen das Betzevirus nicht mehr los. Ein Leben lang.

GRUND 90

Weil hier die ganze Region ins Stadion geht

Jedes zweite Wochenende herrscht Ausnahmezustand in Kaiserslautern, denn dann heißt es: Heimspiel! Wenn der »Betze« spielt, dreht sich die Welt in Kaiserslautern und der gesamten Region nur noch um Fußball.

Natürlich ist qua Geburt im Prinzip jeder Einwohner Kaiserslauterns ein treuer Fan der Roten Teufel. Nicht zuletzt die Fahnen in den Vorgärten, Wimpel in den Fenstern oder Logos auf Kfz-Schildern beweisen das.

Doch nicht nur die Menschen in Kaiserslautern selbst sind treue Anhänger des Vereins. Wenn man sich an einem Spieltag die Nummernschilder auf den großen Park-and-Ride-Parkplätzen anschaut, wird klar: Hier geht eine ganze Region ins Stadion. Von Pirmasens über Landau bis hin zu Speyer, Worms, Kirchheimbolanden und natürlich auch Mainz ist hier alles vertreten. Der FCK hat seine Fans eben überall. Von Generation zu Generation wird das Betze-Fieber im ganzen Land weitergegeben. Kein Wunder – gab es doch lange Zeit keinen ernst zu nehmenden Konkurrenten im Umkreis. Für viele ist das noch immer so, obwohl der FSV Mainz 05 mittlerweile in der Bundesliga spielt …

Der FCK ist mehr als nur ein Fußballverein oder Hobby für die Menschen in der Pfalz. Der FCK ist eine Lebenseinstellung, eine viel zitierte Religion. Die Laune steigt und fällt mit den Ergebnissen der Betze-Buben. Hat der FCK am Wochenende ein Spiel verloren, spürt man das am Montag darauf am Fließband bei Opel in Kaiserslautern genauso wie bei der BASF in Ludwigshafen.

So hört man an einem Spieltag auch alle Variationen des schönen Pfälzer Dialekts im Fritz-Walter-Stadion. Vorderpfälzer stimmen dann gemeinsam mit West-, Süd- und Nordpfälzen in die einschlägigen Schlachtrufe ein. Doch eines ist klar: Im Stadion sprechen alle Zuschauer, egal ob aus der Pfalz, Nordrhein-Westfalen, Baden-Württemberg oder sogar aus Bayern dieselbe Sprache.

GRUND 91

Weil der FCK mit dem »Presi« einen Edel-Fan besitzt

So gut wie jeder FCK-Fan kennt ihn, den »Presi«. Der »legendäre Pfalzpunker« und Sänger der Band Die Presidenten, hat durch ein kleines YouTube-Video Kultstatus erlangt.[*] In diesem Video beweist Presi, dass er erstens nicht auf den Mund gefallen und zweitens glühender FCK-Anhänger ist. Am Rande eines Konzerts wird Presi interviewt. Als ihm der Moderator offenbart, dass der Sender aus Baden-Württemberg stammt, kommentiert Presi humorlos mit »Zweitliga-TV«, in Anspielung auf den Karlsruher SC. Der Moderator antwortet daraufhin, dass das doch zum FCK passen würde, da sich der Verein auf dem absteigenden Ast befinde. Ein folgenschwerer Fehler, denn jetzt legt Presi richtig los. Als echter Betze-Fan fühlt er sich in seiner Ehre verletzt und holt zum Gegenschlag aus: »Heer mol zu, du Arschfigger. Zuerscht häm'mer die Fischmäänz' weggeblooße, wie sich's g'heert. Olé Rot-Weiß, so laafd die G'schichd.«

Und schon hatte er seinen Kultstatus erreicht. »Olé Rot-Weiß, so laafd die G'schichd«, diesen Satz kennt jeder FCK-Fan. Eine Zeit lang ertönte Presis Kultspruch sogar als eine Art Torhymne nach jedem Tor der Roten Teufel aus den großen Boxen des Fritz-Walter-Stadions, damit auch ja jeder Gegner gleich wusste, wie die »G'schichd« auf dem Betze gefälligst zu laufen hat.

Genauso kurios wie Presi selbst ist auch die Entstehungsgeschichte seiner Band Die Presidenten. Die Presidenten sind fester Bestandteil der Pfälzer Musikszene und regelmäßig live in der Re-

* *www.youtube.com/watch?v=d0Ym_L97tFQ*

gion zu sehen. Auf der Homepage der Rocker heißt es: »Nach einem mehrtägigen Eignungsgelage blieben vier untalentierte Musiker zurück: Presi, Winston, Stärkel und Blitzkrieg. Diese Vier wurden dreieinhalb Jahre in einem Popstar-Trainingscamp in Landau von Elmar Ritter und dem schwulen Choreographen ›Pee‹ ausgebildet. Während dieser Zeit ernährten sie sich nur von Bier und Jägermeister.« (www.presidenten.de/ueber-uns) Klingt nach einer sehr speziellen Version von Deutschlands bekanntester Castingshow, in deren Jury ein gewisser Poptitan sitzt.

Unter dem Namen »Presi un die Betzebuwe« veröffentlichten Die Presidenten 2009 den Song *Olé Rot-Weiß – so laafd die G'schichd*. Darin singt Presi unter anderem: »Olé Rot-Weiß, so laafd die G'schichd. / Wir werden siegen, verlieren nicht. / Der FCK ist mein Verein und ein jeder Pfälzer spricht: / Olé Rot-Weiß, so laafd die G'schichd.« Eine Liebeshymne auf den geliebten FCK. Weitere CDs der Band tragen verheißungsvolle Namen wie *Parasit* oder *Nimm den Müll mit*.

Aber der Presi wäre nicht der Presi, wenn er in seinem berühmten YouTube-Video nicht noch einen Spruch auf Lager hätte. Zu der Zeit, als das Interview entstand (2006), kämpften die Roten Teufel gerade gegen den Abstieg. Darauf angesprochen, dass es beim FCK ja nicht so rund laufe, entgegnet Presi trocken: »De Betze steischd jo sowieso net ab, weil nächst Johr beede mer die Bayern in de Tschämpiänsliieg generell weg! Fuck you.«

So sieht der bedingungslose Glaube an den eigenen Verein aus. Dass der »Betze« am Ende der Saison, nach einem dramatischen Finale in Wolfsburg, doch in die zweite Liga absteigen musste? Egal! Denn wir hatten und haben einen Presi. Genau genommen, haben wir Tausende Presis. In jedem von uns schlummert einer, wenn auch hoffentlich mit eleganterer Wortwahl. Natürlich glauben auch die Fans anderer Vereine immer an den Erfolg ihrer Mannschaft, doch in Kaiserslautern und Umgebung ist dieses Denken durch die rot-weiß-rote Vereinsbrille noch stärker ausgeprägt. Und sind wir doch mal ehrlich: Jeder Verein braucht einen Presi. Einen, der auf den Tisch haut und sagt, was er denkt. Der auch in schweren Zeiten zu seinem Verein steht und immer fest an den Erfolg glaubt. In diesem Sinne: *Olé Rot-Weiß, so laafd die G'schichd!*

GRUND 92

Weil ein Spiel in Kaiserslautern erst abgepfiffen wird, wenn der FCK gewonnen hat

Fußball ist ein einfaches Spiel mit ganz klaren Regeln. Es spielen zwei Teams mit je elf Spielern gegeneinander. Ein Spiel dauert 90 Minuten, unterteilt in zwei Hälften à 45 Minuten. Das Team, das am Ende der Zeit mehr Tore geschossen hat, gewinnt und bekommt drei Punkte. Hat kein Team ein Tor erzielt oder beide gleich viele, endet das Spiel unentschieden und beide Teams bekommen je einen Punkt. Richtig? Falsch! Das mögen vielleicht die Standardregeln sein. Doch in Kaiserslautern läuft das anders. Ein Spiel wird erst abgepfiffen, wenn der FCK gewonnen hat!

Sollte diese Regel gebrochen werden, drohen bürgerkriegsähnliche Zustände. Traditionell ist der 1. FC Kaiserslautern eine heimstarke Mannschaft. Der Betzenberg gilt schon seit jeher als uneinnehmbare Festung. Bastion Betzenberg.

Um zu verstehen, wie die Uhren auf Deutschlands höchstem Fußballberg ticken, genügt ein Blick auf ein Spiel aus der Saison 2001/02. Unter Teammanager Andy Brehme startete der FCK fulminant in die neue Spielzeit. Die ersten sieben Spiele wurden allesamt gewonnen. Bundesliga-Startrekord. Irre. Doch bis es so weit kommen konnte, musste am zweiten Spieltag erst einmal Borussia Mönchengladbach geschlagen werden.

Doch die Borussia entpuppte sich als echt harte Nuss. In der ersten Halbzeit passierte nicht wirklich viel und es ging mit 0:0 in die Pause. Was in der zweiten Halbzeit passierte, darf getrost unter dem Motto »typisch Betze« verbucht werden. Arie van Lent schlug doppelt zu. In der 52. und der 61. Minute. Gladbach führte mit 2:0. Da konnte doch eigentlich nichts mehr anbrennen, oder?

Doch! Sechs Minuten nach dem 0:2 zog Mario Basler aus der Distanz ab und verkürzte auf 1:2. Noch war genug Zeit, um das Ding zu drehen. Der Betzenberg erwachte aus seinem Schlaf und begann zu beben. Es dauerte bis zur 89. Minute, ehe die große Aufholjagd fortgesetzt werden konnte. Olaf Marschall wurde im Strafraum gefoult. Elfmeter! Eine klare Sache für Harry Koch. Er verwandelte, wie immer, eiskalt. Ausgleich! Die werden doch nicht?

Genau das ist der Moment, in dem alle irdischen Gesetze außer Kraft treten. Spieler und Fans verschmelzen zu einer Einheit, die durch nichts wieder voneinander zu trennen ist. Der FCK-Express rollte unaufhaltsam auf das Tor von Gladbachs Keeper Jörg Stiel zu. Die Roten Teufel wollten es jetzt wissen. Sie wollten den Sieg, unbedingt. Irgendwie nach vorne mit dem Ball, es würde schon einer seinen Fuß dranhalten. Auf der Tribüne werden im Akkord Fingernägel gekaut. Die 90 Minuten waren längst um, doch der Schiedsrichter ließ einfach weiterlaufen. Als ob er gewusst hätte, was ihm blüht, wenn er hier zu früh abpfeift. Es war, als ob sich eine riesige Jubelwelle hinter den Toren der Fanblöcke aufgestaut hatte, die nur darauf wartete, dass endlich jemand kommt und die Schleuse öffnet …

Es lief bereits die vierte Minute der Nachspielzeit. Wieder segelte ein langer Ball in Richtung Gladbacher Strafraum. Ein Verteidiger klärte mit dem Kopf – genau vor die Füße des heranstürmenden Ägypters Hany Ramzy! Der fackelt nicht lange und tat genau das Richtige. Er nahm das Ding Volley und nagelte es ins Tor! Als ob er, der Abwehrspieler, in seinem Leben noch nie etwas anderes gemacht hätte. Schluss! Aus! Fertig! Das Spiel wurde gar nicht wieder angepfiffen. Der FCK hatte es mal wieder geschafft. In allerletzter Sekunde sorgten die Roten Teufel dafür, dass die Punkte in Kaiserslautern blieben. Torschütze Ramzy war längst in einer Jubeltraube verschwunden. Wildfremde Menschen lagen sich in den Armen. Der ganz normale Wahnsinn auf dem Betzenberg.

Nur eine Saison vorher ereilte Schalke 04 ein ähnliches Schicksal. Auch die Knappen führten mit 2:0 in Kaiserslautern. Wieder gab es Elfmeter für den FCK, wieder drehten die Teufel das Spiel und siegten am Ende mit 3:2. Mit dem einzigen Unterschied, dass das entscheidende Tor schon in der 87. Minute fiel. Der damalige Schalker Marco van Hoogdalem sagte in einem DSF-Interview über die Atmosphäre auf dem Betzenberg: »Es ist, als ob der Teufel da irgendwo herumspukt.«[40]

Tatsächlich könnte man meinen, dass irgendwas im Fritz-Walter-Stadion nicht mit rechten Dingen zugeht. Vor allem, wenn man Borussia Mönchengladbach heißt. Denn die Gladbacher gaben schon einmal eine 2:0-Führung in Kaiserslautern noch in der Nachspielzeit aus der Hand. Am 32. Spieltag der Saison 1997/98 köpft Olaf Marschall den FCK in der 91. Minute zum 3:2-Sieg. Vielleicht können sich die Gladbacher ja mit der Tatsache trösten, dass sie ein Stück weit Fußballgeschichte mitgeschrieben haben. Denn dank dieses Sieges konnte der FCK schon im nächsten Spiel gegen Wolfsburg die Meisterschaft perfekt machen.

GRUND 93

Weil beim FCK die Wein- und Biertrinker friedlich zusammenleben

Rheinland-Pfalz, die Heimat der meisten FCK-Fans, ist neben gutem Fußball vor allem auch für eines bekannt: guten Wein! Die Pfalz ist mit gut 230 Quadratkilometer Anbaufläche das zweitgrößte Weinbaugebiet Deutschlands. Etwa 3.600 Winzerbetriebe erwirtschaften jährlich circa 2,5 Millionen Hektoliter Wein. Egal, ob rot oder weiß – von den verschiedenen Sorten geht bei einem Spiel so einiges über die heimische Theke auf dem Betzenberg.

Da hat so mancher von »außerhalb« schon einmal komisch geschaut: Wein trinkende Männer im Fußballstadion? Wie passt denn das zusammen? Haben die hier denn kein anständiges Bier? Wein und Fußball? Das passt super! Im 0,4-l-Plastikbecher wird jeder Wein stadiontauglich. Vor allem als süße oder saure Schorle genießen die Pfälzer ihren Wein während eines Heimspiels ihrer Mannschaft.

Doch keine Angst! Gutes (und teures) Bier gibt es auf dem Betzenberg natürlich trotzdem. All diejenigen, deren Fanherz nicht für das Pfälzer Nationalgetränk schlägt, können sich mit einem kühlen Bier, einem Cola-Schoppe oder einem Radler erfrischen. So stehen oder sitzen dann bei jedem Heimspiel des FCK Bier- und Weintrinker friedlich nebeneinander und feuern ihre Roten Teufel an. Denn egal, ob Wein oder Bier – wichtig ist doch letztendlich nicht, was der Gaumen bevorzugt, sondern wofür das Herz schlägt.

GRUND 94

Weil Rudi Michel der beste Sportreporter aller Zeiten war

Was wird nicht immer über sie geschimpft: Fußballkommentatoren sind des Fans liebste Hassobjekte. Schließlich heißt es spätestens zu WM oder EM gerne, Deutschland hat über 80 Millionen Bundestrainer – und jeder muss natürlich seine Meinung kundtun. Über viele Jahre tat das auch ein Kaiserslauterer, doch ihm zollte jeder Mann, jede Frau und jeder (Möchtegern-)Nationaltrainer Respekt: Rudi Michel war nicht nur von ganzem Herzen Lauterer, sondern wohl einer der besten Sportreporter des vergangenen Jahrhunderts.

SWR-Mann Michel, 1921 im Schatten des Betzenbergs geboren und damit altersgleich mit Fritz Walter, war schon dabei, als die Deutsche Nationalmannschaft 1954 das Wunder von Bern vollbrachte. Insgesamt fünfmal berichtete Michel in Funk und Fernsehen von einem WM-Endspiel, darunter von den Finals mit deutscher Beteiligung 1974 in München und 1982 in Madrid. Berühmt ist aber vor allem seine Berichterstattung vom 1966er Endspiel in London. Unvergessen seine Worte, als der Ball zum legendären Wembley-Tor vom Querbalken wohl auf die Linie und wieder aus dem Gehäuse heraussprang: »Hei! Nicht im Tor! Kein Tor! Oder doch?«[41] – kaum ein Satz hätte das endlose Wirrwarr um den 3:2-Führungstreffer der Engländer besser zusammenfassen können.

Es ist aber nicht nur das verlorene Endspiel von Wembley, das Michel zu einem ganz großen unter den deutschen Sportreportern machte. Als Autor zahlreicher Bücher über das Wunder von Bern und die Ära Fritz Walters schwang sich der Lauterer zum Chronisten der deutschen Fußballnachkriegsgeschichte auf.

Lange Zeit war er »Hauptabteilungsleiter Sport« beim Südwestrundfunk, schrieb zudem als Kolumnist für verschiedene Zeitungen. Mit großer Leidenschaft berichtete er vom Begleitrad bei der Tour de France und war außerdem ARD-Teamchef bei den Olympischen Spielen in München 1972. Rudi Michel, ein wahrer Tausendsassa!

Als Kommentator hatte Michel, dem man neben dem FCK auch große Sympathien für den FC Arsenal nachsagte, seinen ganz eigenen Stil. Nüchtern, sachlich, manchmal fast schon emotional distanziert – seine Rolle sah er vor allem als die eines Informanten. Michel prägte damit eine ganze Ära der Sportberichterstattung und gilt deswegen heute zu Recht als einer der besten Kommentatoren, die Deutschland je hatte.

GRUND 95

Weil lokale Helden hier ganz besonders gefeiert werden

Früher, zu den Zeiten, als Fritz Walter und die anderen 1954er Weltmeister noch aktiv waren, war es ganz normal, dass der Großteil der FCK-Mannschaft aus echten »Lautrer Buwe« oder zumindest aus Pfälzern aus der Region bestand. Die Spieler aus Kaiserslautern waren sogar so gut, dass sie das Grundgerüst der Nationalmannschaft bildeten. Es erfüllt noch heute jeden FCK-Fan mit Stolz, wenn er sieht, liest oder hört, dass fünf Lauterer maßgeblichen Anteil daran hatten, den Weltmeistertitel 1954 nach Deutschland zu holen. Doch diese Zeiten sind schon lange vorbei.

Über Transfers, gar über mehrere Kontinente hinweg, mochte damals niemand nachdenken. Heute hat die Globalisierung längst auch den Fußball erreicht. An sich spricht da, außer den irrwitzigen Ablösesummen natürlich, nichts dagegen. Wir Pfälzer sind schließlich ein offenes und tolerantes Völkchen. Bei uns bekommt jeder die Chance, sich zu beweisen. Egal, ob aus Kamerun oder Katzweiler: Die Einstellung muss stimmen.

Wenn es dann allerdings heutzutage doch noch ein echter Lokalmatador in die Profimannschaft des FCK schafft, ist die Freude umso größer. Der FCK ist nicht einfach irgendein Verein. Der FCK ist *unser* Verein. Genau das wollen wir auch spüren. Wir wollen Teil davon sein. Und das geht am besten, wenn einer von uns auf dem Rasen steht. Die Identifikation der Menschen mit dem 1. FCK ist seit jeher riesig. Geht es dem Verein schlecht, geht es den Menschen, ach was, einer gesamten Region, schlecht. Läuft es gut für unseren »Betze«, laufen auch wir mit einem breiten Grinsen im Gesicht durch die Welt.

Die Roten Teufel sind seit jeher die Mannschaft der einfachen und bodenständigen Menschen Kaiserslauterns. Abgehobene Starallüren passen nicht auf den Betzenberg. Auch wenn es die immer mal wieder auch in Kaiserslautern zu bestaunen gibt. Genau deshalb macht es uns auch jedes Mal besonders stolz, wenn es einer aus unseren Reihen in das rote Trikot schafft. Lokalpatriotismus wird in der Barbarossastadt gelebt wie in kaum einer anderen deutschen Stadt.

Deshalb haben wir uns zum Beispiel auch so wahnsinnig für die Lauterer Jungs Marco Reich und Thomas Riedl gefreut, als sie 1998 mit ihrem FCK Deutscher Meister wurden. An diesem Tag wurden *wir* Deutscher Meister.

Gegentore und Niederlagen des großen FC Bayern werden in der Pfalz traditionell bejubelt. Besonders gerne erinnern wir uns deshalb auch an den 27. November 1999. Warum? Weil der Lauterer Bub Tommy Riedl an diesem Tag das entscheidende Tor für 1860 München im Stadtderby gegen die Bayern schoss. Damit besiegelte ein Lauterer die erste Derby-Niederlage der Bayern seit 22 Jahren.

Wenn Tobias Sippel während seiner Zeit in Kaiserslautern zu einer Parade ansetzte, sprangen wir mit ihm. Nicht er alleine hielt den Ball, wir alle taten es – gemeinsam mit unserem Sippelsche aus Derkem (Bad Dürkheim, für alle Nichtpfälzer). Wenn der junge Dominique Heintz aus Neustadt an der Weinstraße sich in jeden Zweikampf warf, als gäbe es kein Morgen, jedem verloren geglaubten Ball hinterher spurtete und seinen Teamkollegen im Zweikampf zur Hilfe eilte, dann fühlten wir uns besonders an Fritz Walters Worte erinnert:: »Der Schlüssel zum Erfolg ist Kameradschaft und der Wille, alles für den anderen zu geben«.[42]

Es gibt nichts Schöneres als den Torjubel nach einem Tor für unseren FCK. Vor allem, wenn dieses Tor von einem waschechten Lauterer erzielt wurde. Doch um waschechter Lauterer zu sein, muss man nicht zwingend hier geboren werden. Man kann sich diesen Status auch verdienen. Stefan Kuntz und Miroslav Klose sind zwei sehr gute Beispiele. Kuntz stammt aus Neunkirchen im Saarland. »Saarlänner« und »Pälzer«, diese Mischung geht eigentlich gar nicht. Eigentlich! Genau das ist das Stichwort. Vor dem Saisonstart 2013/14 war Stefan Kuntz für verschiedene Interviews zu Gast im SWR-Studio Kaiserslautern. Zu mir [Sebastian Zobel –Anm. d. Autoren] kam er für ein kurzes Videointerview. Als er das Büro betrat, hatte er eine Kaffeetasse in der Hand. Er fragte, ob das das Bild stören würde. Darauf antwortete ich: »Eigentlich nicht.« Kuntz fing an zu grinsen und sagte augenzwinkernd: »Das Wort ›eigentlich‹ gibt es nicht. Das ist das Erste, was ich meinen Mitarbeitern beibringe!« Recht hat er! Es ist nicht nur eigentlich möglich, sich als Spieler in Kaiserslautern den Status eines Publikumslieblings zu erarbeiten. Es ist möglich! Egal, welcher Geburtsort im Pass steht.

So wird es auch in Zukunft sein. Trotzdem werden wir weiter von Spiel zu Spiel und von Saison zu Saison ganz genau auf den Kader der Roten Teufel schauen. Und jedes Mal, wenn wir einen Lauterer dort auf dieser Liste stehen sehen, werden wir lächeln und denken: Wieder einer von uns, der es geschafft hat!

GRUND 96

Weil der beste Schiedsrichter aller Zeiten ein Roter Teufel ist

Dreifacher Weltschiedsrichter des Jahres, Rekordschiedsrichter der Bundesligageschichte, Unparteiischer bei den Endspielen der Champions League, des Pokals der Pokalsieger und der EURO 2004 – Markus Merk hat in seiner Karriere alles erreicht und ist dabei vor allem immer stets eins geblieben: ein echter Lauterer.

Markus Merk ist wohl der Inbegriff eines Roten Teufels: Noch am Tag der Geburt meldete sein Vater Rudi, jahrzehntelang Schiedsrichterbetreuer beim Verein, seinen Sprössling als Mitglied beim FCK an – gerüchteweise noch bevor er dem Einwohnermeldeamt die Geburt des Sohnes bekannt gab. Tatsächlich trug Markus Merk dann auch für einige Jahre das Trikot der Roten Teufel, entschied sich allerdings schon sehr früh für den schwierigen Job als Fußballschiedsrichter. Sein erstes Spiel zwischen der TSG aus Kaiserslautern und Erlenbach pfiff er mit zwölf Jahren, dank einer Ausnahmegenehmigung und der Legende nach in einem umfunktionierten schwarzen Seidenhemd der Mutter.

Es sollten noch viele weitere Einsätze folgen: 339 in der Bundesliga, 78 im Europapokal und 50 auf Länderspielebene – deutsche Rekorde wahrscheinlich für die Ewigkeit. Mit die wichtigste Partie seiner Karriere dürfte am letzten Spieltag der Saison 2000/01 stattgefunden haben, als sich Schalke 04 bereits als Meister wähnte, ehe Markus Merk den Münchner Bayern in Hamburg einen indirekten Freistoß zusprach – wohl zu Recht. Patrick Anderson erzielte das Tor zum Titel. Merk ist deswegen noch heute in Gelsenkirchen eine Persona non grata, wurde bei einem Einsatz als Fußballexperte im Fernsehen auf Schalke sogar mit Gegenständen beworfen.

Eine noch schwierigere Situation meisterte Merk, der sich selbst viel lieber als Spielmanager denn als Schiedsrichter bezeichnete, beim Confederations Cup 2003 in Frankreich. Während des Spiels Kamerun gegen Kolumbien brach der Afrikaner Marc-Vivien Foé auf dem Spielfeld zusammen und verstarb wegen Herzversagens – der schwerste Moment in der Karriere des Markus Merk, wie er später der Zeitung DIE WELT verriet: »In den Spielen danach hatte ich schon beim Betreten des Stadions ein ungutes Gefühl.«

Ganz nebenbei studierte Merk übrigens Zahnmedizin, eröffnete Anfang der 1990er-Jahre eine Praxis in Kaiserslautern und engagiert sich seit über 20 Jahren ehrenamtlich in Indien. Das Pfeifen und Praktizieren (O-Ton im Handelsblatt; »Ich wollte nicht mehr von der Hand in den Mund leben«[43]) hat er inzwischen aufgegeben. Sein Einsatz für die Kaiserslauterer Indienhilfe aber dauert an: Mit dem Projekt betreut und errichtet Merk Schulen, Waisenhäuser und andere karikative Einrichtungen.

Außerdem hat Merk einen dritten bemerkenswerten Karriereweg beschritten: Heute ist er Fußballexperte für Sky und, Achtung, sogar für einen Sender in der Türkei, wo der Ex-Schiri immer noch sehr populär ist. Außerdem hält er als gutgebuchter Referent Vorträge und Seminare. Doch bei aller Weltgewandtheit: Seine Heimat hat Merk nie vergessen: Er wohnt noch heute in Otterbach bei Kaiserslautern. Und warum sollte er auch weggehen? SPIEGEL ONLINE sagte er im Juni 2006 einst: »Kaiserslautern ist ein fantastisch gemütlicher Flecken in der Pfalz. Bei uns sagt man ja: Wer uns findet, findet uns gut.«

GRUND 97

Weil Marcel Reif mal beim FCK gekickt hat

Er polarisiert wie kaum ein anderer deutscher Sportreporter, gilt aber trotzdem immer noch als einer der besten seiner Zunft. Die Rede ist von Marcel Reif, jahrelang das Aushängeschild von ZDF, RTL, Premiere und zum Schluss Sky, sowie bekennender Anhänger des 1. FC Kaiserslautern. Und diese Fanliebe kommt nicht von ungefähr. Schließlich wuchs Reif nicht nur in der Stadt an der Lauter auf, er trug in der Jugend sogar einige Jahre das traditionsreiche Trikot der Roten Teufel.

Die ersten Jahre im Leben des jungen Marcel Reif verliefen, nun ja, durchaus turbulent. Geboren in Polen, wanderte die Familie 1956 nach Tel Aviv aus, nur ein Jahr später ging es dann nach Kaiserslautern. Hier lernte Reif nicht nur die deutsche Sprache und besuchte ein angesehenes Gymnasium, sondern fand auch seine Verbundenheit zum ortsansässigen Fußballverein. Mit zehn Jahren erlebte der begeisterte Kicker live am Spielfeldrand das Abschiedsspiel von Fritz Walter gegen den französischen Club Stade Reims – ein prägendes Erlebnis. Spätestens da war es um ihn geschehen.

Nur eine Frage der Zeit, bis Marcel Reif selbst die Fußballschuhe für die Roten Teufel schnüren sollte. Er durchlief die Jugend und blieb bis zur U19, die damals vom 1954er Weltmeister Werner Liebrich trainiert wurde. Doch anstatt es im Profifußball zu versuchen, entschied sich Marcel Reif für die seriösere Variante, zog nach Mainz und studierte dort (wie der Autor dieser Zeilen, Fabian Müller, im Übrigen auch) Publizistik, Politikwissenschaften und Amerikanistik. Immer mit dem Ziel vor Augen, Journalist werden zu wollen.

Von der Mainzer Uni war der Weg zum ZDF auf dem Lerchenberg nicht weit, und so nahm die Reporterkarriere Reifs ihren Lauf. Höhepunkt war sicher der »Torfall von Madrid«, als 1998 vor dem Champions-League-Spiel zwischen Real Madrid und Borussia Dortmund ein Tor in sich zusammensackte und ersetzt werden musste. Reif überbrückte die 76-minütige Wartezeit gemeinsam mit Moderator Günther Jauch derart legendär, dass die beiden dafür später mit Preisen und Auszeichnungen überhäuft wurden.

Mittlerweile wohnt Marcel Reif in der Nähe von Zürich, hat sogar die Schweizer Staatsbürgerschaft angenommen. Eines jedoch ist ihm immer geblieben: die Liebe zum 1. FC Kaiserslautern, auch wenn ihm viele Zuschauer immer wieder vorwerfen, er kommentiere seinen angeblichen Lieblingsverein Bayern München zu wohlwollend. Falsch, im Leben des gebürtigen Polen gibt es nur einen Club: die Roten Teufel. Und so schrieb Reif 2010 zum Bundesliga-Wiederaufstieg seiner Lauterer im *Tagesspiegel* die folgenden Worte: »Man sagt ja, dass man die Frau verlassen kann, die Kinder auch, aber nie diese erste große außerfamiliäre Liebe, die zu seinem Fußballverein. Ich fürchte, es geht viel tiefer.«[44]

GRUND 98

Weil wir die Nummer eins in Rheinland-Pfalz sind

Natürlich ist der FCK nicht der einzige Fußballverein in Rheinland-Pfalz. Aber für seine Fans ist er der einzig wahre. Dabei spielt es absolut keine Rolle, in welcher Liga die Teufel gerade sind und ob irgendein Karnevalsverein aus der Landeshauptstadt mit seinen Partyfans eine bunte Bundesligasause feiert. Es ist tatsächlich so weit gekommen, dass der Fußballverein aus Mainz höherklassiger als der FCK spielt. Na und? Was genau hat dieser Verein zu bieten außer seiner – momentanen – Ligazugehörigkeit? Machen wir doch mal den direkten Vergleich.

Der 1. FC Kaiserslautern ist Gründungsmitglied der Bundesliga. Mainz konnte erstmals 2004 in die oberste Spielklasse Deutschlands aufsteigen. Der FCK steht neben Leidenschaft und Tradition auch für sportlichen Erfolg. Viermal konnten die Roten Teufel bereits die Deutsche Meisterschaft gewinnen: 1951, 1953, 1991 – und 1998 sensationell als Aufsteiger. Dazu kommen zwei Pokalsiege 1990 und 1996. Viermal wurden die Lauterer Vizemeister. Zwölfmal spielte man um den UEFA-Cup und erreichte 2001 sogar das Halbfinale. In der Saison 1998/99 spielte der FCK in der Champions League und schied erst im Viertelfinale aus. Mainz *null* fünf trägt die Anzahl seiner Titel schon im Vereinsnamen. Keine Meisterschaft. Kein Pokalsieg. Größte Erfolge bislang: zwei Aufstiege in die Bundesliga, drei Teilnahmen an der Europa League und das Erreichen des Pokal-Halbfinals.

Die Roten Teufel aus Kaiserslautern tragen ihre Heimspiele im Fritz-Walter-Stadion aus. Das Stadion, das nach dem Ehrenspielführer der Deutschen Nationalmannschaft, Fritz Walter, benannt wurde, hat ein offizielles Fassungsvermögen von 49.780. Einen Ehrenspielführer der Nationalmannschaft sucht man in der Historie der Mainzer vergebens. Ihre Heimspiele tragen die 05er in der Opel-Arena aus. Die Arena bietet insgesamt Platz für 34.000 Zuschauer.

In seiner ruhmreichen Geschichte konnte der 1. FC Kaiserslautern zahlreiche deutsche Nationalspieler hervorbringen. Beim berühmten Wunder von Bern 1954, als Deutschland sensationell und völlig überraschend Weltmeister wurde, standen fünf Lauterer auf dem Spielfeld. Fritz Walter, Ottmar Walter, Horst Eckel, Werner Liebrich und Werner Kohlmeyer. Auch die Teufel Stefan Kuntz, Andreas Brehme, Olaf Marschall oder Miroslav Klose liefen für den DFB auf, um nur einige Beispiele zu nennen. Nach Spielern aus Mainz sucht man in der Nationalmannschaft fast vergebens. Bisher schafften es erst vier Spieler aus der rheinland-pfälzischen Landeshauptstadt ins Aufgebot des deutschen Fußballbundes. Stammspieler oder Titelträger: Fehlanzeige!

Es gäbe noch einige Punkte zu nennen. Doch soll dieses Buch kein Vergleich zwischen Kaiserslautern und Mainz werden. Fakt ist: Der FCK hat in beinahe allen Bereichen die Nase vorn. Mehr Tradition, mehr Erfolge, mehr Fans und definitiv mehr Herzblut. So wird es auch in Zukunft keine Rolle spielen, in welcher Liga die Roten Teufel spielen oder ob ein anderer Verein aus dem Bundesland gerade erfolgreicher ist. Der Titel der Nummer eins in Rheinland-Pfalz geht nach Kaiserslautern. Und da bleibt er auch!

GRUND 99

Weil man in der Pfalz keine ordinären Kerle mag

Seien wir doch mal ehrlich: Früher waren Beleidigungen viel schöner als heute – zumindest waren sie liebenswerter. Wenn heute ein Bundesligaspieler wegen obszönen Gesten oder Begrifflichkeiten gegen den Schiedsrichter vom Platz fliegt, dann sind nicht selten das böse A-Wort oder, beliebt vor allem bei internationalen Akteuren, das böse F-Wort mit im Spiel. Dass es vor rund 25 Jahren auf Deutschlands Fußballfeldern noch ganz anders zugehen konnte, beweist das Beispiel von Stefan Kuntz. Einmal, ein einziges Mal musste Stefan Kuntz in 449 Bundesligaspielen vorzeitig zum Duschen und das ausgerechnet bei einer Partie, die in den Geschichtsbüchern noch lange Zeit als Meilenstein gelten sollte – nämlich als letzter Sieg des 1. FC Köln gegen den Angstgegner aus Kaiserslautern für über 20 Jahre. Am 16. Dezember 1989 war Stefan Kuntz alles andere als in Vorweihnachtsstimmung, als Schiedsrichter Hans-Joachim Osmers aus seiner Sicht maßgeblichen Einfluss auf die Partie nahm, die Köln am Ende durch Treffer von Ralf Sturm und Pierre Littbarski mit 2:1 auf dem Betzenberg gewann.

64 Minuten waren damals gespielt, als der spätere FCK-Coach Franco Foda seine Lieblingssportart im Strafraum offenbar spontan mit der Übertragung des letzten WM-Kampfs im Freistil-Ringen verwechselte – Schiri Osmers zeigte auf den Punkt, eine Entscheidung, die laut ZDF-Kommentator Jörg Dahlmann »klar wie Klärchen« war. Diese verbale Entgleisung mag Stefan Kuntz im Ohr gehabt haben, als er wütend auf den Unparteiischen zulief und die Rücknahme des Strafstoßes forderte. Weil das ja bekanntermaßen nicht allzu häufig passiert, musste der Lauterer Stürmer mit den Konsequenzen leben – und den Gang in die Kabine antreten.

»Solch einen ordinären Kerl wie dich habe ich schon lange nicht mehr gesehen«, erinnerte sich Osmers an die Worte von Kuntz – die wohl netteste Schiri-Schelte der Bundesligageschichte.* Auf den Platzverweis angesprochen, gab Stefan Kuntz nachher zu Protokoll, es sei »Auffassungssache, ob das eine Beleidigung war.« Osmers soll den Lauterer Kapitän mehrfach mit »Hau ab« weggeschickt haben, daraufhin will Kuntz gesagt haben: »Mein Gott, sind Sie ein ordinärer Kerl.« Ob nun »Sie« oder »Du«, ob ordinär oder nicht – Stefan Kuntz bewahrt eben in allen Lebenssituationen Stil, selbst beim Vom-Feld-geschickt-Werden. Aber ordinäre Kerle, die mögen wir trotzdem nicht in Kaiserslautern.

---

* *www.youtube.com/watch?v=Frjo07jTF_Q*

10. KAPITEL

DAS DO GLAAB ICH ALLEWEI NET!

KURIOSES VON KIRSCHBÄUMEN, PROSTITUIERTEN UND POKALSCHLACHTEN!

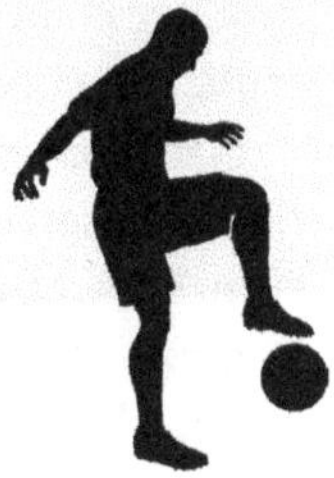

GRUND 100

Weil für Lauterer die Kirschbäume besonders hoch wachsen

Eigentlich ist die Geschichte ja nicht zum Lachen: Wenn sich ein Fußballer so schwer verletzt, dass er über ein Vierteljahr ausfällt, dann verbietet das schon der gesunde Menschenverstand. Eine solche Blessur zog sich der Lauterer Stürmer Adam Nemec im Sommer 2011 zu, als er sich bei einem Sturz zwei Brustwirbel und das Schlüsselbein brach. Der Slowake kam mit einer schweren Gehirnerschütterung ins Krankenhaus, die Hinrunde der Saison 2011/12 war quasi gelaufen. Tragisch für den Slowaken, aber kurios für den Rest der Nation: Nemec war im heimischen Garten bei der Kirschernte von einem Baum gestürzt.

Natürlich sorgte das Zustandekommen der Verletzung schnell für hämische Kommentare, der massenmedientaugliche »Sturz vom Kirschbaum« war mal wieder Anlass genug, alle kuriosen Verletzungsgeschichten der Vergangenheit herunterzubeten. Böse Zungen behaupteten im Falle Nemec sogar, es handele sich um eine geschickte Verschleierungstaktik und der Angreifer wäre tatsächlich im angetrunkenen Zustand gestürzt – heißt doch eine Party-Kneipe in Kaiserslautern nicht »Kirsch-«, dafür aber »Pflaumenbaum«. Nemec strafte jedoch alle Kritikerlügen, kam kurz vor der Winterpause wieder erstarkt zurück und schoss am 17. Bundesligaspieltag als Joker sogar noch ein wichtiges Tor gegen Hannover 96.

Übrigens war Nemec nicht der erste Lauterer Stürmer, der sich eine durchaus seltsame Verletzung zuzog. Ein Lied davon kann etwa Stefan Kuntz singen: Eine überragende Saison 1990/91 krönte er mit der Deutschen Meisterschaft und dem Titel »Fußballer des Jahres«, er war aber auch für die kurioseste Blessur verantwortlich. Beim Aussteigen aus dem Mannschaftsbus knickte der gebürtige Saarländer um. Die Folge: ein mehrfacher Bänderriss und erst einmal der Platz auf der Tribüne. Doppeltes Pech: Durch die Verletzung verpasste er (zunächst) auch sein Länderspieldebüt in Wembley.

Sieben Jahre später erwischte es dann auch Kuntz' Nachfolger im Sturmzentrum, den Tschechen Pavel Kuka. Ein spannender Fernsehabend (es soll ein Horrorfilm gelaufen sein) endete für den Angreifer tatsächlich mit viel Blut: Eine Glasflasche rutschte Kuka aus der Hand, die Scherben schnitten ihm in den Fuß – dumm gelaufen. Die Wunde musste genäht werden und Kuka fiel für das Auswärtsspiel auf Schalke aus.

Die meisten Unfälle passieren laut Statistik ja bekanntlich im Haushalt – in Kaiserslautern zusätzlich also auch im heimischen Garten oder vor dem eigenen Mannschaftsbus. Richtig unglücklich, aber nachträglich können sicher alle Beteiligten ihren Verletzungsgeschichten auch etwas Tragikomisches abgewinnen. Zumindest eines ist ihnen nämlich sicher: auf Jahre hinaus ein Stammplatz bei jeder Sammlung kurioser Fußballer-Verletzungen.

GRUND 101

Weil die FCK-Spieler auch stimmlich überzeugen

Singende Fußballer hat die Welt schon viele gesehen: Petar Radenković, Franz Beckenbauer, Kevin Keegan, Toni Polster, Thomas Brdarić – die Liste könnte endlos fortgeführt werden. Und dann sind da ja noch diese wiederkehrenden akustische Verbrechen, die die Deutsche Nationalmannschaft mit ihren wechselnden Komplizen Michael Schanze und Udo Jürgens früher alle vier Jahre verbrochen hat – nämlich im Vorfeld jeder Weltmeisterschaft. Unvergessen ist vor allem der Auftritt der DFB-Auswahl vor dem Turnier in den USA 1994 – damals mit besonderen musikalischen Partnern, den Village People *(YMCA)*, live im Zweiten Deutschen Fernsehen bei *Wetten, dass ..?*. Legendär, wie unrhythmisch Klinsi, Loddar und Co. damals bei Thomas Gottschalk in die Hände klatschten.

Wesentlich, ähm, talentierter erwiesen sich im selben Jahr die Roten Teufel aus der Pfalz. Nach der sensationellen Vizemeisterschaft in der Saison 1993/94 kam der Verein auf die abstruse Idee, man müsste den treuen Fans eine vertonte Danksagung darbieten. Die musikalische Verantwortung für das Projekt *Das ist für Euch* übernahm Andy Kuntz, Cousin von Kapitän Stefan und bekannter Rockmusiker. Mit seiner Band Vanden Plas ist der gebürtige Lauterer seit den späten 1980er-Jahren europaweit auf Konzerten und Festivals unterwegs. Außerdem arbeitet er regelmäßig am Kaiserslauterer Pfalztheater, wo auch zwei von ihm geschriebene Rockmusicals ihre Uraufführung feierten.

Das musikalische Projekt der 1994er-Mannschaft wäre heute wohl weitgehend vergessen, wenn damals nicht die SAT.1-Sendung *ran* ganz groß mit ihren Kameras draufgehalten hätte.* Das Resultat zeigt halb nackte FCK-Spieler, die damals die klangvollen Namen Roos, Funkel, Lieberknecht oder Ritter trugen. Man hört einen sehr heiseren Stürmer Uwe Fuchs und betrachtet, legendär, den barbusigen Trainer Friedel Rausch, stilsicher mit Sonnenbrille und Luftgitarren-Solo. Als dann der SAT.1-Reporter die investigative Frage stellt, wer denn das »schönste sonore Organ« in der Mannschaft hat, kann es für den Erfolgscoach nur einen geben: Gerry Ehrmann – aber »der hat natürlich Übung. Der schreit im Training genug.« Auch Goldkettchen-Träger Stefan Kuntz, in dieser Saison mit 18 Treffern Bundesliga-Torschützenkönig, wird mit derselben Frage konfrontiert – und entgegnet doppeldeutig, ob denn mit »Organ« die Stimme gemeint wäre.

Ja, war sie. Und das beweist Gerry Ehrmann, der Tarzan aus Tauberbischofsheim, auch mit einem martialischen Solo-Sprechgesang, der die Engel wohl reihenweise vom Himmel hat abstürzen lassen. Ein Textauszug: »Unser Blut – wie eine Ladung Dynamit. /

---

* *www.youtube.com/watch?v=ZthU-4PIlyI*

Unser Weg – den Teufel im Gepäck. / Unser Leben – für eine Horde, die nie aufgibt. / Uns're Träume, uns're Tränen, uns're Seele, unser Lied!« Rauschs Kommentar: »Da kommt der Udo Jürgens nicht mehr mit, Gerry« – war vielleicht auch besser so.

GRUND 102

Weil das 6:3 gegen den BVB die Mutter aller Pokalschlachten ist

Der Rasen auf dem Betzenberg hat wirklich schon einiges miterlebt. Meisterfeiern, Nichtabstiegsfeiern und nicht zuletzt eine Vielzahl an verrückten Spielen. Besonders Pokalspiele bei Flutlicht sind immer etwas Besonderes. Einige von ihnen entwickelten sich zu regelrechten Pokalschlachten. Dies ist die Geschichte ihres Prototyps. Mit zwei großen Mannschaften in den Hauptrollen.

Am 20. September 1994 standen sich der FCK und Borussia Dortmund in der zweiten Runde des DFB-Pokals gegenüber. 33.000 Zuschauer waren an diesem Abend auf den Betze gepilgert, um ein spannendes Spiel zu sehen. Sie wurden nicht enttäuscht.

Beim amtierenden Vizemeister FCK standen damals mit Wagner, Sforza, Marschall und Kuka bereits einige Spieler in der Startelf, die keine vier Jahre später als Aufsteiger Deutscher Meister wurden. Die Mannschaft des BVB war gespickt mit Weltstars. Chapuisat, Freund, Zorc, César, Sammer, Möller. Diese Namen sorgten dafür, dass der BVB am Ende der Saison 1994/95 Meister wurde.

Erst ein paar Wochen zuvor trafen beide Teams in der Bundesliga in Dortmund aufeinander. Dank einer Schwalbe Karl-Heinz Riedles und eines im Anschluss verwandelten Elfmeters gewann die Borussia dieses Duell mit 2:1. Lauterns Torjäger Stefan Kuntz fiel ausgerechnet für diesen Pokalkracher aus, nachdem er sich in der Begegnung zuvor verletzt hatte.

Das Spiel verdiente sich die Bezeichnung »Pokalschlacht« von Beginn an. Nach 20 Minuten wurde Sforza von Möller umgecheckt und musste mit Verdacht auf einen Rippenbruch ausgewechselt werden. Für ihn kam Dirk Anders. Möller beteuerte seine Unschuld und war fortan der Buhmann der FCK-Fans. Er kam ohne Karte davon. Das sollte an diesem Abend allerdings die Ausnahme bleiben. Die Kartenbilanz insgesamt: Sechs Gelbe für den FCK, vier Gelbe und eine Gelb-Rote für den BVB. Kurios: Nachdem Sforza zunächst mit dem Krankenwagen ins Krankenhaus gebracht wurde, tauchte er später wieder im Stadion auf und gab noch am Spielfeldrand ein Interview. Darin lässt er keine Zweifel, dass Möllers Ellenbogeneinsatz gegen ihn Absicht war.

Trotz der hitzigen Stimmung und der vielen Fouls, Fußball wurde auch noch gespielt. Dortmund hatte zu diesem Zeitpunkt mehr vom Spiel und Chapuisat brachte die Gäste in der 38. Minute in Führung. Mit 0:1 ging es in die Pause. Dabei blieb es nicht lange.

Kurz nach Beginn der zweiten Hälfte glich Anders für den FCK aus. Doch sein Tor musste er teuer bezahlen. Noch während des Torschusses verletzte er sich. Das Problem: Zeitgleich verletzte sich auch Olaf Marschall. Doch damals waren nur zwei Wechsel erlaubt. Marschall biss auf die Zähne und kämpfte sich durch. Anders verließ den Platz, für ihn kam Marco Haber.

Der FCK bekam die hitzige Partie nicht in den Griff und Povlsen brachte Dortmund in der 57. Minute erneut in Führung. Auch er verletzte sich nur wenige Minuten nach seinem Treffer und musste runter. Für ihn kam Thomas Frank, der zwei Jahre später auf den Betzenberg wechseln sollte. Es wurde ein kurzer Einsatz für ihn an diesem Abend. Acht Minuten nach seiner Einwechslung sah er die zweite Gelbe Karte und flog folgerichtig in der 80. Minute vom Platz.

Es ging hitzig weiter, ein Foul jagte das nächste. Die FCK-Fans auf den Rängen brannten ein Stimmungsfeuerwerk ab, das seinesgleichen suchte. In der 89. Minute bekamen die Roten Teufel einen Handelfmeter zugesprochen. Kapitän Andy Brehme verwandelte sicher zum Ausgleich und rettet seine Mannschaft so in die Verlängerung. Auf dem Betze gab es jetzt kein Halten mehr!

Sieben Minuten der Verlängerung waren gespielt, als Dortmund zum dritten Mal in Führung ging. Sammer ließ Tarzan Gerry Ehrmann mit einem flachen Schuss ins linke Eck keine Chance. Wer glaubte, das war es jetzt, täuschte sich.

Quasi im direkten Gegenzug versenkte Kadlec einen Distanzhammer zum 3:3-Ausgleich. Und jetzt hatten die Teufel Oberwasser. Nur drei Minuten später schoss der verletzte Olaf Marschall den FCK zum ersten Mal in diesem Spiel in Führung. Kein Hollywood-Regisseur hätte ein besseres Drehbuch für diesen Krimi schreiben können.

Die Dortmunder Abwehr war jetzt platt, und der Platzverweis machte sich bemerkbar. Die Teufel waren spielerisch am Drücker und drängten auf die Entscheidung. Sie ließ nicht lange auf sich warten. Pavel Kuka vollendete einen wunderschönen Spielzug über Hengen und Haber zum 5:3.

Während die FCK-Fans »Oh wie ist das schön« skandierten, machte Martin Wagner per Kopf das halbe Dutzend voll. Ein denkwürdiger Pokal-Abend endete mit einem 6:3-Sieg für den 1. FC Kaiserslautern und einer gelungenen Revanche für das verlorene Ligaspiel. Dieser Pokalabend, mit seinen unfassbar vielen Fouls und den brachial lauten FCK-Fans im Stadion, geht definitiv in die Geschichte des FCK ein. Als Mutter aller Pokalschlachten!

GRUND 103

Weil nicht nur der »Glubb«, sondern auch der FCK »ein Depp« ist

»Der Glubb is a Depp!« sagt man in Nürnberg über den ortsansässigen ersten Fußballverein – weil er als amtierender Meister (1969) und Pokalsieger (2008) absteigt, innerhalb von vier Jahren zehn Trainer verschleißt (1978 bis 1981) oder eine ganze Saison lang ohne einen einzigen Auswärtspunkt bleibt (1984). Aber auch der 1. FC Kaiserslautern hat bisweilen großes Depp-Potenzial – was ihn bei gegnerischen Vereinen durchaus beliebt macht und bei den eigenen Fans manches Mal die Nerven strapaziert.

Eigentlich müssten Lauterer Anhänger die deutschen Kommentatoren und ihre Statistikaffinität hassen. Gefühlt hat das Zahlenwerk dem FCK schon Tausende Mal einen Strich durch die Punkterechnung gemacht – vor allem dann, wenn vorher auf eine Negativserie hingewiesen wurde. Die Klassiker sind: Spieler X hat seit 157.852 Minuten kein Tor mehr geschossen – da kommen die Roten Teufel als Bannbrecher gerade recht und laden ein zum Tag der offenen Tür. Verein Y ist seit 29 Jahren zu Hause sieglos – aber keine Bange, als Nächstes steht ja ein Heimspiel gegen die auswärtsschwachen Betze-Buben auf dem Spielplan. Und Mannschaft Z hat in zweifacher Unterzahl noch nie einen Acht-Tore-Rückstand gedreht – doch, Gott sei Dank, heißt der Gegner heute ja 1. FC Kaiserslautern.

Gut, das ist jetzt vielleicht ein bisschen übertrieben, aber als FCK-Fan fühlt es sich eben genauso an! Fast hat man den Eindruck, die Verantwortlichen auf dem Betzenberg fühlten sich als Drehbuchschreiber dazu verpflichtet, der Bundesliga den richtigen dramaturgischen Spin zu verschaffen. Konkrete Beispiele gefällig? Ein talentierter Nachwuchsstürmer namens Kevin Kurányi schafft nach seinem ersten Bundesligator den Durchbruch – natürlich gegen Lautern. Der Mainzer Ádám Szalai trifft kurz nach seinem Comeback nach einer ewigen Verletzungspause – natürlich gegen Lautern. Tasmania Berlin hat nur gegen einen Bundesligaverein nie verloren – natürlich gegen Lautern. Willkommen in der Welt der Roten Teufel!

Auch gerne gesehen: Kicker, die beim FCK nichts, aber auch gar nichts auf die Kette kriegen und nach ihrem überfälligen Wechsel bei anderen Vereinen dann richtig durchstarten. Zum Beispiel Igli Tare, in der Pfalz (zu Recht) als Chancentod verschrien, danach dann Führungsfigur und heute Teammanager bei Lazio Rom. Oder der Brasilianer Lincoln, der in der Pfalz »Heimweh« hatte und dann lieber schnell ins subtropische Gelsenkirchen wechselte. Lincolns Heimatstadt São Brás do Suaçuí trennen übrigens 9.318,71 Kilometer Luftlinie von Kaiserslautern, Gelsenkirchen ist hingegen 9.441,06 Kilometer entfernt – das nur mal so am Rande.

Der FCK macht also den Nürnbergern den Titel »Depp der Liga« zumindest im Kleinen streitig. Auch wenn manche Lautern-Fans das oft nicht wahrhaben wollen und stattdessen konsequent den Rivalen FSV Mainz 05 als »den Depp« bezeichnen. Aber seien wir doch mal ehrlich: Niemand ist unfehlbar. Und dass sich die Roten Teufel gerne mal wieder als Aufbaugegner zur Verfügung stellen, macht doch nur sympathisch – auch wenn so viel Nächstenliebe für die eigenen Fans zum Haareraufen sein kann.

GRUND 104

Weil der FCK die einzig wahren Roten Teufel hat

Es gibt sie in mehrfacher Ausführung. Wohin man schaut, überall »Rote Teufel«. Ein Eishockeyteam aus Bad Nauheim heißt zum Beispiel so. In Kitzbühel gibt es die »Skischule Rote Teufel«. Fußballvereine in Frankreich, Argentinien, Mexiko, Uruguay und Kolumbien sind bei ihren Fans als die »Roten Teufel« beziehungsweise »Diablos Rojos« bekannt. Nicht zuletzt trägt auch das berühmte Team von Manchester United den sehr geläufigen Spitznamen »Red Devils«. Doch wir in Kaiserslautern haben die einzig wahren Roten Teufel.

Das ist in erster Linie in der Entstehungsgeschichte dieses Spitznamens begründet. Fritz Walter spielte während des Krieges in einer Soldaten-Mannschaft namens »Rote Jäger«. Als er nach dem

Ende seiner Kriegsgefangenschaft nach Kaiserslautern zurückkehrte, beschloss er, dass der FCK fortan in komplett roten, statt rotweißen Trikots auflaufen sollte. Durch die fulminante, teuflisch gute Spielweise der Lauterer Mannschaft, in Verbindung mit den roten Trikots, wurden die FCK-Spieler schon bald von der Presse »Rote Teufel« getauft. Die »Roten Teufel« gewannen in den 1950er-Jahren zweimal die Deutsche Meisterschaft und waren wahrscheinlich die beste Mannschaft ihrer Zeit – angeführt vom wohl besten Fußballer aller Zeiten.

Schauen wir doch mal nach Manchester. Dort ist der »Red Devil« sogar in das Vereinswappen von United integriert. So weit, so gut. Doch den Spitznamen »Red Devils« bekam die Mannschaft erst in den 1960er-Jahren. Also zu einer Zeit, als die Teufel in Kaiserslautern schon lange auf dem Spielfeld wirbelten. Auch wenn Manchester United sicherlich mehr Erfolge vorzuweisen hat, die wahren Roten Teufel gibt's nur in Kaiserslautern.

Überhaupt hat sich der Teufel in Kaiserslautern über die Jahre hinweg einfach etabliert. Zum Beispiel als Aufnäher auf den Kutten in der Fankurve. Oder als Einheizer vor den Heimspielen auf dem heiligen Rasen. Selbst der Kinderclub des Vereins heißt »Teufelsbande«. Das Maskottchen ist, na klar, »Betzi« der Teufel. Und die Stimmung im Fritz-Walter-Stadion, auf Deutschlands höchstem Fußballberg, die ist sowieso traditionell teuflisch gut. Egal, in welcher Liga.

GRUND 105

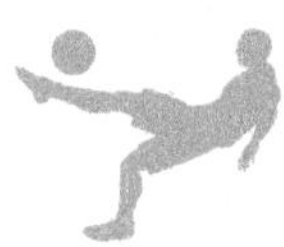

Why not?

Ja, warum eigentlich nicht? Das dachten sich auch drei junge Rote Teufel im Sommer 2011 und fuhren kurzerhand in ein Kaiserslauterer Nacht-Etablissement namens Why not. Der fantastische

Name und die verruchte Szenerie veranlassten die *BILD*-Zeitung später sogar zu einem investigativen Ortsbesuch. Die drei Spieler, nennen wir sie der Einfachheit halber Tickel, Trecksos und Trackovic, mussten den nächtlichen Ausflug am Ende allerdings teuer bezahlen – in vielerlei Hinsicht.

Aber von vorne: Es ist ein Freitagabend im Juli 2011, es ist schwül draußen, und in Kaiserslautern läuft gerade das berühmte Altstadtfest, bei dem sowieso die ganze Stadt auf den Beinen ist. Klar, da hat man es als FCK-Profi nicht leicht. Ohnehin wird man in der wenig weitläufigen Stadt häufig um ein Autogramm oder ein Foto gebeten, aber heute? Puh, die Hölle für unsere drei Jungprofis! Da kommt ihnen eine vermeintlich gute Idee: Der BMW M3 von Tickel steht ganz in der Nähe, wie gemacht für eine nächtliche Spritztour. Es soll in einen Nachtclub gehen, draußen, im Gewerbegebiet, wo sich an diesem Abend sicherlich kein (Fußball-)Fan hinverirren wird. Die Rechnung wäre beinahe aufgegangen, wenn, ja wenn der Fahrer unterwegs an einer Tankstelle nicht dummerweise ein parkendes Auto touchiert hätte. Eine Anwohnerin hat' gesehen und meldet den Vorfall der Polizei: Fahrerflucht. Die macht schnell den Halter des Wagens aus und später dann auch ausfindig – und schwups, schon steht die BILD-Schlagzeile von der »Suff-Puff-Affäre«.

Später erzählt Tickel von dem Morgen, nach dem die BILD über die Affäre berichtet hat. Die Mutter hatte schon nervös versucht anzurufen, doch das Handy war aus. Morgens beim Frühstück mit den Kollegen greift sich der Lautern-Spieler eine BILD-Ausgabe und blättert von hinten durch bis zum Sportteil – puh, Glück gehabt, nur ein kleiner Artikel. Aber der große Hammer wartet auf der Titelseite: Der Ausflug der drei FCKler ist Aufmacher auf Seite eins – dem Sommerloch sei Dank!

Was folgte, war für die FCK-Presseabteilung ein Crashkurs in Sachen Krisenkommunikation und für die Betroffenen Bestrafungen jeder erdenklicher Art: Geldstrafe, Führerscheinentzug, Suspendierung, soziale Ächtung durch die berühmt-berüchtigte Kaiserslauterer Klatsch- und Tratschszene. So etwas war man eigentlich nur vom FC Hollywood der späten 1990er gewohnt. Doch nur wenige Wochen später war die Sache schon wieder vergessen, der FCK und seine Fans hatten den Spielern verziehen – warum denn eigentlich auch nicht?

GRUND 106

Weil hier sogar die Spielerfrauen singen können

Der 15. Juni 1991 ist ein Tag, der in die Geschichtsbücher des 1. FC Kaiserslautern einging. Nicht nur, weil die Lauterer an diesem Tag den ersten Deutschen Meistertitel nach 38 Jahren feierten. Nicht nur, weil die Mannschaft beim Auswärtsspiel in Köln von aberwitzigen 40.000 (!) Fans begleitet wurde. Und nicht nur, weil das ZDF sein *Aktuelles Sportstudio* live von der Schifffahrt des Lauterer Teams sendete. Sondern auch, weil die Spielerfrauen der Roten Teufel ihren Männern an diesem Tag ein ganz besonderes Ständchen brachten.

Drei Wochen vor Saisonende, irgendwann Ende Mai 1991, traten die Spielerfrauen, angeführt von Sabine Kuntz, an den Kaiserslauterer Rockmusiker Andy Kuntz heran und baten ihn, ein Lied zu schreiben. Kuntz tat, wie ihm geheißen und verfasste Text und Musik für *Keep on running* – eine Rockballade, die textlich eher als Motivations- denn als Siegeshymne zu deuten ist. Vielleicht hatte die Riege der Spielerfrauen ja Zweifel daran, dass ihre Männer am Ende tatsächlich die Schale hochhalten werden. Am vorletzten Spieltag jedenfalls machten sie es mit einer 2:3-Heimpleite gegen Borussia Mönchengladbach noch einmal unnötig spannend.

Was mit dem Song passiert wäre, wenn der FCK sein Endspiel in Köln nicht gewonnen und die Bayern parallel den Absteiger

Uerdingen geschlagen hätten? Eine gute Frage. Vanden Plas Keyboarder Günter Werno gab Jahre später jedenfalls in einem Interview mit dem Internetmagazin Metalkings.com zu verstehen: »Die Frauen der Spieler kamen drei Wochen vor der Meisterschaft zu uns und fragten: ›Wenn sie Deutscher Meister werden, könnt ihr einen Song für uns schreiben?‹ Das haben wir getan, und glücklicherweise sind sie ja auch Deutscher Meister geworden …«*

Egal-was-gewesen-wäre-hätte-wenn-und-aber: Der Auftritt mit den Musikern von Vanden Plas war jedenfalls ein voller Erfolg – auch wenn zur Sicherheit alles Play-back ablief. Die FCK-Spieler waren sichtlich überrascht und fielen ihren Herzensdamen danach glücklich in die Arme. Und auch Trainer Karl-Heinz Feldkamp, dessen Frau ebenfalls zu den Sängerinnen gehörte, fehlten auf dem Boot beinahe die Worte: »Ich habe was geahnt, aber dass das so etwas Schönes und so … attraktiv wird – ich bin überrascht.« (*aktuelles sportstudio*, 15. Juni 1991) Eingeweiht war einzig Sportstudio-Moderator Dieter Kürten, der auf dem in Wesseling liegenden Schiff übrigens eine sensationelle Sendung improvisierte – davon könnten sich seine Nachfolger durchaus eine Scheibe abschneiden.

Ein kurzer Textauszug aus *Keep on Running*: »[…] Dann kommt die Flut, / Dein Boot droht zu versinken, / schrei Deine Gefühle raus, sonst wirst Du ertrinken! / Some kind of dreams, / not easy to come true, / try to reach the border line, / you've got the strength in you. / Hilflos im Sturm, / und Dich verlässt der Mut, / Drachen weinen so wie Du, / Tränen auf die Glut! / Keep on running, / and keep on fighting, / run for the best of your life! / Keep on running, / and keep on fighting! […]«

* *www.metalkings.com/reviews/vanden-plas/vanden-plas.htm*

GRUND 107

Weil sogar ein Seite-1-Girl der BILD-Zeitung beim FCK unter Vertrag stand

Ja okay, zugegeben: Der Titel ist leicht irreführend. Denn natürlich war niemals ein leichtbekleidetes Seite 1-Mädchen der BILD-Zeitung auf irgendeine Art und Weise mit dem 1. FC Kaiserslautern verbandelt. Dafür aber andersrum: Ein Roter Teufel und Teilzeit-Nationalspieler schaffte es tatsächlich nackt auf die Titelseite von Europas größter Boulevardzeitung. Sein Name: Marco Engelhardt. Seine Mission: unbekannt.

Es ist schon beinahe tragisch, was dem einstigen Hoffnungsträger Marco Engelhardt da um Weihnachten 2005 herum passierte. Der damals 25-Jährige sprach in einer Kaiserslauterer Diskothek eine junge Krankenschwester an, die zunächst gar nicht wusste, wen sie da vor sich hatte. Die beiden tauschten Handynummern aus, und dann beging Engelhardt einen folgenschweren Fehler: Er schickte ein privates Ganzkörpernacktfoto per MMS an die damals 22-Jährige, versehen mit den Worten »Denk mal wieder an mich …«.

Die geschockte Empfängerin hatte nichts Besseres zu tun, als das Foto gewinnbringend für mehrere Hundert Euro an die BILD-Zeitung zu verkaufen. Dort freute man sich natürlich, das Themenloch in der Winterpause mit einem nackten Nationalspieler füllen zu können, und druckte den splitterfasernackten Engelhardt im Großformat auf ihrer Titelseite (an der entscheidenden Stelle jedoch glücklicherweise zensiert).

Für Engelhardt war das lediglich der Gipfel seiner weitgehend unglücklichen Kaiserslauterer Zeit. 2004 kam er als großes Talent aus Karlsruhe nach Kaiserslautern und wurde sofort Stammspieler. Nach nur 14 Erstligaeinsätzen berief ihn der damalige Bundestrainer Jürgen Klinsmann in die Nationalmannschaft, sein Debüt gab

Engelhardt beim 3:0 gegen Japan auf der Asienreise im Dezember 2004. Es folgten noch zwei weitere Einsätze gegen Thailand und beim Confederations Cup gegen Argentinien (Stichwort: mehr Beinschüsse als Ballkontakte).

Im Sommer 2005 machte ihn FCK-Coach Wolfgang Wolf zum Kapitän, doch Engelhardt passte sich dem schwachen Niveau in der Abstiegssaison an und zog als phlegmatischer Spielführer schnell den Unmut der Anhänger auf sich. Egal, ob berechtigt oder nicht, Pfiffe gegen den Thüringer gehörten zur Tagesordnung.

Und dann kam auch noch der Nacktskandal mit all seinen Folgen. BILD und *Rheinpfalz* drehten die Geschichte weiter, suchten und besuchten die Empfängerin der MMS, Engelhardt musste sich öffentlich entschuldigen. Er selbst konnte sich nicht erklären, wie das Foto auf ihrem Handy gelandet war, und verwies darauf, dass er zwei Mobilfunkgeräte besitze. Ah ja. Und die Pechsträhne ging weiter: Am Ende der Saison stieg der FCK aus der Bundesliga ab, Engelhardt erlitt im letzten Spiel einen Kreuzbandriss und fiel lange aus.

Noch einmal schien es, als ob sich seine Karriere doch zum Guten wenden würde. Nach der Verletzungspause legte Engelhardt ein starkes Comeback beim 1. FC Nürnberg hin und ebnete mit seinem Tor im DFB-Pokalfinale den Weg zum Titel. Doch schließlich wurde er auch im Frankenland aussortiert und wechselte erst zurück nach Karlsruhe und dann wieder in die dritte Liga zu seinem ersten Proficlub Rot-Weiß Erfurt. Die drei Länderspiele in seinem Wikipedia-Eintrag kann ihm niemand mehr nehmen. Die zweifelhafte Ehre, als unfreiwilliges Seite-1-Girl in der BILD-Zeitung Schlagzeilen gemacht zu haben, allerdings auch nicht.

GRUND 108

Weil es ein offizielles FCK-Wetter gibt

Fußballern wird ja so allerlei gewidmet: Nachwuchswettbewerbe, Straßenzüge, Stadionnamen, legendäre Trikotnummern – ein eigenes Klima, das ist allerdings nur den wenigsten vergönnt. Genauer gesagt: nur einem. Seit sich die Deutsche Nationalmannschaft im WM-Finale 1954 gegen die Ungarn bei regnerischem Wetter sensationell den Titel erkämpfte und Spielführer Fritz Walter nicht nur in dieser Begegnung groß auftrumpfte, gibt es für Fußballdeutschland nur noch eine Großwetterlage: das Fritz-Walter-Wetter.

Das 1954er Endspiel ist die Geburtsstunde vieler Mythen. Legendär ist der Dialog zwischen dem Lauterer Mittelfeldstar Fritz Walter und seinem Nationaltrainer: »Fritz, Ihr Wetter«, sagte Coach Sepp Herberger auf der Busfahrt ins Stadion zu Walter. »Chef, ich hab nichts dagegen«, antwortete dieser. Walter machte im Regen von Bern ein überragendes Spiel, führte Deutschland nach einem 0:2-Rückstand noch zum Sieg – das Fritz-Walter-Wetter war geboren. Warum Walter gerade bei Regen seine Stärken so auftrumpfte, darüber gibt es die wildesten Theorien. Die einen sprechen von einer Malaria-Erkrankung aus dem Zweiten Weltkrieg, die es ihm schwer machte, bei großer Hitze zu spielen. Andere gehen davon aus, dass Walter bei schwerem, nassem Boden seine technische Überlegenheit besser ausspielen konnte. Fritz Walter selbst hat den Mythos nie aufgeklärt.

Aber warum auch. 54 Jahre später regnete es mal wieder bei einem entscheidenden Fußballspiel. Es war der letzte Spieltag in der Saison 2007/08, der FCK stand mit anderthalb Beinen in der dritten Liga und musste gegen den Spitzenreiter 1. FC Köln unbedingt gewinnen, um den Absturz in die Bedeutungslosigkeit zu vermeiden. Das Spiel stand lange Zeit auf Messers Schneide, bis es in der zweiten Halbzeit anfing, wie aus Kübeln zu regnen. Die

Roten Teufel spielten sich in einen Rausch, angetrieben von ihren Fans, die lautstark »Wir haben Fritz-Walter-Wetter!« skandierten. Zweimal Marcel Ziemer und einmal Josh Simpson sicherten den Betze-Buben mit ihren Toren den Klassenerhalt. Es war, als hätte der große Fritz sechs Jahre nach seinem Tod von oben zugesehen und noch einmal alle Kraft aufgewendet, um seinen Verein zu retten.

Egal, wo auf der Welt und auf welchem Niveau heute ein Fußballspiel bei Regen stattfindet: Fritz Walter ist immer mit dabei. Unvergessen mein Besuch *[Fabian Müller – Anm. d. Autoren]* eines Spiels der kolumbianischen Uni-Liga in der brütend heißen karibischen Stadt Barranquilla: Seit einer gefühlten Ewigkeit hatte es hier nicht mehr geregnet, doch als pünktlich zum Anpfiff die ersten Tropfen fielen, rief der Linksverteidiger, ein waschechter Kaiserslautern-Fan, lauthals »Fritz-Walter-Wetter!« – und grätschte prompt den ersten Angreifer um. In meinem Inneren hörte ich den tosenden Beifall der Westkurve und sah das zustimmende Nicken des großen Fritz.

»Das war auch dem Fritz sein Wetter« sangen die Sportfreunde Stiller 2006 auf ihrem Fußball-Album *You have to win Zweikampf*, nur um dann in astreinem Englisch zu ergänzen: »... and Beckham kicks it then even better«. Mag sein, nur hat der britische Poster-Boy bei nassem Untergrund auch schon gerne mal einen Elfmeter in den Himmel gejagt. Fritz Walter ist das nie passiert. Und deswegen skandieren die FCK-Fans heute und in Zukunft auch nicht »Wir haben David-Beckham-Wetter«. Wäre ja noch schöner. Manche Ehren bleiben eben nur den ganz Großen vorbehalten.

GRUND 109

Weil der FCK schon immer die schönsten Spielerfrauen hatte

Nicht nur auf dem Spielfeld gelingt den Spielern vom FCK ein Volltreffer. Auch wenn man sich auf der Tribüne umschaut und dort die dazugehörigen Spielerfrauen entdeckt, kann man ihnen nur gratulieren. Eine schöner als die andere!

Natürlich kennt man weit über die Grenzen der Kaiserstadt hinaus die eine oder andere Spielerfrau der letzten Jahre, wie zum Beispiel Simone Ballack. Bevor sie es vorzog, ihre roten Rosen von einem Ex-SAT.1-Bachelor zu bekommen, verbrachte auch sie viel Zeit im Kaiserslauterer Stadion. Dort unterstützte sie Ende der 1990er ihren Michael, während dieser dem Verein zum sensationellen Meisterschaftsgewinn in der Saison 1997/98 verhalf. Kennengelernt hatte Michael Ballack seine Simone natürlich im schönen Kaiserslautern – wo auch sonst. Bevor sie sich 2012 scheiden ließen, waren sie *das* Fußballer-Paar Deutschlands. Er der Star von Leverkusen, Bayern München und Chelsea – sie die Frau, die sich bescheiden im Hintergrund hielt. Zusammen haben die beiden drei Söhne.

Und auch in den Jahren danach mangelt es dem FCK nicht an schönen Spielerfrauen. Manch einer denkt da vor allem an Gloria Bormann, die ehemalige Frau an der Seite unseres Torhüters Tobias Sippel. Nicht grundlos bezeichnete die BILD-Zeitung dieses Traumpaar als »Die Beckhams vom Betze«, denn Gloria ist nicht einfach nur schön. Nein, sie ist eine Königin. Eine Schönheitskönigin. Bereits im zarten Alter von 17 Jahren wurde sie zur Miss Rheinland-Pfalz gekürt. Wenig später belegte sie dann bei der Miss-Germany-Wahl 2009 den vierten Platz. Mittlerweile hat Gloria längst ihr Abitur und ein Studium der Zahnmedizin in der Tasche. Damit sei bewiesen, dass in ihrem hübschen Köpfchen mehr steckt als das, was den meisten Spielerfrauen zugetraut wird.

Auch Starstürmer Miroslav Klose hat seine heutige Ehefrau Sylwia in Kaiserslautern kennengelernt. Und zwar genau auf dem Betzenberg. Denn Sylwia arbeitete zu dieser Zeit im Fanshop des FCK. Gefunkt hat es allemal zwischen den beiden. Die beiden Zwillingssöhne machen das Glück perfekt. Aber natürlich sind auch die jetzigen Spielerfrauen nicht zu verachten! Da darf man sich doch ziemlich sicher sein, dass die Anwesenheit diese wunderschönen Frauen unsere Spieler immer wieder zu Höchstleistungen motiviert. Denn welcher Mann will nicht, dass so eine Frau stolz auf ihn ist?

GRUND 110

Weil der »FCK-Land« unbewusst vielleicht das Projekt Hoffenheim verhindert hätte

Wenn heute die Wörter »Dorfverein« und »Profifußball« in einem Satz fallen, ist vermutlich die Rede von den Praktiken der ruhm- und traditionsreichen TSG 1899 Hoffenheim. Vor 45 Jahren aber sorgte schon einmal ein Dorfverein in Fußballdeutschland für Furore – der SV Alsenborn. Mit vielen ehemaligen Roten Teufeln in Amt und Würden stürmte der SVA, im Volksmund oft abschätzig als »FCK-Land« bezeichnet, durch die Amateurligen, scheiterte gleich dreimal nur ganz knapp in der Aufstiegsrunde zur Bundesliga – und ermöglichte damit gewissermaßen erst das Lebensprojekt von Hoffenheims Mäzen Dietmar Hopp.

Doch der Reihe nach: Alles begann im Mai 1962 in Amsterdam, wo die Lauterer Lichtgestalt Fritz Walter, der ehemalige FCK-Keeper Willi Hölz und der Alsenborner Bauunternehmer Hans »Hannes« Ruth dem Europapokalfinale der Landesmeister zwischen Real Madrid und Benfica Lissabon beiwohnten. Hier entstand der »Schwur von Amsterdam« – die Idee, den SV Alsenborn aus der A-Klasse in die Bundesliga zu führen, war geboren. Zurück in Deutschland, machten sich die Auswärtsfahrer an die Arbeit: Ruth als Mäzen, Fritz Walter erst als Trainer, später dann als Berater, und Hölz als Spieler. Bald stießen weitere Ex-Lauterer hinzu, auch Akteure aus der nahen Umgebung schlossen sich dem aufstrebenden Verein an. Was folgte, war ein Durchmarsch à la Hoffenheim – nur eben ohne das große Geld. Dreimal hintereinander stieg die Elf aus dem rund 2.500 Einwohner zählenden Dorf auf und landete schließlich in der damals zweithöchsten Spielklasse, der Regionalliga Südwest.

1968, 1969 und 1970 qualifizierte sich Alsenborn sogar für die Aufstiegsrunde zur Bundesliga, an der insgesamt zehn Clubs teilnahmen – neun aus Großstädten und einer aus der pfälzischen Provinz. Dreimal beendete Alsenborn die Runde als Dritter, aufsteigen durfte allerdings nur der Erstplatzierte. Selbst wenn der »FCK-Land« die sportlichen Qualifikationskriterien erfüllt hätte, die organisatorischen Anforderungen des DFB wären in Alsenborn nicht zu stemmen gewesen: ein Stadion für 35.000 anstelle von 8.000 Zuschauern, eine Kaution in Höhe von 200.000 D-Mark und eine vorgeschriebene Mindestzahl an Nachwuchsmannschaften.

Deswegen gab es schon 1968 einen »Geheimplan«: Sollte der Aufstieg gelingen, wäre das Team – die Bundesliga-Lizenz in der Tasche – nach Ludwigshafen umgezogen und hätte dort mit einem Stadtverein fusioniert. Die heutige »Metropolregion Rhein-Neckar« hätte endlich ihren eigenen Proficlub gehabt – schade drum. Denn auch wenn diese Zeilen jetzt sehr spekulativer Natur sind: Mit einem erfolgreich etablierten »FCK-Land« in Ludwigshafen hätte wohl nicht nur die verhasste Konkurrenz von Waldhof Mannheim auf Jahre hinaus das Nachsehen gehabt, sondern später vielleicht sogar die eingangs erwähnte TSG Hoffenheim, der Dorfverein 2.0. Der SV Alsenborn hat also nicht nur knapp den Weg in den Profifußball verpasst – sondern unbewusst auch die Möglichkeit, den Fußballfans von heute einen echten Dienst zu erweisen.

GRUND 111

Weil bei einer Niederlage das Wochenende gelaufen ist

Sätze wie »Fußball interessiert mich nicht«, »ich interessiere mich mehr für Volleyball« oder »es ist mir egal, welche Mannschaft gewinnt« hört man in Kaiserslautern noch viel seltener als in anderen Städten. Dafür gibt es einen ganz einfachen und logischen Grund. Egal, ob Fußballfan oder nicht, den FCK muss man lieben. Warum? Weil von den Ergebnissen der Roten Teufel die Stimmung einer ganzen Stadt, gar einer ganzen Region abhängt.

Weil sich die Menschen in und um Kaiserslautern so extrem mit ihrem »Betze« identifizieren, leiden und freuen sie sich auch so extrem mit ihm. Gewinnt der FCK zum Beispiel sein Spiel samstagmittags, spürt das der Wirt in der Kneipe noch am Sonntagabend in seinem Geldbeutel oder die Brauerei anhand ihres leeren Bierkellers. Gewinnen die Roten Teufel, wird mehr getrunken, mehr gegessen, mehr gefeiert. Die Stimmung in der Stadt ist einfach gut. Logisch!

Doch das geht natürlich auch andersrum. Verliert der 1. FCK, kann man den Rest des Wochenendes getrost zu Hause bleiben. Nur besonders Mutige setzen dann noch freiwillig einen Fuß vor die Tür. Gut gelaunte Menschen werden mit einem kurzen, energischen Blick bedacht, der so viel sagt wie »kä Fußball geguggt, oddär was?«. Es soll sogar vorgekommen sein, dass Schnitzel in den Tagen nach einer Niederlage besonders zäh und Brötchen besonders hart waren. Hunde wollen nicht mehr Gassi gehen, die Geburtenrate sinkt dramatisch. Ein Samstagabend in der Altstadt gleicht von der Stimmung her dann eher einem Besuch auf dem Arbeitsamt an einem Montagmorgen. Niederlagen versauen den Lauterern einfach das komplette Wochenende. Nicht erst eine Ehe soll deshalb schon geschieden worden sein.

Es bleibt einem also auch als Zugezogener oder Nicht-Fan nichts anderes übrig, als dem pfälzischen Traditionsverein die Treue zu schwören. So sitzen dann Woche für Woche auch asiatische Studenten und Hotelgäste zitternd vor dem Fernseher oder im Stadion und drücken dem FCK die Daumen. Man will ja schließlich nicht, dass das Wochenende schon nach Abpfiff gelaufen ist.

11. KAPITEL

DIE BONUSGRÜNDE

NACHSPIELZEIT

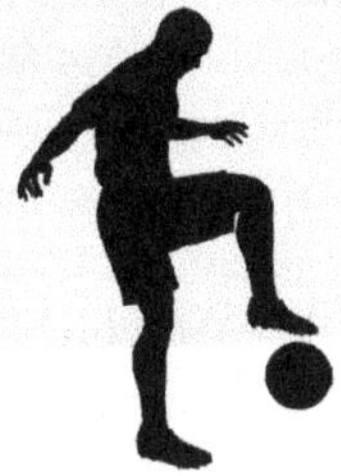

BONUSGRUND 1

Weil wir eine Tradition zu bewahren haben

Von Gastautor Torben Degen

Natürlich wird in Kaiserslautern nicht jeder automatisch FCK-Fan oder Mitglied. Aber als Kind hatte ich das lange geglaubt. Einfach weil es mir logisch erschien. Genau 90 Minuten nach meiner Geburt 1982 war ich bereits Teil dieses großartigen Clubs. Wenige Stunden zuvor hatte der FCK bei Real Madrid im Uefa-Cup mit 1:3 verloren. Dieser Niederlage folgte nur ein paar Tage später eines der legendärsten Spiele der Vereinsgeschichte, der 5:0-Heimsieg gegen die Spanier, zu Hause auf dem Betzenberg.

Sie merken schon: FCK-Fans neigen dazu, in Erinnerungen zu schwelgen. Zu träumen von den guten, alten, ja, den besseren Zeiten. Die Geschichten dazu gehen einem nicht aus. Nur: Verharren in der Vergangenheit, das ist fatal. Sagt auch einer, der gegen Real Madrid damals dabei war, die »Walz aus der Pfalz«, Vize-Weltmeister Hans-Peter Briegel. Der gebürtige Kaiserslauterer warnt regelmäßig vor der »Arroganz der Vergangenheit«.

Ich nenne es den »Schatten der Tradition«. Fünf Weltmeister von 1954, darunter Fritz Walter. FCK-Idole aller Jahrzehnte wie Briegel, Brehme, Hellström, Schwager, Neues, Ehrmann, Pirrung, Klose und, und, und. Die teils sensationellen Meistertitel in der Bundesliga, all die großartigen Spiele gegen Madrid, München und Co und letztlich das ganz besondere Gefühl, »uff em Betze« Teil einer Gemeinschaft zu sein.

Ich stelle mir manchmal vor, wie unser Fritz Walter da oben sitzt, mit seiner Frau Italia, bei einem Gläschen Fritz-Walter-Sekt. Auf seinen Verein hinabschaut. Kopfschüttelnd. Und sich fragt, wie es nur so weit hat kommen können. Wie gerne würde ich ihm antworten. Ein Gespräch führen über den Verein, der uns beiden so viel bedeutet. Gemeinsam eine Lösung finden.

Nach einem Spiel in der C-Jugend kam Fritz Walter mal zu uns in die Kabine, gratulierte uns zum Sieg und schüttelte jedem die Hand. Sprach ein paar Worte. »Gut gemacht, ihr Buwe!«. Offene Münder. Gänsehaut. Was hatte unser Idol für eine Aura! Ich wünschte, die Spieler könnten das mal erleben. Sie würden schlagartig einen anderen Blick bekommen auf diesen Verein, der für viele Menschen immer noch ihr Leben ist.

Ja, der Fußball hat sich verändert, Spieler und Manager ticken anders, die Medienlandschaft sowieso. Und ja, der FCK ist nicht mehr der Verein, für den ihn viele verträumte Fans immer noch halten. Aber das ist kein Grund, schon die Trauerfeier zu organisieren.

Tradition ist tückisch, sie kann hemmen und zum Verhängnis werden. Und zu einer arroganten und überheblichen Hybris führen, obwohl die Gegner schon lange nicht mehr Barcelona oder Bayern heißen. Der FCK war immer dann stark, wenn er seine Rolle als Underdog aus der Provinz annahm. Was ja gerne mal despektierlich ausgelegt wird. Ich empfinde das vielmehr als Auszeichnung. Als man im Verein diese Demut über Bord warf begann der langsame Kampf gegen das Ertrinken.

Also war's das? Mitnichten!

Tradition kann Türen öffnen, Wege ebnen und der Beginn einer Initialzündung sein. Basis dessen ist Fritz Walter. Er ist und bleibt der Held des 1. FC Kaiserslautern, das Sinnbild dieses Vereins. Nur, dass seine Werte und Ideale nicht mehr zu korrespondieren scheinen mit dem, was auf dem Berg gelebt wird. Die FCK-Verantwortlichen vom Vorstand bis zum Platzwart genau wie die Mitglieder und Fans haben deshalb die Aufgabe oder besser gesagt eine Mission: Die ehrwürdige FCK-Tradition in die Zukunft führen! Sie zu modernisieren, weiter zu entwickeln. Neues zu schaffen ohne jedoch Altes zu vergessen. Hashtag #neuetradition!

Ist das naiv? Vielleicht. Aber dennoch möglich? Auf jeden Fall!

Denn aufgeben, das war am Betzenberg ja noch nie eine Option. Aus Tradition eben.

BONUSGRUND 2

Weil die FCK-Fans sogar in der 3. Liga erstklassige Choreos zeigen

Wer die Fans des 1. FC Kaiserslautern kennt, der weiß, dass sie ein Händchen für tolle Choreographien haben. Unzählige Male schon verbrachten die Ultras Tage und Nächte damit, Fahnen zu basteln, Spruchbänder zu schreiben oder Banner zu bemalen. Im Mittelpunkt steht dabei immer wieder die Westkurve. Sie wird dann zur überdimensionalen Leinwand für die bunte Fan-Kunst. Zugegeben, seit dem Abstieg in die 3. Liga kommt es nicht mehr häufig zu solchen Aktionen. Bis zu einem ganz besonderen Spiel.

Am 1. September 2019 kam es auf dem Betzenberg zu einer Neuauflage des Derbys zwischen dem FCK und seinem Erzrivalen Waldhof Mannheim. Die letzte Begegnung in einem Pflichtspiel datierte aus dem Jahr 2001, als der FCK im DFB-Pokal beim Waldhof antreten musste. Damals zogen die Roten Teufel durch einen 3:2-Auswärtssieg in die nächste Runde ein.

Die Fans beider Lager mussten also fast 18 Jahre darauf warten, ihre Rivalität wieder auszuleben. Die Jahre davor trennten beide Teams durch die sportlichen Erfolge des FCK und den sportlichen Niedergang des Waldhofs teilweise mehrere Ligen. Während der FCK 2011 noch in der Bundesliga spielte, kickte der Waldhof in der Oberliga - also ganze vier Ligen darunter.

Über die Rivalität dieser beiden Vereine ist schon viel geschrieben worden. An dieser Stelle sei nur soviel gesagt: Für die FCK-Fans sind Spiele gegen den Waldhof die einzig wahren Derbys. Alles andere ist Kindergeburtstag. Wie heißt nochmal dieser andere rheinland-pfälzische Verein, der auch Profifußball spielt, dabei aber selbst in der Bundesliga oft weniger Zuschauer als der FCK in der 3. Liga hat?

Die Neuauflage des Derbys warf schon einige Wochen zuvor seinen Schatten voraus. Neben dem üblichen verbalen Vorgeplänkel und tausenden mehr oder weniger niveauvollen Kommentaren im Netz gab es auch einige wirklich geschmacklose Aktionen. In Mannheim wurde eine Brücke mit einem FCK-Schriftzug besprüht, wohl als Rache-Aktion wurden kurz darauf zwei Spielerfiguren am sogenannten 11-Freunde-Kreisel in Kaiserslautern geköpft und alle Figuren wurden in Waldhof-Blau beschmiert. Die wohl widerlichsten Aktionen: In der Nähe des Mannheimer Stadions wurde kurz vor dem Spiel ein Schwein entdeckt, das irgendwelche Idioten mit dem Spruch »Lauternschweine auch in eurer Stadt« bemalt hatten. Offenbar als Reaktion darauf wurden am Spieltag Schweineköpfe vor dem Ludwigshafener Südweststadion abgelegt. Dazu ein Banner mit der Aufschrift »Das passiert mit Lauternschweinen in unserer Stadt«. Rivalität schön und gut. Dazu gehört sicher auch die eine oder andere Stichelei, sicher auch mal unter der Gürtellinie. Wer aber Tiere quält oder Kunstinstallationen regelrecht schändet, hat in den Kurven der Stadien nichts verloren. Das sieht zum Glück auch die Mehrheit der Fans so.

Zurück zum 1. September 2019. Durch das gerade beschriebene Vorspiel war die Stimmung natürlich dementsprechend aufgeheizt. Schon Stunden vor Anpfiff marschierten tausende FCK-Fans in roten Mottoshirts durch die Stadt hinauf zum Betzenberg. Ein wirklich beeindruckendes Bild. Doch das Highlight sollte wenig später auf den Rängen folgen. Die Ultras hatten es sich nämlich nicht nehmen lassen und die bis dato größte Choreo in der Geschichte des FCK vorbereitet.

Nicht nur die Westkurve, sondern auch die Nord- und Südtribüne wurden dabei in ein Meer aus hunderten roten und weißen

Fahnen getaucht. Dazu wurde in der Westkurve eine riesige Blockfahne hochgezogen. Darauf war ein überdimensional großer und mit Muskeln bepackter roter Teufel zu sehen, der vor einer rot-weiß-roten Fahne posierte. Eine Faust hatte der Teufel dabei geballt. In den Pranken seiner anderen Hand hielt er das blau-schwarze Waldhof-Logo, das dadurch schon sichtbar gelitten hatte. Darunter wurde ein Spruchband präsentiert: »In den Krallen des Teufels findet ihr den Tod!« Doch damit noch nicht genug. Im zweiten Teil der Choreo wurde die Blockfahne mit dem Teufel wieder eingerollt. Jetzt wehten auch auf der ganzen Westkurve wieder die roten und weißen Fahnen. Das erste Banner wurde von einem neuen Banner abgelöst, auf dem stand: »Denn der Südwesten ist für immer rot-weiß-rot!« Zeitgleich wurden vor der Westkurve drei große Nebeltöpfe gezündet und eine dicke Wand aus Rauch in den Vereinsfarben rot-weiß-rot stieg empor. Diese Nebelschwaden waren auch noch deutlich über dem Dach des Fritz-Walter-Stadions zu sehen. Nachdem der Rauch sich verflüchtigt hatte, wurde eine weitere große Blockfahne in der Westkurve sichtbar. Darauf stand in großen Buchstaben »Waldhof verrecke!«. Das Derby-Motto der FCK-Fans.

Über das Vokabular kann und muss man sicher streiten. Vielen FCK-Fans stieß vor allem die Formulierung »Waldhof verrecke« bitter auf, was sie auch durch ihre Kommentare im Netz oder durch zahlreiche Leserbriefe in der Zeitung deutlich machten. Weil der FCK den Ultras das Plakat durchgehen ließ, traten aus Protest sogar mehrere Mitglieder aus dem Verein aus oder drohten zumindest damit. Rivalität hin oder her: elend sterben, also zu verrecken, wünscht man niemandem! Das, was die Fans der Roten Teufel an diesem Tag allerdings optisch und akustisch auf die Beine stellten, sucht selbst in vielen Bundesliga-Stadien seinesgleichen. Dass das Spiel 1:1 endete, war für viele Fans sicher enttäuschend. Doch an diesem Tag hat der Betze endlich mal wieder so richtig gebebt. Die Fußballer mögen drittklassig sein, aber die Fans der Roten Teufel gehören definitiv zu den besten im ganzen Land.

BONUSGRUND 3

Weil man seiner großen Liebe auch mal sagen kann, was einem nicht passt

Betze, wir müssen reden. So geht das mit uns nicht mehr weiter! Sind wir doch mal ehrlich: Wenn man frisch verliebt ist, sieht man die Welt durch seine eigene rosarote, oder in unserem Fall rot-weiß-rote, Brille und alles ist super. Man schwebt auf der berühmten Wolke 7 und vergisst alles andere um sich herum. Doch du, lieber 1. FC Kaiserslautern, bist alles andere als eine frische Liebe. Du bist ein Traditionsverein, der seit seiner Gründung unzählige Menschen in seinen Bann gezogen hat. Viele Jahre lang fühlte sich diese Verbundenheit zu dir so an wie die Schmetterlinge im Bauch bei frisch verliebten Pärchen. Kein Wunder bei vier Meisterschaften, zwei Pokalsiegen und unzähligen legendären Siegen gegen vermeintlich unbezwingbare Gegner, die du uns geschenkt hast. Denken wir doch nur mal an das phänomenale 7:4 gegen … ach, lassen wir das lieber.

Natürlich werden wir unsere vergangenen Höhepunkte mit dir niemals vergessen und immer in Ehren halten. Aber mittlerweile bereitest du uns Fans eher Frust statt Lust. Das zwischen uns fühlt sich nicht mehr an wie eine frische Teenie-Liebe. Eher wie eine festgefahrene, langjährige Ehe, aus der das Feuer längst raus ist, weil du ständig vergisst, deinen Müll zu entsorgen und reinen Tisch zu machen. Man könnte fast befürchten, dass die Scheidung kurz bevor steht. Auf jeden Tiefpunkt folgt ein noch tieferer Tiefpunkt.

Was haben wir mit dir nicht schon alles mitgemacht. Du standest mehrfach kurz vor der Insolvenz, hast deinen Kopf erst auf den letzten Drücker aus der Schlinge gezogen, auf der 3. Liga stand. Du hast unser hart verdientes Geld genommen und damit Rechnungen bezahlt, anstatt es wie versprochen in deine Zukunft zu investieren. Ja, du hast sogar nochmal Geld von uns eingesammelt, weil du sonst in den finanziellen Ruin geschlittert wärst. Und wir? Wir waren für dich da! Du hast dich immer wieder von Leuten lenken und beeinflussen lassen, die ganz offensichtlich von Fußball und Finanzen keine Ahnung hatten. Oder wie ist dein Absturz in die sportliche Belanglosigkeit sonst zu erklären? Und was haben wir gemacht? Wir waren für dich da!

Mittlerweile bist du tatsächlich in die 3. Liga abgestiegen und hast den direkten Aufstieg verpasst. Du hast dir einen Investor ins Boot geholt, der zwar viele Millionen gibt, aber dafür natürlich auch mitreden will. Die Menschen, die bei dir das Sagen haben oder gerne hätten, liefern sich eine Schlammschlacht nach der anderen. Man hat den Eindruck, dass es hier schon lange nicht mehr um dich, sondern nur noch um persönliche Eitelkeiten und Macht geht. Und wir? Wir sind immer noch da! Und wir werden auch noch lange da sein. Weißt du auch warum? Die Antwort auf diese Frage hast du dir selbst schon 2017 in einem Video gegeben, in dessen Hauptrolle unser letzter verbliebener Held von Bern, Horst Eckel, folgende Worte spricht: »*Du warst vor uns hier und du wirst noch lange bleiben. Du bist mehr als ein Freund, mehr als eine Familie. Du bist größer als wir, größer als dein Stadion. Sogar größer als eine Stadt. Du bist mehr, als alle die legendären Siege und die schmerzhaften Niederlagen. Du bist mehr als drei Punkte, mehr als zwei Farben, mehr als ein Logo, mehr als 51/53, mehr als 91 und mehr als 98. Du bist mehr als 11 und auch mehr als 12. Du bist mehr als wir zusammen. ABER OHNE UNS GÄBE ES DICH NICHT!*«*

Ganz genau so sieht es nämlich aus. Ohne uns, deine treuen Fans, die dir seit Jahren jeden noch so großen Fehltritt verzeihen und trotzdem immer wieder da sind, wenn du uns brauchst, gäbe es dich schon lange nicht mehr. Es reicht jetzt mit den Querelen. Wir haben uns genug aufgeregt, haben uns oft genug das Wochenende von dir versauen lassen oder uns von den Arbeitskollegen einen

---

* *https://www.youtube.com/watch?v=QrvcCivvjSw*

dummen Spruch wegen dir angehört. Jetzt ist es an dir, uns zu zeigen, dass du diese Unterstützung, diese bedingungslose Liebe auch verdienst. Wie schon gesagt, seiner wahren Liebe muss man auch mal sagen dürfen, wenn einem etwas nicht passt. Genau das macht uns in Lautern doch auch aus. Diese Tugend hat schon Fritz Walter geprägt. Wir wollen und müssen ehrlich zueinander sein.

Jetzt heißt es: Mund abputzen, den Dreck von den Schultern klopfen, sich nochmal richtig durchschütteln, die Stutzen hochziehen, die Schnürsenkel ordentlich binden und dann raus auf den Platz. Zeig uns wieder dein wahres Gesicht. Zeig uns, warum wir uns mal in dich verliebt haben. Niemand von uns erwartet, dass du jetzt direkt wieder durchmarschierst bis zur nächsten Meisterschaft – auch wenn das natürlich sehr schön wäre. Alles, was wir wollen, ist ehrlicher Fußball mit Leidenschaft, Kampfgeist und dem unbändigen Willen, der dich einst so groß gemacht hat. Wenn du uns das wieder zeigst, dann werden wir da sein, dich an die Hand nehmen und dich wie unsere erste Liebe sanft auf die Wange küssen, um dich aus deinem Schlaf zu wecken. Denn du bist der schlummernde Riese unter Deutschlands Fußballklubs. Du musst nur endlich aufstehen.

BONUSGRUND 4

Weil wir Norbert Thines haben

Einem Menschen wie Norbert Thines in diesen wenigen Zeilen gerecht zu werden, ist eigentlich unmöglich. Wer das Glück hatte, ihn einmal persönlich kennenzulernen, der wird ohne Zweifel bestätigen, dass dieser Mann für alle guten Eigenschaften steht, die ein Mensch in sich vereinen kann. Für Thines sind alle Menschen gleich, egal wo sie herkommen oder wie viel Geld sie im Geldbeutel haben. Er ist immer freundlich und nimmt sich auch heute noch, sofern es seine Gesundheit zulässt, viel Zeit für die Fans seines 1. FC Kaiserslautern.

Über viele Jahre hinweg prägte Norbert Thines das Vereinsleben beim FCK. Zunächst als Geschäftsführer, später als Vizepräsident und dann als Präsident. Wenn einer am Betze den Begriff »volksnah« geprägt hat, dann Norbert Thines. Er war nicht der Präsident des Vereins, er war der Präsident der Fans. Thines suchte immer den Dialog mit den Menschen. Ihm ist es auch zu verdanken, dass sich die Fanclub-Szene des FCK so prächtig entwickeln konnte. Seinerzeit einmalig in Deutschland. Norbert Thines wusste um die große Bedeutung der Fans für den Fritz-Walter-Klub. Er setzte sich stets unermüdlich für seine große FCK-Familie und deren Belange ein. Für Norbert gab es nie Probleme, sondern immer nur Lösungen, und er steht bis heute stellvertretend für eine Zeit, in der man in der Stadt nicht leicht abschätzig von »denen da oben auf dem Berg« sprach, sondern sich als große Einheit sah.

In Thines' Amtszeit fallen große Erfolge. Die Pokalsiege '90 und '96 sowie die Meisterschaft '91. Nach der Meisterschaft waren einige Fans so freudetrunken, dass sie kurzerhand sein Haus in der Kaiserslauterer Innenstadt rot-weiß anstrichen, so dankbar waren sie ihrem Präsidenten für den Erfolg. Doch in Norbert Thines' Amtszeit fällt auch der erstmalige Abstieg des Traditionsvereins in die 2. Bundesliga 1996. Damit verbunden auch der Machtwechsel auf dem Betzenberg, bei dem er auf einer Mitgliederversammlung von einer Gruppe rund um Jürgen »Atze« Friedrich regelrecht abgesetzt wurde. Bis heute ein unwürdiger Abgang für Norbert Thines, der ohne Zweifel zu den verdientesten Persönlichkeiten auf dem Betzenberg gehört.

Für Norbert Thines gab es schon immer Dinge, die, trotz allem Verständnis um die Bedeutung bei den Menschen in Kaiserslautern, wichtiger waren als Fußball. Bis heute wird Thines seines Einsatzes für die Schwächeren in unserer und in anderen Gesellschaften nicht müde. Früher organisierte er Transporte mit Hilfsgütern, heute wirbt er für die Integration von Flüchtlingen.

Als 2013 die erste Auflage unseres Buches erschien, schickten wir Norbert Thines eines der Bücher mit einer persönlichen Widmung. Er bedankte sich auf seine ganz eigene Art: mit einem persönlichen Brief. Wer einmal in den Genuss eines von Norbert Thines selbst geschriebenen Briefes gekommen ist, der weiß, dass das echte Kunstwerke sind. In feinster Schönschrift bedankte sich Thines damals für das Buch und gratulierte uns, zu einem gelungenen Werk. Verziert hatte er den Brief mit allerlei bunten Aufklebern. Unter anderem einer von »alt – arm – allein«. Ein Verein, der Norbert Thines bis heute sehr am Herzen liegt. Er setzt sich dafür ein, dass ältere Menschen so wenig wie möglich unter Altersarmut leiden müssen. Thines hat die Arbeit des Vereins von Beginn an unterstützt und war lange Zeit Vereinsvorsitzender. Mittlerweile wurde er zum Ehrenvorsitzenden ernannt.

Überhaupt sind Norbert Thines in seinem Leben schon viele Ehren zu teil geworden. Für seine großen Verdienste um seinen FCK und seine »außerordentlichen und überdurchschnittlichen Verdienste um das Wohl der Stadt Kaiserslautern«* wurde er unter anderem mit der goldenen Stadtplakette und dem Ehrenring der Stadt Kaiserslautern ausgezeichnet. Anfang 2016 wurde er zum Ehrenbürger seiner Geburtsstadt ernannt. Außerdem ist Norbert Thines Träger des Bundesverdienstkreuzes.

Die wichtigste Anerkennung für ihn persönlich dürfte allerdings die der FCK-Fans sein, die ihn bis heute verehren. 2013 setzten sie zu seinen Ehren eine eigene Choreografie über die gesamte Westkurve um. Eingerahmt von roten und weißen Pappen waren dort Bilder seiner Amtszeit zu sehen. Dazu stand in großen Lettern: »Dir geht es nie ums Geld – nur um die Menschen und den geilsten Club der Welt!« Dem ist nichts hinzuzufügen.

---

* *https://www.kaiserslautern.de/buerger_rathaus_politik/medienportal/pressemitteilungen/04000/index.html.de*

BONUSGRUND 5

Weil wir die Letzten sind, die das legendäre Hallenmasters gewonnen haben

»Wer hat an der Uhr gedreht? Ist es wirklich schon so spät?« Fans von Hallenfußball werden bei diesem Liedtext hellhörig, und ihre Herzen schlagen schneller. Es gab nämlich mal eine Zeit, da hatte Hallenfußball in Deutschland noch einen richtig großen Stellenwert, und genau dieses Lied wurde fast immer dann gespielt, sobald die letzte Spielminute angebrochen war.

Es gab damals im ganzen Land zig Turniere. Das war lange bevor der Budenzauber von den Trainern nur als lästiges Beiprogramm angesehen wurde, bei dem das Verletzungsrisiko für die Spieler besonders hoch ist. Die Hallenturniere waren vor allem in den Neunzigern das Highlight der Winterpause, und der DFB suchte dabei sozusagen nach dem Deutschen Hallenmeister.

Ab 1988 gab es das DFB-Hallen-Masters. Die Qualifikation für das Masters war eine relativ komplizierte Sache und änderte sich über die Jahre immer mal wieder.

Kurz gesagt war das Masters ein Finalturnier, für das sich die Teams der 1. und 2. Liga und teilweise auch Amateurmannschaften über eine Reihe von Qualifikationsturnieren qualifizieren konnten. Meister und Pokalsieger, manchmal auch Gastgeber und Titelverteidiger waren gesetzt.

Für das Hallen-Masters 1997 in München war der FCK als amtierender DFB-Pokalsieger qualifiziert. Die Teufel reisten als Herbstmeister der 2. Bundesliga an. In der Halle ging es zwar um Prestige, doch die volle Konzentration lag zu diesem Zeitpunkt natürlich ganz bei der Mission Wiederaufstieg. Auch deshalb hatte eigentlich niemand große Erwartungen an die Lauterer bei diesem Turnier. Doch schnell wurde klar, dass der FCK hier nicht nur zum Zeitvertreib weilte, sondern die Sache durchaus ernst nahm.

Gespielt wurde in zwei Vierergruppen. In der FCK-Gruppe warteten 1860 München, der Karlsruher SC und Borussia Dortmund. Gleich im ersten Spiel konnte der FCK mit einem 3:2 gegen Dortmund eine kleine Duftmarke setzen. Diese Dortmunder sollten schließlich vier Monate später Großes vollbringen und den Henkelpott, also die Champions League, in den Pott holen. Es folgte das zweite Spiel und der zweite Sieg. Diesmal musste der KSC mit 2:0 dran glauben. Doppeltorschütze: Martin Wagner. Wagner schien besonderen Gefallen am Budenzauber zu haben. Das zeigte sich auch daran, dass er sich mit fünf Buden den Titel des Torschützenkönigs sicherte.

Nach einem 2:2 im letzten Gruppenspiel gegen die Löwen aus München wartete Fortuna Düsseldorf im Halbfinale. Doch auch die Fortunen konnten den FCK-Express nicht aufhalten. 4:2 setzten sich die Teufel durch und standen damit im Finale gegen die großen Bayern aus München, die im Halbfinale den Stadtrivalen 1860 mit 4:1 besiegt hatten.

Viele der Zuschauer in München und zu Hause vor dem Fernseher dachten jetzt, dass die Bayern vor heimischer Kulisse leichtes Spiel gegen den zweitklassigen FCK haben sollten. Sie behielten zunächst Recht. Die Bayern fanden besser in die Partie und machten durch den Pfälzer im falschen Dress, Mario Basler, immer wieder Druck auf das FCK-Tor. Er war es auch, der einen klugen Pass von der rechten Seite auf den herbeistürmenden Marcel Witeczek spielte, der die Kugel aus kurzer Distanz unhaltbar für FCK-Keeper Reinke in den linken Winkel hämmerte. 1:0 für den Favoriten.

Die Bayern wollten noch vor der Halbzeit den Sack zumachen und starteten einen Angriff nach dem anderen. Es hätte gut und gerne schon 2:0 oder 3:0 stehen können. Doch entweder fehlte den Bayern beim Abschluss die Genauigkeit oder Andreas Reinke im FCK-Tor war zur Stelle und parierte genial – zum Beispiel gegen Markus Münch, der das 2:0 eigentlich schon sicher auf dem Fuß hatte. Genau dieser Markus Münch startete Sekunden vor der Pause einen weiteren Angriff, bekam kurz vor dem Lauterer Strafraum allerdings den Ball von Marco Reich abgeluchst. Und jetzt legte Reich den Turbo ein. Über einige schnelle Schritte zog er von rechts in die Mitte vor das Bayern-Tor und schloss kompromisslos mit links ab. Drin das Ding, 1:1! Halbzeit.

Jetzt rochen die Teufel ihre Chance. Gleich zu Beginn der zweiten Hälfte hatte der FCK Oberwasser. Routinier Martin Wagner behielt gegen zwei Bayern in der linken Ecke einen coolen Kopf und konnte den Ball behaupten. Im Hintergrund schlich sich der junge Thomas Riedl heran. Ein kluger Pass über die Bande von Wagner, Riedl zog mit rechts ab. Der Ball wurde noch abgefälscht und klatschte gegen die Latte. Doch Riedl hatte das Ding noch nicht abgehakt, setzte nach und war schon wieder am Ball, während die Bayern-Abwehr noch schlief. Er musste nur noch ins leere Tor einschieben. Führung für Lautern!

»Und schon wieder keine Stimmung, FCB!«, schallte es jetzt von den Rängen. Die Bayern warfen alles in wütende Angriffe nach vorne, doch es war stets das Bein irgendeines FCK-Spielers dazwischen. Es hatte gerade die letzte Spielminute begonnen, als Martin Wagner wieder an den Ball kam. Ein kurzes Tänzchen gegen seinen Gegenspieler an der Bande, ein kurzes Solo und dann mit der Picke abgezogen: rums! Das Ding zappelte im Netz. 3:1 für den FCK, das war die Entscheidung. Die Kamera fing kurz darauf die Mimik von Bayern-Trainer Giovanni Trapattoni ein, der in etwa so begeistert schaute wie kurz nach einer Wurzelbehandlung beim Zahnarzt. In den letzten Sekunden ließen die Roten Teufel nichts mehr anbrennen. Schlusspfiff!

Zu den Klängen des Betze-Lieds und unter dem Applaus auch zahlreicher Löwen-Fans ging es dann zur Siegerehrung. Für das Schlussbild sprinteten auch die kleinen Roten Teufel aufs Spielfeld, denn auch die E-Jugend des FCK hatte an diesem Tag den Masters-Titel geholt, mit einem 1:0 im Finale gegen Dortmund. Die Roten Teufel waren die letzte Mannschaft, die sich Masters-Sieger nennen durfte. Ein Jahr später wurde der Wettbewerb in »DFB-Hallenpokal« umgetauft und 2001 schließlich ganz eingestellt. Für den FCK war der Sieg im Masters gegen die großen Bayern ein zusätzlicher Motivationsschub für die Rückrunde in der 2. Liga, an deren Ende der souveräne Wiederaufstieg in die Bundesliga stand. Der Anfang eines unfassbaren Fußballmärchens.

BONUSGRUND 6

Weil der FCK und seine Fans sozial engagiert sind – und es schon immer waren

Fritz Walter war und ist für viele der größte deutsche Fußballer aller Zeiten und ein bemerkenswertes Vorbild. Nicht nur wegen seiner Fähigkeiten auf dem Fußballplatz, sondern auch wegen seiner herausragenden Qualitäten als Mensch. Fritz Walter lebte die viel zitierten FCK-Tugenden auch abseits der großen Fußballbühne, und er war es auch, der einen entscheidenden Teil dazu beitrug, dass der FCK, seine Spieler und Fans sich seit vielen Jahren für die Schwachen in unserer Gesellschaft einsetzen. Auch für diejenigen, die eine zweite Chance verdient haben.

Als Repräsentant der Sepp-Herberger-Stiftung besuchte Fritz Walter viele Jahre lang Strafgefangene in Gefängnissen in ganz Deutschland. Er schüttelte Hände, führte Gespräche und versuchte den jungen Männer ins Gewissen zu reden, sie wieder zurück auf die gerade Bahn zu holen. Nur um das mal in Relation zu setzen: Man darf das getrost damit Vergleichen, als würden Lionel Messi oder Cristiano Ronaldo heutzutage durch Gefängnisse touren. Undenkbar.

Was Fritz Walter damals begann, wurde und wird von vielen nach ihm weitergeführt. Nicht zuletzt von seinem Freund Horst Eckel, der nach Walters Tod und bis heute für die Sepp-Herberger-Stiftung in Gefängnisse geht.

Ein weiteres Paradebeispiel ist der ehemalige FCK-Präsident Norbert Thines. Thines setzt sich unermüdlich für die Schwächeren in der Gesellschaft ein. Das begann mit Hilfsgüter-Transporten zum Beispiel nach Bulgarien und endete nicht zuletzt mit der Arbeit für den Verein »alt – arm – allein«, der sich dafür einsetzt, die Folgen von Altersarmut zu lindern. Norbert Thines hat sich nicht nur während seiner Zeit in Amt und Würden im Verein immer stark für die Belange der Fans eingesetzt. Er hat maßgeblich dazu beigetragen, dass sich die Fanclubkultur des FCK überhaupt erst entwickeln konnte. Das bringt uns zum nächsten Punkt: die Fans. Denn auch sie engagieren sich immer wieder im sozialen Bereich.

Zum Beispiel die Ultras von der »Frenetic Youth«. Die Mitglieder sammelten beim Heimspiel gegen Würzburg kurz vor Weihnachten 2018 Winterkleidung für die Obdachlosen in Kaiserslautern. Die FCK-Fans waren dazu aufgerufen, Jacken, Schuhe, Schlafsäcke und Isomatten für die kalte Jahreszeit zu spenden. Durch eine Kooperation mit dem Caritas Förderzentrum St. Christopherus kamen die Spenden auch genau bei denjenigen an, die sie dringend brauchen. Diese Aktion steht stellvertretend für unzählige Fanaktionen für die gute Sache, von denen an dieser Stelle unmöglich alle aufgezählt werden können. Eigentlich könnte man alleine damit ein ganzes Buch füllen. Die FCK-Fans haben zum Beispiel schon mehrere Typisierungsaktionen auf die Beine gestellt, bei denen man sich als Stammzellen- und Knochenmarkspender registrieren lassen konnte. Viele Fanclubs starten regelmäßig Spendenaktionen und helfen so zu Beispiel den Opfern von Naturkatastrophen, Kindern und Jugendlichen oder unterstützen die Hospizarbeit.

Um sein eigenes soziales Engagement zu bündeln, hat der FCK die Betze-Engel ins Leben gerufen. Unter deren Dach arbeitet der Verein eng mit sechs sozialen Einrichtungen zusammen und nutzt seine große Bekanntheit und Präsenz bei den Menschen und in den Medien, um Spenden für diese Einrichtungen zu sammeln. Ein Projekt, das der FCK schon seit vielen Jahren unterstützt, ist »Mama/

Papa hat Krebs« von der Krebsgesellschaft Rheinland-Pfalz. Der ehemalige FCK-Kapitän Martin Amedick hat dieses Engagement maßgeblich mitgeprägt. »Mama/Papa hat Krebs« kümmert sich um Kinder, deren Leben durch die Krebserkrankung eines Familienmitglieds aus den Fugen geraten ist. Die Kinder werden zu Ausflügen eingeladen, gehen ins Schwimmbad oder zum Klettern. So sollen sie zumindest für einen Moment ihren Alltag hinter sich lassen. Bei einem Interviewtermin sagte mir (Sebastian Zobel, Anm. der Red.) die Chefin des Projekts: »Das alles hier haben wir Martin zu verdanken! Ohne ihn wäre vieles nicht möglich gewesen. Er ist von sich aus auf uns zugekommen, wollte helfen und hat auch privat einiges gespendet. Noch heute haben wir guten Kontakt.« Ein weiteres Beispiel dafür, dass mit Martin Amedick ein Spieler das Trikot der Roten Teufel getragen hat, der die so wichtigen Werte des Vereins auch abseits des Platzes repräsentiert hat. Fritz Walter wäre stolz auf ihn.

BONUSGRUND 7

Weil für den FCK ALLE Fans wichtig sind

Wenn Stadionsprecher Horst Schömbs kurz vor dem Anpfiff der Heimspiele seine Runde durch das Fritz-Walter-Stadion dreht und dabei alle Tribünen einzeln begrüßt, widmet er sich der Südtribüne besonders intensiv. Denn unmittelbar vor der Südtribüne, nur knapp hinter der Werbebande und somit ganz nah am Spielfeld, haben die Rollstuhlfahrer ihren festen Platz. Es ist gute Tradition, dass die Fans mit Handicap vor jedem Spiel besonders begrüßt werden. An dieser Stelle gibt es immer einen herzlichen Applaus von den Fans der restlichen Tribünen.

Eigentlich ist das deshalb kaum erwähnenswert, weil es herrliche Normalität beim FCK ist. Die Fans mit Handicap gehören ganz selbstverständlich und ohne Einschränkungen zur FCK-Familie dazu. Aber gerade, weil diese Integration bei den Roten Teufeln so gut klappt, hat sie es verdient, an dieser Stelle erwähnt zu werden.

Bis zu 100 Rollifahrer können die Heimspiele des FCK besuchen, darunter bis zu zehn Gästefans. Die jeweilige Begleitperson darf kostenlos mit ins Stadion. Viele der Rollifahrer sind seit Jahren treue Fans ihres 1. FC Kaiserslautern und kommen zu jedem Heimspiel. Schon vor Beginn der Spiele wird zusammen gelacht, und es werden auch gerne mal Fotos mit Pressesprecher Stefan »Rossi« Rosskopf gemacht, die dann hinterher voller Stolz in den sozialen Netzwerken gepostet werden.

Auch für Menschen mit Sehbehinderung hat sich der FCK etwas einfallen lassen. Für sie gibt es zehn spezielle Plätze auf der Südtribüne. Dort können sie mittels Kopfhörern in das Spielgeschehen eintauchen. Ehrenamtliche Kommentatoren beschreiben für sie das, was auf dem Rasen passiert, so detailliert wie möglich – über die vollen 90 Minuten. Die Blindenkommentatoren sorgen dafür, dass die Fans mit Sehbehinderung trotz ihrer Einschränkung alles mitbekommen. Das macht das Kommentatoren-Team so gut, dass ihre Einsätze mittlerweile sogar über das Internet gestreamt werden.

Natürlich nehmen sich auch die Spieler regelmäßig Zeit für die Fans mit Handicap. Neben Fotos und Autogrammen am Spieltag oder nach dem Training gibt es jedes Jahr eine eigene Autogrammstunde für FCK-Fans mit Handicap. Seit 1997 organisiert der FCK diese Autogrammstunde, seit vielen Jahren in Zusammenarbeit mit dem FCK-Fanclub Fairplay. Dabei nehmen sich Spieler und Verantwortliche der Roten Teufel besonders viel Zeit, um die Wünsche der Fans zu erfüllen und mit ihnen ins Gespräch zu kommen.

Fanclubs wie der Fanclub Fairplay und viele andere engagieren sich mit viel Leidenschaft, Herzblut und ganz viel ehrenamtlicher Arbeit dafür, dass wirklich jeder in der FCK-Familie willkommen ist. Ganz egal ob mit oder ohne Handicap.

BONUSGRUND 8

Weil man schon mit der Geburt FCK-Fan wird

Dass einem die Liebe zum Verein schon in die Wiege gelegt wird, war beim 1. FC Kaiserslautern natürlich schon immer so. Seit einiger Zeit kann man diesen Ausspruch sogar wortwörtlich nehmen. Im Kaiserslauterer Westpfalz-Klinikum gibt es nämlich seit Juli 2016 einen FCK-Kreißsaal.

Neben der normalen Ausstattung eines Kreißsaals zeigt sich der FCK-Kreißsaal voll in Betze-Optik: Foto-Rollos mit den FCK-Legenden Horst Eckel, Werner Kohlmeyer, Werner Liebrich und natürlich Ottmar und Fritz Walter, FCK-Kissen, ein großer Plüsch-Betzi und natürlich direkt vom Bett ein Blick ins weite Rund des Fritz-Walter-Stadions bei Flutlicht. Quasi ein Heimspiel bei der Geburt, die in einigen Fällen – genauso wie viele Spiele auf dem Betzenberg – in die Verlängerung geht.

Damit die im FCK-Kreißsaal geborenen Babys auch direkt als Mitglied zur FCK-Familie stoßen, lockt der Verein die Eltern der kleinen Teufelchen mit einem besonderen Angebot: Wer sein Kind im FCK-Kreißsaal zur Welt bringt und direkt bei der Teufelsbande anmeldet, dem Kinder-Club der Roten Teufel, bekommt ein teuflisches Willkommenspaket. Dazu gehören zum Beispiel eine FCK-Babywanne, eine FCK-Trinkflasche, natürlich ein FCK-Body und zwei FCK-Schnuller. Nach der Geburt bekommen Eltern und Baby die Sachen direkt von den Hebammen im Krankenhaus. Da lässt der FCK nichts anbrennen.

Zwar ist der ganz große Ansturm auf den FCK-Kreißsaal bislang ausgeblieben und Kaiserslautern erlebt seitdem auch keinen Baby-Boom. Doch der 1. FC Kaiserslautern hat mit dem Kreißsaal eine weitere Möglichkeit geschaffen, um der sehr engen Bindung mit seinen Fans Ausdruck zu verleihen.

BONUSGRUND 9

Weil dem FCK Hunderte Fans ins Trainingslager folgen

Von Gastautor Stefan Himmer

Ultras, Familien mit Kindern, Fanclubs oder Ehepaare im rot-weißen Partnerlook samt FCK-Sammelalbum stellen sich mindestens zweimal im Jahr folgende Fragen: Wann, wohin und wie lange bucht der 1. FC Kaiserslautern sein Trainingslager? Ob der FCK in Meppen spielt oder mehrere Tage in einem Trainingslager Kondition bolzt – seine Anhänger sind dreistellig vertreten. Zum Vergleich: Fortuna Düsseldorf, im Winter 2018 Aufstiegskandidat und späterer Bundesliga-Aufsteiger absolvierte zeitgleich mit dem FCK sein Trainingslager im spanischen Marbella, begleitet von etwa 30 Fans. Süß.

Die FCK-Verantwortlichen wissen, was im Hotel und beim Training auf sie zukommt, die örtlichen Gastronomen nicht. Wo vorher drei Trainer ihren Kaffee schlürften, sitzen auf einmal FCK-Fans mit Kutten, Fahnen, Trikots und Durst. Hektisch werden Kartons mit Gläsern hinter der Theke aufgerissen, spanische Bedienungen lernen Pfälzisch schneller, als es Sprachwissenschaftler empfehlen, und der Biervorrat sinkt rapide.

Das Highlight der Fans im Trainingslager ist aber der Fanabend. Fans und Spieler im direkten Kontakt – als hätte man sich zufällig im Urlaub getroffen, Getränke auf Kosten des Vereins. Was Fans freut, lässt die Gastronomen schwitzen. Welcher Raum hat Platz für über 100 Leute? Haben wir genügend Gläser und Getränke? Keine Panik: Wenn die Regel »Je enger die Location, desto gelungener die Fantreffen« greift, sind alle zufrieden.

Wir halten fest: FCK-Fans im Trainingslager sind viele, sie lieben ihren Verein und genießen die Nähe zu den Spielern. Doch nach wenigen Tagen schlägt die Eigendynamik der Reise zu. Aufstehen,

Essen, Training, Essen, Training, Essen und Schlafen bei den Profis. Feiern, Essen, Feiern, Schlafen, Essen oder so ähnlich bei den Fans. Welcher Tag ist heute? Wann gibt es Essen? Klassische Trainingslager-Fragen.

Dynamisch sind auch die Kehlen der Schlachtenbummler am Trainingsplatz. Etwa im Wintertrainingslager Anfang 2018: Der FCK bereitete sich im spanischen San Pedro de Alcántara bei Marbella auf die Rückrunde vor, unter anderem mit Torschusstraining. Als der australische Stürmer Brandon Borrello gerade mit seinen Kollegen Bälle aufs Tor drosch, verzauberte ihn ein Betze-Hit. »Betze, Betze, Betze – schießt die Bälle in die Netze«, johlten die Fans. Unaufhaltsam schlängelte sich der Ohrwurm in die australische Ohrmuschel. Gebannt summte Borrello später in der Lobby: »Betzä, Betzä, Betzä – schießt da Bällä in da Netzä!« Wo bleibt der Integrations-Bambi für die FCK-Fans?

Apropos Integration! Weil viele FCK-Fans dem Betze seit Jahren in die Trainingslager folgen, sind sie bekannte Gesichter. Läuft ihnen Gerry Ehrmann über den Weg, wird gegrüßt und gesmalltalkt. Anders ergeht es Neulingen, die plötzlich zum ersten Mal in einer viel zu engen Lobby neben Gerry Ehrmann sitzen. Kein Smalltalk. Kein »Hallo«. Beide haben nur einen Gedanken: »Hoffentlich gibt es gleich Essen.«

Neigt sich das Trainingslager dem Ende entgegen, packen die Gastronomen die Gläser zurück in die Kartons, und die Gesänge der Fans werden leiser. Am Flughafen treffen gequälte »Betze, Betze«-Gesänge auf den fast akzentfrei trällernden Brandon Borrello. Und in der Nähe strahlt ein FCK-Fan, denn gerade hat Gerry Ehrmann mit ihm gesprochen und »Bis zum nächsten Mal!« gesagt.

BONUSGRUND 10

Weil der Betze auch in der 3. Liga ein Zuschauermagnet ist

Zugegeben: Die Zeiten, in denen das Fritz-Walter-Stadion bei jedem Spiel ausverkauft war, sind leider schon lange vorbei. Zu viele Enttäuschungen und Misserfolge haben in den vergangenen Jahren dazu geführt, dass viele Plätze auf den Tribünen oft leer bleiben. Jetzt könnte man meinen, dass der Zuschauerschnitt beim ersten Spiel des FCK nach dem Abstieg in die 3. Liga einen neuen Tiefpunkt erreichen würde. Doch es sollte ganz anders kommen.

Schon während der Vorbereitung war die Vorfreude auf die erste Drittliga-Saison bei den Fans zu spüren. Zu den Testspielen und ins Trainingslager nach Herxheim pilgerten zahlreiche Kiebitze und wollten sehen, wie die – mal wieder – runderneuerten Roten Teufel aussehen. Die Stimmung im Fanlager war erstaunlich gut, wenn man bedenkt, dass der Verein gerade den größten sportlichen Misserfolg seiner Geschichte zu verbuchen hatte. War er jetzt endlich da, der so sehr herbeigesehnte Neuanfang?

Am 28.07.2018 wurde zum ersten Mal ein Drittligaspiel auf dem Betzenberg angepfiffen. 41.324 Zuschauer waren gekommen. Zu einem Drittligaspiel! Es gibt Bundesligisten, die sich nach solch einer Zuschauerzahl die Finger lecken. Und deren Stadien stehen gar nicht so weit von Kaiserslautern entfernt.

Die Stimmung auf dem Betze war an diesem Tag fantastisch. Aus der Westkurve knallte es laut wie lange nicht mehr. Aber auch die Gästekurve war besonders gut gefüllt. Schließlich standen da die Fans von 1860 München, die sich das Spiel gegen ihre Freunde aus Lautern nicht entgehen lassen wollten. Zwei absolute Traditionsvereine, sportlich am Boden, aber mit Fanszenen, die für die Werte stehen, die diesen Sport ausmachen. Leidenschaft, Kampf und unbändige Treue für den Verein. Ganz egal in welcher Liga.

Die Münchner Löwen fanden an diesem Tag zunächst besser ins Spiel als die Betze-Buben, trafen sogar den Pfosten. Doch mit fortschreitendem Spielverlauf fanden die Roten Teufel immer besser in die Partie und hatten ebenfalls gute Chancen auf den Führungstreffer.

Doch die Erlösung sollte erst in der 86. Minute kommen. Über die linke Seite setzte Timmy Thiele zu einem starken Solo an, tankte sich bis in den Strafraum durch und legte dann klug ab auf Linksverteidiger Janek Sternberg. Der bedankte sich und netzte cool und flach ins rechte Eck ein. Der Betze bebte! Und wie er bebte! Da war es wieder, dieses unnachahmliche Betze-Feeling, das sich so verdammt lange nicht mehr hatte blicken lassen. Es war ein typisches Heimspiel für den FCK, wie man es noch aus früheren Zeiten kennt. Nach verlegenem Beginn kämpften sich die Jungs immer besser ins Spiel und machten dann, wie könnte es auch anders sein, kurz vor Schluss den Deckel drauf. Die älteren unter den Fans erinnerten sich kurz zurück an die Zeiten, in denen die Hany Ramzys und Olaf Marschalls regelmäßig sogar erst in der Nachspielzeit die Punkte für den FCK sicherten.

Nach Schlusspfiff lag sich das ganze Stadion in den Armen, und die Mannschaft wurde für den gelungenen Start in die 3. Liga ausgiebig gefeiert. Ein weiteres denkwürdiges Spiel auf dem Betzenberg und der Beweis, dass die Liebe zum Verein völlig unabhängig von der Liga ist.

BONUSGRUND 11

Weil man in Lautern weiß, wie man Cornflakes zählt

»Der Fußball braucht endlich wieder Typen, die das Maul aufmachen und genau das sagen, was sie auch denken!« Sätze wie diesen hört man immer wieder. Vor allem dann, wenn gerade mal wieder ein Spieler der Nationalmannschaft, Verzeihung, ein Spieler von »Die Mannschaft«, ein total weichgespültes und nichtssagendes Interview gegeben hat. Fritz Walter, Hans-Peter Briegel, Mario Basler – Typen gab es in Kaiserslautern schon einige. In den vergangenen Jahren suchte man solche Spieler im Kader allerdings vergebens. Bis ein Typ namens Jan Löhmannsröben auf den Betze kam.

Seinen Namen kannten einige FCK-Fans schon aus den Schlagzeilen in der Boulevardpresse, weil er beim Saisonabschluss seines Ex-Vereins Magdeburg auf Mallorca alle Hüllen fallen ließ und dabei gefilmt wurde.

Von Kopf bis Fuß tätowiert, nicht gerade auf den Mund gefallen, und kicken kann er auch noch. Gute Voraussetzungen, um beim Lautrer Publikum gut anzukommen. Schon in der Vorbereitung gab »Löh« dem SWR sein erstes großartiges Interview, in dem er betonte, dass ihm die 3. Liga langsam auf den Sack gehe und er sich einen Stammplatz beim FCK ergaunern wolle.

Seine erste und einzige FCK-Saison begann für den Mittelfeldspieler recht bescheiden. Er hatte ein paar Kilo zu viel auf den Rippen, musste sich im Training besonders reinhauen und über Einsätze in der zweiten Mannschaft empfehlen. Genau das tat er dann auch und erkämpfte sich schließlich einen Stammplatz in der 3. Liga. Es folgte der 6. Spieltag und das wohl legendärste Interview, das je ein FCK-Spieler gegeben hat. Der FCK musste in Zwickau ran. Durch einen mehr als fragwürdigen Handelfmeter konnte Zwickau in der Nachspielzeit noch zum 1:1 ausgleichen. Das brachte

Fans, Mannschaft und vor allem Jan Löhmannsröben so richtig auf die Palme. Er hatte beim entscheidenden Zweikampf vor dem Elfmeter einen Ellenbogen ins Gesicht bekommen, verlor deshalb die Kontrolle und bekam den Ball an seine Hand. Für den Schiedsrichter ein Elfer, für Löhmannsröben eine Frechheit. Er machte seinem Ärger nach dem Spiel in einem Interview mit *Telekom Sport* Luft:

»Wenn das kein Foulspiel ist, ja leck mich am Arsch, Alter, ehrlich, wie kann man das nicht sehen? Wenn das ein Schiri ist, weiß nich, Digga, soll er Cornflakes zählen gehen!« Und Löhmannsröben legte nach: »Keine Ahnung, was der Schiri sich gedacht hat, ich hoffe, der kann 'ne Woche nicht pennen. Der soll erst mal Kreisliga pfeifen und die Augen aufmachen. Das ist ja 'ne absolute Frechheit!« Rums. Innerhalb kürzester Zeit verbreitete sich das Interview in den sozialen Netzwerken wie Facebook und Instagram. In den Kommentaren bekam Löhmannsröben fast ausschließlich Lob von den FCK-Fans für seine klaren Worte. Endlich mal wieder einer, der nach den Spielen nicht die immer gleichen Standardsätze runterbetet, der auch mal sagt, wenn der Schiri einfach schlecht gepfiffen hat.

Dem DFB gefielen die offenen Worte Löhmannsröbens eher weniger, und es wurden Ermittlungen gegen ihn eingeleitet. Das wiederum gefiel den Betze-Fans ganz und gar nicht. Einer von ihnen startete daraufhin einen Aufruf: Fußballfans aus ganz Deutschland sollten dem DFB als Zeichen des Protests gegen die Ermittlungen Cornflakes schicken. So wolle man ein Zeichen für echte Typen im Fußball setzen. Damit wurde eine regelrechte Cornflakes-Lawine losgetreten. Über 1.000 Pakete mit Frühstücksflocken überrollten die Poststelle des DFB in Frankfurt. Nicht nur aus Kaiserslautern, auch aus München, Berlin und Hamburg. Die Medien waren voll vom kreativen Cornflakes-Protest der FCK-Fans.

Das Ende vom Lied: Jan Löhmannsröben wurde vom DFB zu einer Geldstrafe verurteilt, die allerdings »ein edler Samariter« für ihn übernahm, der ehrliche Typen im Fußball mag und das

Geld deshalb spendete.* Der DFB spendete die ungeöffneten Cornflakes-Packungen unter anderem an die Frankfurter Tafel und spendierte dazu noch knapp 800 Liter Milch. Die bereits geöffneten Packungen gingen als Futterspende an den Zoo Offenbach. Insgesamt also ein absolut gelungener Protest für einen Typen, für den es sportlich zwar nur für eine Saison in Kaiserslautern gereicht hat, der sich aber vom heutzutage so sterilen Fußballgeschäft nicht verbiegen lässt.

---

* *https://www.sport1.de/fussball/3-liga/2018/10/1-fc-kaiserslautern-jan-loehmanns-roeben-ueber-cornflakes-wutrede*

ANMERKUNGEN

1 www.tagesspiegel.de/sport/1-fc-kaiserslautern-bleibt-bitte-provinziell/1782576.html
2 www.berliner-zeitung.de/archiv/auf-der-suche-nach-einem-der-helden-von-bern-der-vergessene-weltmeister,10810590,10121508.html
3 www.n-tv.de/sport/fussball/Windhund-Horst-Eckel-wird-80-article5436871.html
4 www.11freunde.de/artikel/erinnerungen-zum-111-geburtstag-das-fck-wunderjahr-1998
5 www.11freunde.de/artikel/zehn-dinge-ueber-michael-ballack
6 www.11freunde.de/artikel/zehn-dinge-ueber-michael-ballack
7 www.michael-ballack.com/?103A0A1A100A0A13372
8 www.fck.de/de/aktuell/news/details/article/3278-wir-treffen-idole-von-anfang-an-beim-fck-haengengeblieben.html
9 www.rheinpfalz.de/cgi-bin/cms2/cms.pl?cmd=showMsg&tpl=rhpMsg_thickbox.html&path=/rhp/lokal/kai&id=91-9167124
10 www.youtube.com/watch?v=bO2mxPQ7zNI, www.youtube.com/watch?v= s7qCRWnQrgA, www.youtube.com/watch?v=9Vmm_dFxRdQ
11 www.11freunde.de/interview/hans-peter-briegel-kehrt-auf-den-betzenberg-zurueck
12 www.youtube.com/watch?v=2MK5nslVlMM
13 www.rp-online.de/sport/fussball/die-besten-sprueche-von-mario-basler-1.570260
14 www.rp-online.de/sport/fussball/die-besten-sprueche-von-mario-basler-1.570260
15 www.rp-online.de/sport/fussball/die-besten-sprueche-von-mario-basler-1.570260
16 www.berliner-zeitung.de/archiv/trainer-kurt-jara-loest-in-kaiserslautern -ueberraschend-den-gluecklosen-erik-gerets-ab-der-winter-des-abschieds,10810590,10148872.html
17 www.youtube.com/watch?v=ktKefqJFxPg
18 www.der-betze-brennt.de/spieler/klaus-toppmoeller.php
19 www.spox.com/de/sport/fussball/bundesliga/1008/Artikel/klaus-toppmoeller-interview-bayern-muenchen-kaiserslau-

tern-heimspiel-betzenberg-erinnerungen-beckenbauer-hoeness-rummenigge-mueller.html

20 www.bild.de/sport/fussball/klaus-toppmoeller/wir-pfaelzer-bauern-putzten-die-muenchen-millionaere-26826036.bild.html

21 www.spiegel.de/spiegel/print/d-30748436.html

22 www.spiegel.de/sport/fussball/fluchtgefahr-ex-fck-boss-friedrich-voruebergehend-verhaftet-a-276685.html

23 www.faz.net/aktuell/sport/fussball/bundesliga/1-fc-kaiserslautern-bgh-bestaetigt-verurteilung-der-fruehere-vereinsfuehrung-1380411.html

24 www.welt.de/print/die_welt/sport/article108732463/Zitat-des-Jahrzehnts-Am-besten-schicken-wir-die-Punkte-gleich-mit-der-Post.html

25 www.ndr.de/sport/legenden/frosch152.html

26 www.ndr.de/sport/legenden/frosch152.html

27 www.news.de/sport/855079584/das-erste-deutsche-fussball-idol/1/

28 www.berliner-zeitung.de/archiv/bar-as-trainer-fuerchtet-eine-typisch-deutsche-reaktion-der-kaiserslautern-komplex,10810590,10632994.html

29 www.faz.net/aktuell/sport/interview-beck-kritisiert-telekom-engagement-bei-bayern-148579.html

30 www.welt.de/print-welt/article379838/In-Lautern-wird-Fussball-zur-haesslichsten-Nebensache-der-Welt.html

31 www.welt.de/print-welt/article379838/In-Lautern-wird-Fussball-zur-haesslichsten-Nebensache-der-Welt.html

32 www.berliner-zeitung.de/sport/relegation-hoffenheim-feiert-mit-dosenbier, 10808794,22888202.html

33 www.fck.de/de/1-fc-kaiserslautern/profis/news-profis/news-details/news/detail/News/grosses-lob-der-dfl.html

34 www.spiegel.de/sport/fussball/bundesliga-hoffenheim-siegt-in-relegation-gegen-kaiserslautern-a-902248.html

35 www.fr-online.de/sport/tsg-hoffenheim-hoffenheimer-seele-sichtbar, 1472784,22888766.html

36 www.bild.de/sport/fussball/kurt-beck/gibt-mainzer-dauerkarte-zurueck-19453298.bild.html

37 www.bild.de/sport/fussball/spd/bayern-spd-chef-3441860.bild.html

38 www.spiegel.de/sport/fussball/hoeness-gegen-beck-bayern-manager-greift-spd-chef-an-staatskanzlei-kontert-a-527808.html

39 www.ralphtine.de/saarbruecken/journalist/fck-fussball-bundesliga/datum/2911/03/06/die-stimme-vom-betzenberg, Tiné, Ralph (2011): Die Stimme vom Betzenberg, *Allgemeine Zeitung* vom 6. März 2011

40 www.youtube.com/watch?v=7qQkBbW_dhk

41 www.spiegel.de/sport/fussball/zum-tod-von-rudi-michel-stimme-des-deutschen-fussballs-a-598849.html

42 www.news.de/sport/855079584/das-erste-deutsche-fussball-idol/1/

43 www.handelsblatt.com/sport/fussball/nachrichten/koepfe-die-marke-markus-merk/2635556.html

44 www.tagesspiegel.de/sport/1-fc-kaiserslautern-bleibt-bitte-provinziell/1782576.html

LITERATUR

- Ahrens, Gerhard (2007): *Mythos Fritz Walter*, Books on Demand.
- Bitter, Jürgen (2004): *Die Meistermacher*, Wero Press.
- Brehme, Andreas (2010): Die Wiedergutmachung, *11 Freunde* vom 2. Juni 2011.
- Breitner, Paul (2012): Zitat des Jahrzehnts: »Am besten schicken wir die Punkte gleich mit der Post«, DIE WELT vom 22. August 2012.
- Breyer, Heinrich (2012): Karl Schmidt wird 80 – Großer Sportsmann, *Die Rheinpfalz* vom 5. März 2012.
- Deutsche Fußball Liga GmbH (2013): Großes Lob der DFL, FCK.de vom 6. Juni 2013.
- Dornhegge, Philipp (2010): Toppmöller: »Da habe ich drei Dinger gemacht, Spox.com vom 27. August 2008.
- Dörr, Peter (2011): Ausgepfiffen! Beck gibt Mainzer Dauerkarte zurück, BILD vom 17. August 2011.
- Dürnberger, Gerhard (2013): Thines: Es war Mord der Stasi, *Die Rheinpfalz* vom 6. März 2013.
- Eckel, Horst/Neumann, Volker (2004): *Die 84. Minute*, Agon.
- Eggers, Erik (2008): Zum Tod von Rudi Michel: Stimme des deutschen Fußballs, SPIEGEL ONLINE vom 30. Dezember 2012.
- Ehrmann, Johannes (2009): Hans-Peter Briegel kehrt auf den Betzenberg zurück. »Es gibt nur den FCK«, *11 Freunde* vom 10. Dezember 2009.

- Glauche, Peter (2000): Ein Typ mit Ecken, Kanten und jeder Menge Anekdoten, DIE WELT vom 27. Mai 2000.
- Goldmann, Sven (2013): Ottmar Walter ist tot, *Der Tagesspiegel* vom 16. Juni 2013.
- hec (1996): Mit den roten Teufeln im Knabberbunde, *Horizont* vom 2. Februar 1996.
- Heymann, Christoph (2010): Horst Eckel: Ich spielte nie Foul, DIE ZEIT vom 28. Mai 2010.
- Joswig, Gereth (2012): Der Capitano und der Dildo, *11 Freunde* vom 6. Oktober 2012.
- Koch, Harry/Gieselmann, Dirk (2006): Bundesliga-Panne: Rehhagels peinlicher Wechselfehler, SPIEGEL ONLINE vom 05. Oktober 2006.
- Linden, Peter (2010): Erwin Hoffer fuhr im roten Ferrari zum Training vor, *Kronen-Zeitung* vom 29. September 2010.
- Lückhoff, Hendrik (2012): Ex-Nationalspieler genießt Leben in Göttingen, *Göttinger Tageblatt* vom 8. August 2012.
- Melzer, Werner (1986): *Bienenhaltung: Der praktische Ratgeber für den Imker-Neuling*. München.
- Müller, Günter (2002): Beck kritisiert Telekom-Engagement bei Bayern, faz.net vom 12. März 2002.
- Müller, Jan Christian (2013): Hoffenheim feiert mit Dosenbier, *Berliner Zeitung* vom 29. Mai 2013.
- Müller, Jan Christian (2013): Hoffenheimer Seele sichtbar, *Frankfurter Rundschau* vom 29. Mai 2013.
- Nepomucky, Marek (2002): In Lautern wird Fußball zur hässlichsten Nebensache der Welt, DIE WELT vom 18. März 2002.
- Nesshöver, Christoph (2006): Die Marke Markus Merk, Handelsblatt vom 30. März 2006.
- o. V. (1977): Gyula Loránt: Er entdeckte den totalen Fußball, DER SPIEGEL vom 28. März 1977.
- o. V. (1981): Gestorben: Gyula Loránt, DER SPIEGEL vom 8. Juni 1981.
- o. V. (2004): Werner Liebrich – Der vergessene Anti-Held, *Neue Osnabrücker Zeitung* vom 11. Juli 2004.
- o. V. (2011): Wirbel um Lautern-Stars: Besuch im Skandal-Bordell, BILD vom 9. Juli 2011.
- Preuß, Holger u. a. (2009) Ökonomie des Tourismus durch Sportgroßveranstaltungen: Eine empirische Analyse zur Fußball-Weltmeisterschaft 2006, Gabler

- Reng, Ronald (2009): Der Kaiserslautern-Komplex, *Berliner Zeitung* vom 14. April 2009.
- Reif, Marcel (2010): Bleibt bitte provinziell!, *Der Tagesspiegel* vom 3. April 2010.
- Riesbeck, Peter (2004): Der Winter des Abschieds, *Berliner Zeitung* vom 04. Februar 2002.
- Rohbacher-List, Günter (2012): *Der Berg, das Land und der Ball: Die Geschichte des 1. FC Kaiserslautern*, Die Werkstatt.
- rpo (2002): Kaiserslautern: Djorkaeff wechselt in die Premier League, RP ONLINE vom 12. Februar 2002.
- Saarter, Alexander (2012): »Windhund« Horst Eckel wird 80, SID vom 8. Februar 2012.
- Schauberger, Ulli (2008): Was ist bloß mit Hoeneß los? Jetzt wütet er gegen SPD-Chef Kurt Beck, BILD vom 10. Januar 2008.
- Schwan, Heribert (2000): *Tod dem Verräter! Der lange Arm der Stasi und der Fall Lutz Eigendorf*, Droemer Knaur.
- Seeliger, Nick(2012): Toppi: Wir Pfälzer Bauern putzten die München-Millionäre, BILD vom 22. Oktober 2012.
- Trede, Broder-Jürgen (2006): Fritz Walters Hackentrick: Das vergessene Jahrhunderttor, SPIEGEL ONLINE vom 6. Oktober 2010.
- Wallrodt, Lars (2008): Markus Merk stellt sich selbst vom Platz, DIE WELT vom 16. Mai 2008.
- Walter, Fritz (1962): *So habe ich's gemacht - Meine Fußballschule*, Copress.
- Walter, Fritz (2004): *3:2. Das Spiel ist aus! Deutschland ist Weltmeister!*, Copress.
- Wesselhöft, Philip (2006): Benzingespräch mit Schiri Merk: »Ich kann schlecht einparken«, SPIEGEL ONLINE vom 8. Juni 2006.
- Wild, Karlheinz (2003): Uli Hoeneß: Sorry, Lautern! *kicker* vom 21. November 2002.
- Wilson, Jonathan (2002): Missionary position – Taribo West: the man with a mission, *The Guardian/The Observer* vom 12. Mai 2002.

WEBSEITEN

- www.ciriaco-sforza.de/Karriere/Der-Spieler
- www.der-betze-brennt.de/spieler/klaus-toppmoeller.php
- www.fussballdaten.de
- www.metalkings.com/reviews/vanden-plas/vanden-plas.htm
- www.michael-ballack.com/?103A0A1A100A0A13372
- www.presidenten.de/ueber-uns
- www.sport.uni-mainz.de/Preuss/Download%20public/WM2006_end.pdf
- www.swr.de/landesschau-rp/persoenlich/-/id=8504226/did=11287732/pv=video/nid=8504226/rkf7jo/
- www.transfermarkt.de

GRÜNDE NACH AUTOR

- Sebastian Zobel: 7, 8, 11, 16, 17, 18, 21, 22, 23, 24, 25, 26, 30, 33, 35, 37, 40, 41, 44, 45, 51, 52, 54, 55, 56, 57, 58, 62, 65, 67, 69, 70, 71, 72, 73, 75, 77, 79, 80, 82, 84, 86, 87, 88, 89, 90, 91, 92, 93, 95, 98, 102, 104, 109, 111, alle Bonusgründe (außer Bonusgrund 1 und 9).
- Fabian Müller: 1, 2, 3, 4, 5, 6, 9, 10, 12, 13, 14, 15, 19, 20, 27, 28, 29, 31, 32, 34, 36, 38, 39, 42, 43, 46, 47, 48, 49, 50, 53, 59, 60, 61, 63, 64, 66, 68, 74, 76, 78, 81, 83, 85, 94, 96, 97, 99, 100, 101, 103, 105, 106, 107, 108, 110